독일어 단어의 소리와 구조

-음운론과 형태론의 상호작용-

독일어 단어의 소리와 구조

-음운론과 형태론의 상호작용-

유 시 택 저

도서출판 역락

머리말

이 책은 두 가지 목적을 가지고 있다. 하나는 독어학에 관심 있는 대학의 학부생과 대학원생에게 독일어의 음운론과 형태론에 관한 언어학적인 지식을 쌓을 수 있는 기본 교재를 제공하는 것이고, 다른 하나는 독일어의 음운론과 형태론에 대한 기존의 연구 성과를 비판적으로 검토함으로써 앞으로 계속될 이론적인 연구에 기여를 하자는 것이다.

국어학과 영어학에 비해 독어학에서 문법이론을 이루는 하위분야들에 대한 연구는 상대적으로 많이 부족하다. 국내에 출간된 저서들 중에서 독일어를 연구 대상의 주 언어로 삼아 음운론과 형태론의 상호작용을 체계적으로 기술한 책은 거의 전무한 실정이다. 이런 상황 때문에 필자는 대학에서 음운론과 형태론을 강의할 때마다 학생들이 읽어야 할 기본 텍스트로 독일에서 출간된 (독일어 원문의) 음운론과 형태론에 관한 책을 선택할 수밖에 없었다. 그러나 이 책들이 독일어를 제2외국어로 배우는 한국 학생들에게 언어 문제로 이해하기 쉽지 않은 것은 차치하더라도, 다음 두 가지 이유에서 학부나 대학원에서 사용하기에 부적합한 것으로 드러났다. 첫째, 독일에서 출간된 기존의 음운론이나 형태론에 대한 개설서에는 대부분 음운론과 형태론이 각각 분리되어 서로 독립적인 것으로 기술되고 있다. 그러나 이 책의 내용 전체에서 강조되듯이 단어의 소리와 형태적인 구조는 불가분의 관계에 있으므로 독일어 단어의 문법적인 속성을 정확하게 이해하기 위해서는 음운론과 형태론을 분리시켜 생각할 수 없다. 둘째, 음운론과 형태론의 상호작용을 기술한 소수의 책이나 박사학위논문들은 너무나 전문적이고 한정된 주제를 다루고 있기 때문에, 언어학적인 지식이 없는 대학의 학부생이 이 책들을 통해 독일어 단어에 나타나는 음운, 형태적인 특성을 전체적으로 개괄하기에는 어려

움이 있다. 뿐만 아니라 독일에서 출간된 음운, 형태론에 관한 대부분의 개설서들은 규칙이론에 바탕을 두고 있기 때문에, 제약이론에 입각한 최근의 연구 성과들이 반영되어 있지 않다. 이런 이유로 필자는 이 책에서 음운론과 형태론의 상호작용에 초점을 맞추어 독일어 단어를 설명하고자 했으며, 독일어의 음운, 형태적인 현상들에 대한 기존의 분석이 보이는 이론적인 단점을 제거하기 위한 해결책을 제시하고자 노력하였다.

음운론과 형태론의 상호작용에 관해 독자들은 무엇보다 1990년대를 전환점으로 소위 규칙이론에서 제약이론으로 연구의 패러다임이 급격히 변하게 된 배경과 그 원인에 주목할 필요가 있다. 1990년대 초 등장한 최적성이론(Optimality Theory)은 추상적인 형태 대신 단어의 실제 발음형태를 중심으로 음운현상을 설명함으로써 규칙이론이 안고 있는 많은 문제점들을 제거하게 되었다. 뿐만 아니라 개별 언어가 가지고 있는 규칙들의 자의성이 모든 문법이 공유한 제약들로 대치됨으로써 보편적인 문법과 개별 언어가 가지고 있는 문법 간의 차이가 보다 합리적으로 설명될 수 있게 되었다. 이 책은 독일어의 파생과 굴절의 형태적 과정에서 나타나는 여러 가지 음운 현상들이 이런 연구 동향과 어떤 관계에 있는가를 보여줌으로써 앞으로 계속될 이 분야의 이론적 발전에 기여하고자 한다.

이 책의 여러 장들은 필자가 최근 몇 년 동안 국내외의 학술지에 발표한 논문을 수정, 보완한 것으로 이루어져 있다. 이 책의 목적을 위해 논문에서 생략된 부분, 혹은 이 책의 각 장과 관련된 주제에 관해서 관심 있는 독자는 참고문헌에 명시된 필자의 다른 논문들을 참조하기 바란다.

2006년 2월 유 시 택

차 례

제1장 ▌음운론과 형태론의 상호작용

1.1. 단어의 음성형태를 결정하는 규칙타입

단어의 소리와 구조를 말할 때 흔히 소리를 기술하는 것이 음운론이고 구조를 기술하는 것이 형태론이라고 이해하기 쉽다. 그러나 소리와 구조의 관계가 언제나 분명히 구분되는 것은 아니다. 오히려 많은 경우, 이 둘은 서로 의존해 있음을 알 수 있다. 다음 예들을 보라(이하의 예들에서 기호 -는 형태소 경계를 표시함).

(1) a. -heit/-keit 이형태소
   Gesúnd-heit, Schön-heit vs. Éwig-keit, Éitel-keit
 b. -ei/-erei 이형태소
   Ségel-ei vs. Schwéin-erei
 c. Umlaut는 형태적으로 도출된 단어에만 나타난다.
   Hund ~ Hünd-in, Tag ~ täg-lich
 d. 한 개의 형태소 내에서 비음 + 저해음은 동일한 조음장소를 가진다.
   Ampel[mp], Tante[nt], Kongo[ŋg]

(1a)와 (1b)를 보면 어간과 접미사가 결합하는 형태적 과정에서 두 개의 접미사 이형태소 중에서 어떤 이형태소가 어간과 결합하는지는 어간의 음운정보에 의존함을 알 수 있다. (1a)에서 어간의 마지막 음절이

강세를 지닐 때는 *-heit*가, 그렇지 않을 때는 *-keit*가 어간과 결합한다. (1b)에서 어간이 강세 있는 음절과 강세 없는 음절로 이루어진 2음절일 때 *-ei*가, 그렇지 않을 때는 *-erei*가 어간과 결합한다. 따라서 두 개의 경우 모두 단어의 구조를 말할 때 음운정보, 즉 소리를 빼고 이야기 할 수 없는 경우이다. 왜냐하면 단순히 다음과 같은 단어의 구조에 관한 규칙(형태론에서 흔히 보는 단어구조 규칙)만으로는 위에서 설명한 이형태소 관계의 규칙성을 보여줄 수 없기 때문이다.

    (2) a. N → A + heit/keit
          b. N → N + ei/erei

   (2)의 규칙들은 단순히 (1a)와 (1b)의 단어들이 어떤 형태소들로 결합되어 있는지만 말해주고 있다. 즉 형용사 어간에 접미사 *-heit*나 *-keit*가 결합하면 명사가 되고, 명사 어간에 접미사 *-ei*나 *-erei*가 결합하면 명사가 된다. 그러나 우리가 말하고 싶은 것은 접미사의 이형태소(Allomorph)들이 보이는 규칙성이며, 이것을 표현하기 위해서는 (3)에서처럼 어기(Basis)의 음운정보를 지시해야만 한다.

   (3) 음운론과 형태론의 상호작용을 보이는 규칙 타입 1
      어기가 일정한 음운요건을 충족시킬 때에만 형태적 과정이 일어난다.

   이와 달리 (1c)는 음운변화가 형태적 과정에 의존하고 있는 반대의 경우를 보여준다. 독일어에서 변모음(Umlaut)의 교체를 보이는 어간을 살펴보면, 변모음은 변모음을 유발하는 접미사가 어간과 결합할 경우에만 일어나고(*Hünd-in*), 형태적 과정이 일어나지 않은 단일형태소 어간의 경우에는(*Hund*) 변모음이 일어나지 않음을 알 수 있다. 따라서 변모음과 관계된 어간의 음운적 변화를 기술하는 규칙은 다음과 같은 형태가 될 것이다(변모음에 관해 자세한 분석은 8장을 참조하라).

(4) 음운론과 형태론의 상호작용을 보이는 규칙 타입 2
음운과정은 형태적 요건이 충족될 때에만 일어난다.

변모음의 경우 구체적으로 다음과 같은 두 가지 형태적 요건이 충족되어야 한다. 첫째, 형태적으로 복잡한 구조의 단어여야 한다. 둘째, 어간과 결합하는 접미사가 변모음을 유발하는 접미사여야 한다. *täg-lich*와 *Tag-ung*을 비교해 보라. 전자에서 접미사 *-lich*는 변모음을 일으킬 수 있음에 반해, 후자에서 접미사 *-ung*은 변모음을 일으킬 수 없다.

마지막으로 (1d)를 살펴보자. 영어나 독일어와 같은 게르만어에서 한 개의 형태소 내에 나타나는 비음 + 저해음의 연속은 언제나 동일한 조음장소를 갖고 있다. 따라서 [mp], [nt], [ŋg]와 같은 자음군은 한 개의 형태소 내에 나타날 수 있지만, [mt], [mg], [np], [ng], [ɲp], [ɲt]처럼 비음과 다음에 오는 저해음의 조음장소가 다른 자음군은 한 개의 형태소 내에 나타날 수 없다. 그러나 형태소 경계를 뛰어넘어서는 조음장소가 다른 자음군들이 허락된다. *A[mp]el*과 *Renn-bahn[nb]*을 비교해 보라. 후자에서 [n]과 [b]는 각각 서로 다른 형태소에 속하기 때문에 두 분절음의 조음장소는 다를 수 있다. 이로부터 비음 + 저해음은 한 개의 형태소 내에서만 조음장소가 동일해야 함을 알 수 있다. 이 규칙성 또한 "형태소 경계"라는 형태적 정보를 필요하다는 점에서 (4)의 규칙 타입과 비슷하다. 그러나 (4)의 규칙 타입은, 변모음의 예에서 보았듯이, 입력부인 *Hund*로부터 형태가 다른 출력부인 *Hünd-in*을 도출하는 동적인 음운과정을 기술하고 있음에 반해, 비음 + 저해음의 경우는 입력부로부터 출력부로의 변화가 아니라, 한 개의 음운표기의 형태(그것이 입력부이든, 출력부이든)가 어떤 일정한 요건을 충족시켜야 하는 것을 나타내는 점에서 정적이라고 할 수 있다. 기저형태(zugrundeliegende Form), 혹은 입력부(Input)로부터 음성형태(phonetische Form), 혹은 출력부(Output)를 규칙에 의해 도출해 내는 생성음운론에서는 일반적으로 (3)과 (4)의 형태가 규칙(Regel)으로 표현된다. 이에 반해 비음 + 저해음이 동일 조음장소를 가져야 한다는 규칙성은 동적인 과정으로서의 규칙이 아니라, 정적인 형태소 구조 조건(Morphem Structure Condition)에 의해 표현된다.[1]

(5) 음운론과 형태론의 상호작용을 보이는 규칙 타입 3(= 형태소 구조 조건)
특정 형태적 단위(형태소, 단어 등)에만 음운적인 규칙성이 적용된다.

　　그러나 입력부 중심의 생성음운론의 틀 속에서는 흔히 형태소 구조 조건과 함께 이와 동일한 효과를 가져오는 음운 규칙을 동시에 가정하는 경우가 많다. 예를 들어 Hall(1992 : 188ff)은 독일어에서 비음 + 저해음의 연속은 동일조음장소를 가진다는 사실을 형태소 구조 조건과 함께, 다음과 같은 장소 동화 규칙을 통해 표현하고 있다 : $[+\text{nas}] \rightarrow [\alpha \text{ place}] / \underline{\quad} [-\text{son}, \alpha \text{ place}]$. 이 규칙에 의해 비음은 다음에 오는 저해음과 동일한 조음장소를 가진다. 따라서 *Bambus*와 같은 단어는 기저형태에 /baNbus/(조음장소가 정해져 있지 않은 추상적인 비음 /N/)로 표기되고 이것이 장소동화 규칙에 의해 [bambus]로 된다. 문제는 이미 입력부의 형태가 형태소 구조조건에 의해 비음 + 저해음은 동일한 조음장소를 가져야 한다고 제한되고 있음에도 불구하고, 장소동화 규칙이 동일한 효과를 불필요하게 이중으로 표현하고 있다는 점이다. 이런 이중표현의 문제(Duplikationsproblem)는 규칙이론이 안고 있는 대표적인 문제로서, 이런 문제가 생기는 주된 원인은 음운현상을 입력부 중심(위의 예에서 추상적인

---

1) 입력부로부터 출력부를 규칙에 의해 도출해 내는 생성음운론에서 규칙 타입 3은 엄밀히 말해 규칙이 아니라 제약이다. 생성음운론에서 규칙과 함께 동시에 제약을 가정해야 하는 이유는 음운표기형태를 두 개의 형태, 즉 기저형태와 표층형태로 구분하기 때문이다. 기저형태가 보이는 음소분포에 관한 규칙성(Phonotaktik)은 규칙으로 표현될 수 없고, 제약으로만 표현될 수 있다. 그러나 제약과 규칙이라는 두 가지 수단을 모두 사용하는 생성음운론은 이 두 가지 수단이 종종 동일한 규칙성을 표현한다는 비난을 받아야 했다. 이에 반해 최적성이론과 같은 제약에 기반한 이론에서는 오직 출력부의 적형성만이 중요하므로, 생성음운론에서처럼 두 개의 음운표기 형태 구분에 따른 문제가 생기지 않는다.

비음 /N/)으로 설명하기 때문이다. 이에 반해 음운현상을 출력부 중심으로 설명하는 최적성이론(Optimalitätstheorie)에서는 규칙이론에서와 같은 이중표현의 문제가 생기지 않는다. 이에 대해서는 1.3장에서 다시 자세히 논하겠다.

1.2. 어휘음운론(Lexikalische Phonologie)

1.1장에서 살펴본 3가지 타입의 규칙성은 모두 음운규칙과 형태규칙이 언제나 명확히 구분되는 것이 아니라, 오히려 두 종류의 규칙은 상호의존 할 때가 많다는 사실을 보여준다. 그렇다면 문법에서 이 두 종류의 규칙간의 상호작용은 어떤 형식으로 표현될 수 있을까? Chomsky/Halle(1968)의 "The Sound Pattern of English"(이하에서 SPE로 약칭)로 대표되는 초기생성음운론의 문법 모델에서는 형태적으로 복잡한 단어를 설명하기 위한 형태규칙이 별도로 존재하지 않았다. 이 문법 모델에 따르면 *Gesund-heit*, *Ewig-keit*와 같은 형태적으로 복잡한 단어들은 통사규칙에 의해 만들어지고, 음운규칙은 완성된 단어의 발음을 해석하게 된다. 이런 모델에서는 (1a)에서 살펴본 두 개의 이형태소 *-heit*와 *-keit* 사이에 존재하는 규칙성은 표현할 길이 없다. 왜냐하면 접미사가 붙기 전에 어간의 음운정보를 알아야 올바른 접미사를 선택할 수 있는데, 이미 접미사가 붙은 상태에서 전체 단어를 음성적으로 해석하기 때문이다.

SPE 문법 모델이 가지고 있는 이런 결함을 제거하기 위해 등장한 것이 주로 Kiparsky(1982, 1983, 1985)에 의해 발전된 어휘음운론(Lexikalische Phonologie)이다. 어휘음운론은 음운론과 형태론의 상호작용에 대한 설명을 기존의 다른 어떤 이론들보다 훨씬 정교하게 다듬었다는 점에서 1980년대에 생성음운론의 전통을 잇는 이론들 중에서 가장 강력한 영향을 미쳤다고 볼 수 있다. 이 이론의 골자는 한마디로 형태적으로 복잡한 단어들은 어휘부(Lexikon) 내에서 음운규칙과 형태규칙이 연쇄적으로 적용되는 과정을 거쳐 만들어진다고 보는 데 있다. 예컨대 A가 기저형태라면 먼저 음운규칙이 이 형태에 적용되고 그 결과 생겨난 A′가 첫 단계(first cycle)에서 형태 규칙의 입력부가 된다. 다음 단계에서 형태규칙에 의해 A′와 어떤 형태소가 결합하게 되고 여기에 다시 음운규칙이 적용되어 A″가 생긴다(second cycle). 이것은 다음 단계에서 계속적으로 형태규칙과 음운규칙의 적용을 받게 되어 또 다른 형태를 만들어 낸다. 이런 식으로 음운규칙과 형태규칙은 서로 맞물려 적용되며, 음운규칙이 적용된 결과는 형태 규칙의 입력부가 되고, 거꾸로 형태규칙이 적용된 결과는 음운규칙의 입력부가 된다. 어휘부는 도출 순서에 따라 여러 단계(Level 혹은 Stratum)로 나누어지며, 각각의 단계는 그 단계에 적용되는 음운규칙들과 형태규칙들로 구성된다.

어휘음운론이 어휘부의 내부 구조를 이렇게 다단계 혹은 다층구조(Multi-Strata)로 나눈 이유는(또한 이 점에서 어휘부를 단순히 단어 혹은 형태소의 목록으로 보는 SPE의 문법 모델과 결정적으로 다르다) 무엇보다 형태적으로 복잡한 단어들에서 관찰되는 다음 두 가지 사실을 표현하기 위해서다. 첫째, 형태적으로 복잡한 단어들에서 굴절접미사와 파생접미사의 순서가 정해져 있음을 알 수 있다. 굴절 접미사는 파생 접미사 다음에만 올 수 있다. 예를 들어 *Doktoranden*과 같은 형태적으로 복잡한 단어에서 복수 형태를 만드는 굴절 접미사 *-en*보다 명사 파생 접미사 *-and*가 명사 어간에 보다 가까이 있다. 따라서 이 단어는 명사 어간에 먼저 파생접미사가 결합하고(*Doktor + and → Doktorand*), 그 다음에 굴절 접미사가 결합한 것(*Doktorand + en → Doktoranden*)이라고 볼 수 있다. 이에 반해 굴절접사가 먼저 결합하고 다음에 파생접사가 결합하는 **Doktoren-and*와 같은 형태는 독일어에 존재하지 않는다. 따라서 단어를 생성해 내는 어휘부 내부를 파생과 굴절로 나누고, 파생이 일어나는 단계가 굴절이 일어나는 단계보다 먼저라고 가정하면 형태적으로 복잡한 단어들에서 보이는 이와 같은 형태소의 순서를 자동적으로 설명할 수 있을 것이다(vgl. Siegel 1974).

둘째, 음운규칙이 적용되기 위해서는 일정한 형태적인 구조를 갖추어야 하거나, 형태 규칙이 적용되기 위해서는 일정한 음운적인 요건을 충족시켜야 한다. 이에 대한 예들은 이미 1.1장에서 보았다. 따라서 파생과 굴절과 같은 형태적 과정들이 어휘부 내에서 일정한 순서에 의해 적용된다고 가정하면, 이 과정들이 성공적으로 적용되기 위해서는 음운적인 과정 또한 어휘부 내에서 적용된다고 가정해야 할 것이다. Wiese(1996 : 128)는 위의 두 가지 점을 고려해 독일어의 어휘부가 다음과 같은 구조로 이루어져 있다고 본다.

(6) 독일어 어휘부

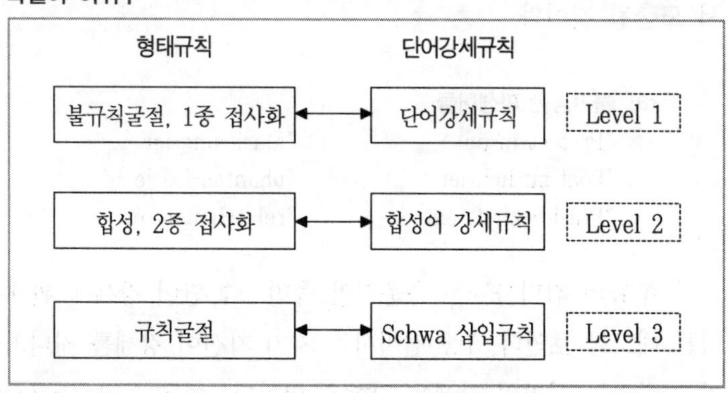

(6)에 따르면 독일어의 어휘부는 3개의 단계로 나누어져 있고, 형태적으로 복잡한 단어는 이 3개의 단계에서 형태규칙과 음운규칙의 적용을 통해 도출된다. 접사화(Affigierung)가 1종과 2종으로 구분되어, 각각 서로 다른 단계에서 일어난다고 보는 이유는 파생 접미사들이 보이는 형태, 음운론적인 특성 때문이다. Wiese(1996 : 122)는 다음과 같은 예들을 통해 파생 접미사들이 나타나는 순서가 일정하며, 이 순서가 거꾸로 되어서는 안 됨을 보이고 있다.

(7) Protest-ant-in
Mark-ier-ung
kontinu-ier-lich
phantas-ie-los
Präsid-ent-schaft
Relat-iv-heit

위의 단어들은 모두 어근(Wurzel) + 2개의 접미사의 구조를 가지고 있다. 2개의 접미사 중에서 어근과 바로 인접해 나타나는 접미사는 1종 접미사(Klasse-I-Suffix)로, 그 다음에 나타나는 접미사는 2종 접미사(Klasse-II-Suffix)로 분류된다. 따라서 접미사를 2개의 부류로 나누고, 2개의 접미사가 결합하는 순서가 (6)처럼 된다고 가정하면, 이 순서가 반대로 된 다음과 같은 단어들은 독일어에서 존재할 수 없음이 이 이론적인 가정에서 도출될 것이다.

(8) **불가능한 파생어들**
*Protest-in-ant   *Mark-ung-ier
*kontinu-lich-ier   *phantas-los-ie
*Präsid-schaft-ent   *relat-heit-iv etc

두 부류의 접미사들은 음운적인 측면, 즉 단어 강세에 관해서도 서로 다른 태도를 보인다. 1종 접미사는 자기 자신이 강세를 지니거나 접미사가 결합하는 어기의 강세에 영향을 미친다. 예를 들어 *Protestánt*를 보면 어기 *Protést*는 마지막 음절에 강세가 있으나, 접미사 -ant와 결합되면 어기의 강세가 접미사로 이동하게 된다. 따라서 이 때 -ant는 어기의 강세에 영향을 미침과 동시에 자신이 강세를 지니는 접미사라고 할 수 있다. 그러나 *Phantas-íe*에서처럼 어기 *Phantas*가 홀로 단어로 나타날 수 없는 어근일 경우 단어 강세를 이야기 할 수 없으므로, 이 때 -ie는 어기의 단어강세를 바꾸는 것이 아니라, 단순히 자신이 강세를 지니는 접미사라고 할 수 있다. 이에 반해 2종 접미사는 결코 어기의 단어강세에 변화를 줄 수 없을 뿐만 아니라, 자신이 단어 강세를 지니는 법도 없다. (7)의 단어들에서 단어 강세는 모두 1종 접사에 있으며, 뒤따라오는 2종 접사는 이 강세에 아무런 영향을 미치지 않는다.

이처럼 두 부류의 접사가 단어 강세에 관해 서로 다른 태도를 보이는 사실도 (6)에서처럼 어기와 접사의 결합이 단계적으로 일어난다고 가정하면 자연스럽게 설명될 수 있다. 먼저 1단계(Level 1)에서 어근 *phantas*는 1종 접미사인 *-ie*와 결합한다. 이 단계에서 적용되는 단어강세 규칙은 접미사에 강세를 부여한다. 이렇게 생긴 *Phantasíe*는 2단계(Level 2)에서 접미사 *-los*와 결합한다. 이 단계에서는 더 이상 단어강세 규칙이 적용되지 않기 때문에, *-los*는 전체 단어의 단어 강세에 아무런 영향을 줄 수 없으며 자신이 강세를 지닐 수도 없다.

한편 1단계에서 적용된 단어 강세규칙은 2단계에서 2종 접사가 어기와 결합할 수 있는지의 여부를 결정한다. 앞에서 본 *-heit/-keit*의 이형태소 관계가 어휘음운론의 모델에 따를 때 어떻게 설명될 수 있는지를 살펴보자. (6)과 같은 어휘부 구조를 가정할 때 *Gesundheit*와 같은 단어는 다음과 같은 과정을 거쳐 생성된다(모음 앞의 ''' 표시는 이 모음이 강세를 지님을 의미).

(9) **기저형태 :** /gəzʊnd/
　　　Level 1
　　　　음운규칙(강세규칙)　　　gəz'ʊnd
　　　Level 2
　　　　형태규칙(2종 접사화)　　gəz'ʊnd + haɪt
　　　　음운규칙(말음경화)　　　gəz'ʊnt + haɪt
　　　음성형태 :　　　　　　　[gəz'ʊnthaɪt]

기저형태는 Level 1(혹은 first cycle)에서 강세규칙의 적용을 받아 두 번째 음절에 강세가 주어진다. 1.1장에서 말했듯이 이형태소 *-heit/-keit*의 선택은 어기의 강세 위치에 의해 결정된다. 어기가 강세 있는 음절로 마칠 때에는 -*heit*가 그렇지 않을 때는 -*keit*가 어기와 결합한다. Level 2(혹은 second cycle)에서 -*heit*가 결합하고 -keit가 결합할 수 없는 이유는 바로 어기가 가지고 있는 이 음운 정보(= 강세) 때문이다. 그밖에 Level 2에서는 말음경화 규칙이 적용되어 어기의 유성음 /d/가 [t]로 바뀐다.

　이처럼 음운규칙과 형태규칙의 연쇄적인 적용을 가정하는 어휘음운론은 위에서 말한 SPE 모델의 단점을 쉽게 제거할 수 있다. 첫째 싸이클에서 강세규칙이 적용된 후, 이 형태가 어간과 접미사를 결합하는 형태규칙의 입력부가 됨으로써, 이형태소 -*heit*/-*keit*의 선택이 어간의 강세 위치에 민감하다는 사실이 이론자체의 가정으로부터 도출된다. 반면에 어간과 접사와의 결합이 모두 끝난 후에 완성된 단어에 음운규칙이 적용되는 SPE의 모델에서는 (9)에서 보이는 어기의 음운정보에 민감한 형태규칙(= 규칙 타입 1)이 설명될 수 없다. 이뿐만 아니라 SPE의 모델에서는 형태적 요건이 충족될 때에만 음운규칙이 적용되는 경우(= 규칙 타입 2)도 설명될 수 없다. 왜냐하면 음운규칙은 형태적으로 복잡한 단어가 통사규칙에 의해 만들어진 후에야 적용되는데(after syntax), 음운규칙이 적용되기 전에 괄호삭제규약(bracket erasure convention)에 의해 이 단어의 형태적인 구조가 사라지기 때문이다. 따라서 음운규칙은 단어의 형태적인 구조를 보지 못하고 맹목적으로(blind) 적용된다. 어휘음운론이 음운규칙과 형태규칙의 순환적 적용을 통해 음운론과 형태론의 상호의존 관계를 설명한다면, 이 경우도 합리적으로 설명할 것이 기대된다. 과연 그런지 변모음의 예를 통해 살펴보자. 변모음이 어휘음운론 모델에서 성공적으로 설명되기 위해서는 먼저 이 현상이 형태규칙이 아니라, 음운규칙이라는 것이 전제되어야 한다. 만약 변모음이 형태규칙이라면 "형태적인 구조에 민감한 형태규칙(?)"이라는 이상한 타입의 규칙이 될 것이고, 어휘음운론에 익숙한 사람들은 이런 규칙이 어휘음운론의 모델에서 합리적으로 설명될 수 있을 것이라고 믿지 않을 것이다. 그러나 다

음의 예를 보면 변모음이 형태규칙이 아니라고 쉽게 단정할 수 없음을
알 수 있다.

(10) a. N → V + er (Fahr-er)
      b. 명사의 단수와 복수 (Vater ~ Väter, Mutter ~ Mütter)
      c. N → V + ϕ (Schicht ~ schicht(en))

보통의 접미사화 과정에서는 (10a)에서 보듯이 단순히 접사가 첨가
됨으로써 어기의 형태적 범주가 바뀐다. 이런 형태규칙을 흔히 연결형
태론(verkettende Morphologie, concatenative morphology) 혹은 부가형태론
(additive Morphologie)이라고 부른다. 그러나 형태적 범주의 변화가 언제나
이렇게 단순히 접사의 첨가로 나타나는 것만은 아니다. 형태소의 실현이
때로는 어간형태를 변화시킴으로써 이루어지기도 하고(10b), 전혀 음성적
으로 나타나지 않을 수도 있다(10c). 형태론에서는 전자를 흔히 비연결형
태론(nicht-verkettende Morphologie, non-concate-native morphology), 후자를
전환(Konversion, conversion) 혹은 영파생(Null-Ableitung, zero derivation)
이라고 부른다. 형태소의 실현방식이 연결이든, 비연결이든, 혹은 영파
생이든 관계없이, 어기의 형태적 범주를 바꾸는 것을 형태규칙으로 본다
면, (10b)에서처럼 변모음이 형태적 범주를 변화시키는 유일한 수단이
되는 경우도 형태규칙으로 간주되어야 할 것이다. 일반적인 형태규칙으
로 간주되는 (10a)와 다른 점이 있다면, 오직 형태소 실현이 비연결적으
로 나타난다는 점뿐이다.

그러나 Wiese(1996 : 189)는 어휘음운론의 이론적인 틀 속에서 보면
변모음을 음운규칙으로 보아야 한다고 주장한다. 왜냐하면 어휘부
(Lexikon) 내에서 적용되는 음운규칙(이하에서는 이 규칙을 어휘음운론에서 사
용하는 일반적인 용어에 따라 어휘부 규칙(lexikalische Regel)이라고 칭함)은 다
음과 같은 특징을 보이는데 변모음은 이 모든 성질을 다 보이기 때문이
다.

첫째 어휘부 규칙은 오직 도출된 환경에서만 적용된다. 도출된 환경이란 어기가 음운규칙이나 형태규칙에 의해 형태가 변한 것을 의미한다. 예를 들어 (9)의 첫째 싸이클에서 강세규칙의 적용을 받아 *gesund*의 둘째 음절에 강세가 주어진 형태는 (음운적으로) 도출된 환경을 나타낸다. 또한 두 번째 싸이클에서 접미사 *-heit*가 어간과 결합한 *Gesundheit*는 형태적으로 도출된 환경을 나타낸다. 위에서 말했듯이 변모음은 형태적으로 도출된 환경에만 적용된다(*Tag vs. täg-lich*).

둘째 어휘부 규칙에는 예외가 있다. 변모음도 많은 예외를 보인다. 왜냐하면 형태적으로 도출된 환경이 언제나 변모음을 일으키는 것은 아니기 때문이다. 예를 들어 접미사 *-er*는 변모음을 보이기도 하고(*Bäck-er*), 그렇지 않기도 하다(*Fahr-er*). 또한 동일한 어간이 형태적으로 도출된 환경에서 언제나 변모음을 보이는 것도 아니다. 따라서 *Hund*와 같은 어간은 파생어에서는 변모음을 보이나(*Hünd-in*), 굴절어에서는 변모음을 보이지 않는다(명사복수 : *Hund-e*).

셋째 어휘부 규칙은 구조보존적(strukturbewahrend)이다. 이것은 어휘부 규칙에 의해 생성되는 자질이 변별적(distinktiv)이어야 함을 의미한다. 변별적이지 않은 자질을 도입하는 규칙은 어휘부 규칙이 될 수 없다. 예를 들어 독일어에서 폐쇄음의 기식음 자질([+aspiriert])은 변별적이지 않다. 따라서 이 자질을 도입하는 규칙 [-son, -kont] → [+aspiriert] / F[___ (예 : *Tag*의 자음 /t/는 음보(= Fuß)의 첫 자음이므로 기식음 [tʰ]로 된다)은 어휘부 규칙이 될 수 없다. 이에 반해 변모음 규칙에 의해 도입되는 자질 [+vorn]은 변별적이다. 따라서 변모음 규칙은 구조보존적이다.

이상의 세 가지 관점에서 변모음은 어휘부 규칙이라는 결론을 내릴 수 있다. 변모음이 어휘부 규칙이라면, 이는 자동적으로 음운규칙임을 의미한다. 이것은 위에서 우리가 말한 규칙 타입 2로서 형태적 요건이 충족될 때에만 적용되는 음운규칙에 속한다. 이제 이 규칙이 어휘음운론의 모델에서 적용되는 과정을 살펴보자. 변모음은 1단계와 2 단계에서 모두 적용될 수 있다.

(11) 기저형태 : /bak/ (back-)   /gɔt/   (Gott)
    Level 1
        형태규칙 :   bak-ɐ (back-er)   ______
        (접미사 -er 첨가)
        음운규칙 :   bɛk-ɐ (Bäcker)   ______
        (변모음)
    Level 2
        형태규칙 :   ______   gɔt-lıç (gott-lich)
        (접미사 -lich 첨가)
        음운규칙 :   ______   gœt-lıç (gött-lich)
        (변모음)

접미사 -er가 1단계에서, -lich가 2단계에서 결합한다고 보는 근거에 대해 자세한 것은 Wiese(1996 : 120f)를 참조하라. (11)에서 보듯이 음운 규칙인 변모음은 어기가 형태적으로 도출된 환경일 때에만 적용될 수 있다. Level 1에서는 접미사 -er이 추가됨으로써 (형태적으로) 도출된 환경이 마련되고, Level 2에서는 접미사 -lich가 추가됨으로써 도출된 환경이 마련된다. 이에 반해 형태적으로 도출되지 않은 back-(즉 back-en의 동사 어간)이나 형태적으로 단순어인 Gott은 Level 1과 Level 2를 통과하는 동안 아무런 형태규칙이 적용되지 않으므로 변모음 규칙도 적용될 수 없다.

(11)의 도출과정을 보면 어휘음운론이 SPE 모델이 설명하지 못했던 "형태적인 구조에 민감한 음운규칙"을 일견 매끈하게 설명할 수 있는 것처럼 보인다. 변모음규칙은 보다시피 형태적인 구조에 따라 적용여부가 결정되기 때문이다. 그러나 이런 인상을 받는(혹은 주는) 것은 어디까지나 위에서 변모음 규칙이 정확히 기술되어 있지 않기 때문이다. 변모음이(파생이나 굴절과 같은 형태적 과정을 통해 생겨난) 형태적으로 복잡한 단어에만 적용되고, 형태적인 단순어에는 적용되지 않는다는 것을 나타내기

위해서 Wiese(1996 : 183)는 다음과 같이 형태소 경계(규칙에서 ']' 표시)를
포함하고 있는 변모음 규칙을 제안한다.

(12) 변모음 규칙

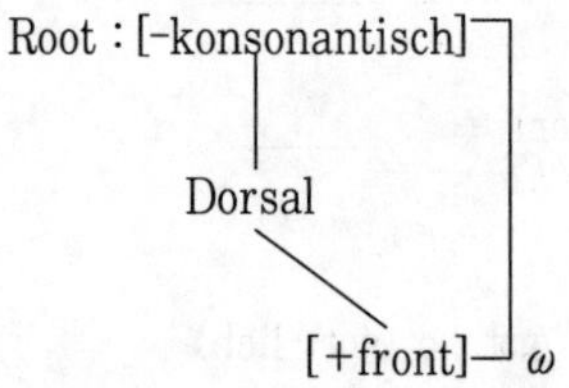

이 규칙에 따르면 변모음이 일어나는 파생어나 굴절어에서 어간의 마지
막 모음은 기저형태에 [+front]라는 부유하는 자립분절음(Autosegment),
즉 모음의 뿌리마디(Root)와 연결되지 않은 분절음을 가지고 있고, 이 분
절음은 적당한 환경에서(즉 파생이나 굴절과 같은 형태적으로 도출된 환경에서)
어간의 오른쪽 끝 모음과 연결된다(규칙에서 ω는 어간이 한 개의 음운단어를
이루고 있음을 의미). 그러나 형태소 경계를 변모음 규칙에 직접 표시하는
것은 어휘부 규칙이 도출된 환경에서만 적용된다는 일반적인 사실을 반
영하지 못한다. 형태적으로 도출된 환경에서만 적용되는 모든 어휘부 규
칙이 (12)처럼 형태소 경계를 가진다면, 그것은 우연의 일치일 수밖에
없을 것이다. 하지만 우리가 말하고 싶은 것은 그것이 우연의 일치가 아
니라, 어휘부 규칙의 일반적인 속성이라는 것이다.

사실 SPE 이후 어휘음운론에 이르기까지 규칙을 통해 음운현상을 설
명하는 생성음운론은 형태소의 음성형태가 보이는 교체(Alternation)를
어떻게 합리적으로 설명할 수 있는가 하는 문제를 해결하기 위해 모든
노력을 경주해 왔다고 해도 과언이 아니다. 이 과정에서 이형태소 관계
(Allomorphie)를 기술하는 규칙이 가지고 있는 일반적인 속성을 표현하기
위해서는 가능한 한 이 규칙이 적용될 수 있는 조건을 제한할 필요가 있
다는 인식을 하게 되었다. Kiparsky(1983 : 89)는 자신의 제안을 여러 번

수정해서 만든 엄밀순환조건(Strict Cycle Condition)을 통해 이형태소 관계를 기술하는 어휘부 규칙을 제한할 것을 주장했다.2)

(13) **엄밀순환조건(Strict Cycle Condition)**
    a. 순환규칙(cyclic rule)은 도출된 음운표기에만 적용된다.
    b. 정의 : 한 개의 음운표기 ϕ는 싸이클 j에서 규칙 R에 대해 다음과 같은 경우에만 도출된 것이다 : 싸이클 j에서 형태소 결합을 통해, 혹은 싸이클 j에서 음운규칙의 적용을 통해 ϕ가 규칙 R의 적용환경을 충족시킬 때.

(11)에서 보았듯이, 변모음규칙은 Level 1과 Level 2에서 적용되는 순환규칙이다. 따라서 이 규칙은 (13)의 조건을 충족시켜야 한다. (13b)에 따르면 변모음의 경우 형태소 결합을 통해 도출된 음운형태가 생기므로 규칙의 적용환경을 충족시키게 된다. 결국 엄밀순환조건을 통해 (12)의 변모음 규칙이 포함하고 있는 형태소 경계가 불필요하다는 것을 알 수 있다.

이상의 논의를 요약하면 어떤 단어의 음성형태는 그 단어의 형태적 구조와 밀접한 관계에 있으며, 이 관계를 기술하는 규칙은 위에서 보았듯이 크게 3가지 타입으로 구분될 수 있다는 것이다. 편의상 이 3가지 규칙 타입을 (14)에서 반복하겠다.

(14) **음운론과 형태론의 상호작용을 보이는 규칙의 유형**
    a. 타입 1
        어기가 일정한 음운요건을 충족시킬 때에만 형태적 과정이 일어난다.
    b. 타입 2
        음운과정은 형태적 요건이 충족될 때에만 일어난다.
    c. 타입 3 (= 형태소 구조 조건)
        특정 형태적 단위(형태소, 단어 등)에만 음운적인 규칙성이 적용된다.

---

2) 음운규칙의 적용에 있어 형태적인 구조가 가지는 역할에 대해 Kiparsky는 엄밀 순환 조건을 제안하기 전에 이미 교체조건(Alternation Condition), 수정교체조건(Revised Alternation Condition) 등을 통해 어휘부 규칙의 특징을 표현한바 있다. 자세한 것은 Kiparsky (1973)를 참조하라.

이 중에서 이형태소 관계(Allomorphie)를 설명하는 타입 1과 2에 속하는 규칙들은 형태적으로 복잡한 단어가 완성된 후에야 음운규칙이 적용되는 SPE의 모델에서는 합리적으로 설명될 수 없음을 보았다. 이에 반해 형태규칙과 음운규칙이 번갈아 연쇄적으로 적용되어 형태규칙의 출력부가 음운규칙의 입력부가 되고, 또 음운규칙의 출력부가 다시 형태규칙의 입력부가 되는 어휘음운론의 모델에서는 이 규칙들이 보다 합리적으로 설명될 수 있음을 보았다. 타입 2와 3은 생성음운론에서 일반적으로 두 가지 서로 다른 수단을 통해 표현되고 있으나(전자는 규칙에 의해, 후자는 제약에 의해), 음운적인 규칙성이 형태적인 구조에 의존한다는 점에서 기본적으로 같은 성격을 가지고 있다고 볼 수 있다. 이 두 가지 타입의 규칙성은 단어의 형태적 구조에 따라 생성되는 단계를 각각 독립적인 하나의 층으로 구분해야 한다는 어휘음운론의 핵심적인 가설이 나오게 된 직접적인 계기가 되었다. 합성어를 파생어나 굴절어와 구분함으로로써, 오직 합성어에만 적용되는 강세규칙을 설명할 수 있는 것은 형태적인 구조에 따른 음운규칙의 적용의 대표적인 예이다. 이와 달리 타입 1에 속하는 규칙들은 음운구조와 형태구조는 엄격히 분리되어야 한다는 가설을 낳게 한 직접적인 계기를 만들었고, 이것은 어휘음운론과 별도로 운율형태론(Prosodic Morphology, vgl. McCarthy/Prince 1986)이라는 이름으로 발전되었다. 그러나 음운규칙의 적용 결과가 형태규칙의 입력부를 생성해낸다는 점에서 타입 1에 속하는 규칙들은 음운론과 형태론이 서로 손잡고 간다는 어휘음운론의 기본 가설을 간접적으로 증명해 주고 있다.

1.3. 최적성이론(Optimalitätstheorie)

최적성이론(Optimalitätstheorie, Prince/Smolensky 1993, McCarthy/Prince 1993, 이하에서 OT로 약칭)의 기본 가설은 모든 문법은 서로 상반되는 요구

들이 섞여있는 하나의 체계이며, 문법적인 표현은 상반되는 요구들 간의 충돌의 결과라고 보는 데 있다. 서로 상반되는 요구들은 제약들을 통해 표현된다. 대개의 경우 어떤 제약의 충족은 다른 제약의 위반을 수반하게 된다. 표준 OT에서 제약은 크게 세 가지 타입으로 구분된다.

언어표현의 다양성을 위해서는 최대한의 어휘 대조(lexikalischer Kontrast)가 요구된다. 이것을 보장해 주는 것이 충실성 제약(faithfulness constraint)이다. 이 제약은 글자 그대로 기저형태의 어휘 대조가 유지되어야 할 것을 요구한다. 한편 단어는 구조의 단순성을 추구한다. 구조의 단순성은 언어 보편적으로 선호되는 구조를 의미한다. 구조의 단순성은 흔히 어휘 대조와 직접적인 충돌을 일으킨다. 예를 들어 언어 보편적으로 유성 저해음보다 무성 저해음이 선호된다. 이런 경향은 독일어에서 음절 끝에 오는 유성 저해음이 보다 보편적인(unmarkiert) 무성 저해음으로 바뀌는 말음경화현상에서 볼 수 있다(예 : *Rad*[ra:d] → [ra:t]). 이때 유성음 /d/는 무성음 [t]로 바뀜으로써 보다 단순한 구조(unmarkierte Struktur)로 바뀌었으나, 동시에 /d/와 /t/가 보이는 어휘 대조는 더 이상 음절 끝에서는 존재하지 않게 된다. 구조의 단순성의 추구는 분절음이라는 음운 단위뿐만 아니라, 단어와 관련된 모든 운율구조의 단위(모라, 음절, 음보, 음운단어)에서 나타난다. 언어 보편적으로 선호되는 음운구조를 요구하는 것이 유표성 제약들(markedness constraints)이다. 끝으로 한 개의 구조에 나타나는 요소들은 여러 가지 표기 층위(levels of representations)에서 일정한 순서로 나타날 것이 요구된다. 이 때 표기 층위는 음운적 표기와 형태적 표기를 모두 포함한다. 예를 들어 독일어 과거 분사에서 접두사 *ge-*는 과거분사의 주 강세를 지닌 음보 바로 앞에 나타날 것이 요구된다. 따라서 *ge-kénnzeichnet*는 올바른 과거 분사이나 **ge-diskutíert*와 같은 과거분사는 이 제약을 위반하므로 올바른 과거분사가 될 수 없다. 이처럼 형태단위(접두사 *ge-*)와 음운단위(주 음보 = main foot)의 경계가 일치해야 된다는 요구는 OT에서 일반적으로 정렬제약(alignment constraint)에 의해 표현된다. OT는 모든 단어가 이 세 가지 타입의 제약들 간의 충돌의 결과임을 보여주고 있다.

OT의 핵심적인 가설은 모든 제약들이 언어 보편적이며, 제약들은 위반될 수 있다고 보는 데 있다. 이 점에서 OT는 제약을 개별 언어에만 적용된다고 보거나, 제약이 위반될 수 없다고 보는 모든 문법모델들과 구분된다. 이하에서는 OT의 이런 가설이 어떻게 형식적으로 표현되고 있는지를 살펴보겠다. OT의 기본구조는 표 (15)와 같다. 생성부(Generator)는 입력부(Input)에서(원칙적으로 무한한) 다수의 후보를 만들어 낸다. 생성부는 입력부의 분절음의 자질을 변화시키거나 분절음을 음절화하는 등 광의의 의미에서 모든 음운, 형태구조를 변화시키는 일을 맡는다. 평가부(Evaluator)는 제약들로 구성되어 있으며, 많은 후보들 중에서 최적형태(optimale Form)를 골라낸다. 최적형태라 함은 후보들 중에서 제약들을 가장 덜 어기는 후보를 의미한다. 이 최적 형태가 실지 음성형태인 출력부가 된다.

(15) OT의 기본 구조

입력부 → | Gen. | → 후보 → | Eval. | → 출력부

OT가 다른 모든 문법모델과 구분되는 점은 문법은 위반될 수 있는 보편적인 제약들의 집합으로 구성되어 있으며, 개별 언어의 차이는 제약들 간의 랭킹의 차이라고 보는 데 있다. 예를 들어 어떤 언어 L1에서는 제약 A가 제약 B보다 상위에 있음에 반해, 다른 언어 L2에서는 제약 B가 제약 A보다 상위에 있을 수 있다. 따라서 두 언어에서 제약간의 충돌은 서로 다른 제약 랭킹에 의해 각각 다르게 해결된다. OT에서는 이런 제약간의 충돌이 흔히 표(tableaux)를 통해 표현된다. 표 (16)은 L1에서의 제약 A와 B 간의 랭킹을 보여준다. 제약 A는 제약 B보다 상위 랭크되어 있다. 이처럼 표에서 왼쪽으로 갈수록 제약의 랭킹은 높다. 이제 두

제약간의 충돌을 보이는 여러 후보들이 있다고 가정하자. 그 중에서 후보1은 제약 A를 충족시키나 제약 B를 어긴다. 제약의 위반은 별표에 의해 표시된다. 후보2는 반대로 제약 A를 어기나 제약 B를 충족시킨다. 제약 A가 B보다 상위 제약이므로 이 두 개의 후보들 중에서 최적형태는 후보 1이 된다. 최적 형태는 흔히 손가락 모양(☞)으로 표시된다.

(16) L1

	A	B
☞ 후보1		*
후보2	*	

(17) L2

	B	A
후보1	*	
☞ 후보2		*

L2에서는 제약의 랭킹이 L1과 반대로 되어있다. 따라서 여기서는 제약 B를 충족시키는 후보 2가 최적형태가 된다. 이처럼 제약 A와 B가 적용되는 점에서 두 개의 언어는 같으나, 실지로 제약간의 상호작용은 두 개의 언어에서 각기 다르게 실현된다, OT에서는 이것을 개별 언어에 따라 서로 다른 제약간의 랭킹을 통해 표현한다. 제약간의 랭킹에서 한 가지 언급할 것은 상위 제약은 하위 제약을 절대적으로 지배한다는 사실이다(strict domination). 예를 들어 제약 A가 제약 B보다 상위 제약이고 제약 B가 제약 C보다 상위제약이면, A를 충족시키는 후보는 하위 제약인 B와 C를 아무리 많이 위반할지라도, A를 한 번이라도 어기는(그리고 B와 C를 충족시키는) 후보보다 낫다. OT에서는 표를 통해 제약간의 랭킹을 나타내지만, 이와 병행하여 흔히 A ≫ B(제약 A는 제약 B보다 상위 제약이다)를 사용하기도 한다. 표 (4)는 제약 랭킹의 절대적 지배 관계를 예시하고 있다. 표에서 '＊' 표시 다음에 '！'가 오는 경우는 이 제약의 위반이 치명적임을(fatal violation) 나타낸다.

(18) A 〉〉 B 〉〉 C

	A	B	C
후보1	*!		
☞ 후보2		**********	*********

최적성이론은 대표적인 제약에 기반한 이론으로서 처음에는 McCarthy/ Prince(1993)와 Prince/Smolensky(1993)에 의해 음운론과 형태론의 상호작용을 설명하기 위해 도입되었으나, 지금은 통사, 의미, 화용론에 이르는 언어학의 거의 전 분야에서 이론적 도구로 사용되고 있다. 앞으로 다룰 많은 독일어의 음운, 형태적 현상들이 이 이론의 틀 속에서 설명되고, 이전의 규칙에 기반을 둔 이론의 바탕에서 행해진 분석들과 비교될 것이다. 위에서 말한 최적성이론의 핵심을 이루는 두 가지 가설, 즉 (i) 모든 언어는 언어보편적인 공통된 제약들을 가지고 있으며, (ii) 이 제약들은 위반될 수 있다는 것은 기존의 다른 이론들에서 핵심적인 역할을 하지 않았다는 점에서 결코 진부하지 않다. 이하에서는 이 두 가지 가설의 성격을 보다 자세히 살펴보겠다.

규칙에 기반을 둔 초기 생성음운론(Chomsky/Halle 1968)은 개별언어에 나타나는 음운현상을 나타내기 위해 규칙과 함께 제약들을 사용했는데, 제약은 주로 형태소 구조 조건(Morphemstrukturbedingung)의 형식으로 표현되며, 그 기능은 기저형태, 혹은 입력부의 형태를 제한하는 데 있다. 예를 들어 독일어에서 한 개의 형태소 내에 두 개의 모음이 연이어 나올 때, 서로 다른 두 개의 모음의 연속은 허락되나(19a), 동일한 두 개의 모음(19b)이나 두 개의 원순모음(gerundeter Vokal)의 연속(19c)은 허락되지 않는다. 아래의 보기에서 모음의 긴장도(Gespanntheit)나 장단(Länge)은 이 규칙에 중요한 역할을 하지 않으므로 별도로 표시하지 않기로 한다.

(19) a. 한 개의 형태소 내에서 서로 다른 두 개의 모음의 연속은 허락된다.
i + ʊ   Triumph
i + a   Dia
u + e   manuell
e + a   Korea
b. 한 개의 형태소 내에서 동일한 두 개의 모음은 허락되지 않는다.
*i + i, *e + e, *a + a
c. 한 개의 형태소 내에서 원순모음의 연속은 허락되지 않는다.
*u + u, *ɔ + ɔ, *o + o, *ø + ø, *œ + œ, *o + ø, *o + ɔ

(19b)와 (19c)를 두 개의 그룹으로 구분한 점에 유의하라. (19c)는 *u + u처럼 두 개의 동일한 원순모음뿐만 아니라, *o + ø, *o + ɔ처럼 동일하지 않은 두 개의 원순모음도 포함하고 있다. 따라서 올바른 일반화는 원순모음의 연속이 허락되지 않는다고 해야 한다. 그러나 (19c)의 제약을 가정할 경우, 독일어에 나타나는 이중모음 [ɔʏ]는 이 제약을 위반하게 된다. 이에 반해 나머지 두 개의 이중모음, 즉 [aɪ]와 [aʊ]는 (19)의 형태소 구조 조건을 위반하지 않는다. Hall(1992 : 135)은 이런 이유로 이중모음 [ɔʏ]의 기저형태를 /aʏ/로 가정할 것을 제안한다. 그렇게 되면 (19)의 형태소 구조조건은 기저형태에만 적용되므로 이중모음 [ɔʏ]는 더 이상 (19c)의 예외가 되지 않을 것이다. (19b)와 (19c)를 나타내기 위해서는 다음과 같은 형태소 구조 조건이 각각 필요하다. (20a)는 동일 형태소 내에서 동일한 두 개의 모음(Vokal)의 연속을, (20b)는 두 개의 원순모음(= [+round]-모음)의 연속을 금지한다

(20) 형태소 구조 조건
a. *[...V V...]
b. *[...V   V........]
           | |
      [+round] [+round]

독일어의 세 개의 이중모음의 기저형태 /aɪ/, /aʊ/, /aʏ/는 모두 (20)

의 형태소 구조 조건을 충족시킨다. 그러나 기저형태를 직접 제한하는 (20)과 같은 형태소 구조 조건은 표층 형태로 결코 실현되지 않는 /aʏ/와 같은 추상적인 이중모음을 기저형태로 간주해야 하는 불합리한 점을 내포하고 있다. 예를 들어 *neun*[nɔʏn]과 같은 단어는 기저형태에 /naʏn/으로 표기되고, 이 기저형태는 (21a)의 원순모음화 규칙의 적용을 받아 [nɔʏn]으로 바뀌게 된다. 한편 *räum-lich*처럼 기저 형태의 /aʊ/는 변모음의 규칙의 적용을 받아 먼저 /aʊ/가 /aʏ/로 바뀌고 /aʏ/는 다시 원순모음화의 규칙이 적용되어 [ɔʏ]로 바뀐다. (21b)는 *neun*과 *räum-lich*의 도출과정을 보여주고 있다(vgl. Hall 1992 : 141-142). 변모음 규칙은 설명의 편의상 여기서 생략한다(자세한 것은 8장을 참조하라).

(21)　a. **원순모음화 규칙**

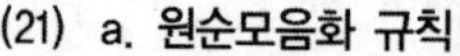

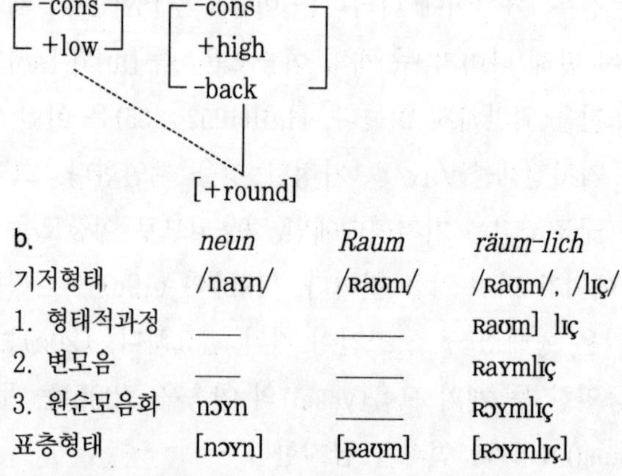

	neun	*Raum*	*räum-lich*
기저형태	/naʏn/	/Raʊm/	/Raʊm/, /lɪç/
1. 형태적과정	___	___	Raʊm] lɪç
2. 변모음	___	___	Raʏmlɪç
3. 원순모음화	nɔʏn	___	Rɔʏmlɪç
표층형태	[nɔʏn]	[Raʊm]	[Rɔʏmlɪç]

　(21b)의 도출과정을 보면 *neun*과 *räum-lich* 모두 추상적인 이중모음 /aʏ/의 단계를 거쳐야만 올바른 표층형태를 구할 수 있음을 알 수 있다. 이런 설명은 언어습득의 관점에서 볼 때 설득력이 없다. 왜냐하면 독일어를 습득하는 사람에게 주어진 언어자료는 표층 형태밖에 없으며, 이 표층형태를 통해 규칙을 추론할 수 있는데, 이중모음 /aʏ/는 독일어에서 단 한번도 표층형태로 실현되는 법이 없기 때문이다. 따라서 언어습득자

가 언어자료를 통해 이중모음 /aɣ/의 존재를 추론할 아무런 방법이 없다. 이 점에서 OT는 규칙이론과 본질적으로 다르다. 왜냐하면 OT는 입력부(=기저형태)에 아무런 제한을 두지 않으며, 언어현상을 오직 출력부 위주로 설명하기 때문이다. 따라서 규칙이론에서처럼 /aɣ/와 같은 추상적인 이중모음을 기저형태에 가정해야 할 이유도 없다.

뿐만 아니라 (21b)의 도출과정은 규칙이론 속에서도 문제가 있다. 1.2장에서 이미 언급했듯이, 어휘음운론에 따르면 어휘부 내에서 적용되는 음운규칙 즉 어휘부 규칙(lexikalische Regel)은 구조보존 원칙(Structure Preservation Principle)을 따라야 한다. 이 원칙에 의하면 어휘부 규칙의 적용 결과 기저형태에서 변별적(distinktiv)이지 않은 분절음, 즉 기저형태의 음소목록을 이루지 않는 분절음이 생겨나서는 안 된다. 예를 들어 독일어에서 성문 폐쇄음 /ʔ/는 기저형태에서 변별적이지 않다. 따라서 강세 있는 모음 앞에서 /ʔ/를 삽입하는 규칙(예: *Apfel* /á.fəl/ → [ʔá.fəl], *Theater* /te.á : tɐ/ → [te.ʔá : tɐ])은 어휘부 규칙이 될 수 없다. Hall(1992 : 142)은 (21b)에서 적용된 원순모음화 규칙을 어휘부 규칙으로 보고 있다. 그 이유는 /a/ 모음의 [+round]라는 자질이 기저형태에 표기되어 있지 않다가 원순모음화 규칙에 의해 [+round] 자질이 정해지고, 자질을 보충해 주는 것은 전형적인 어휘부 규칙의 속성이기 때문이다. 그러나 이 규칙의 적용 결과 생겨난 이중모음 [ɔɣ]는 기저형태에서 변별적인 이중모음이 아니기 때문에((21b)의 도출과정은 독일어에서 /aɣ/와 /aʊ/만 변별적인 이중모음이라는 가정에 근거하고 있음을 상기하라) 구조보존의 원칙을 위반한다.

(20)의 제약들은 독일어라는 개별언어에만 적용되는 제약들이다. 그러나 세계의 여러 언어들을 살펴보면 동일한 두 개의 분절음이나 동일한 두 개의 자질의 연속을 꺼리는 것이 언어 보편적이라는 사실을 알 수 있다. 다음의 예들은 여러 언어에서 동일한 자질들이 연속되는 것을 회피하는 경향이 있음을 보여 준다.

(22) 동일 자질의 연속 금지

    a. 산스크리트어 : 한 개의 어근 내에서 기식음(Aspirant)의 연속은 허락
        되지 않는다.
        예 : bud^h, b^hid, $*b^hid^h$

    b. 일본어 : 한 개의 형태소 내에서 유성 저해음의 연속은 허락되지 않는다.
        예 : *kaki, kagi, gaki, *gagi*

    c. 영어 : 명사의 복수 형태나 동사의 과거 형태에서 [coronal] 자질의 연
        속은 허락되지 않는다.
        예 : *miss*[mɪs] - *misses*[mɪsəz], *[mɪsz](복수), *want*[want] -
        wanted[wantəd], *[wantd] (과거).

모든 음운자질은 독자척인 층위에 표기된다는 자립분절음운론(Auto-segmentale Phonologie, Goldsmith 1976)의 가설에 따르면 위의 예들에서 틀린 형태들은 모두 동일 자질이 같은 층위에 인접해 있기 때문이다. 또한 영어에서 두 개의 [coronal]-분절음 사이에 Schwa가 삽입된 이유도 두 개의 [coronal]의 연속을 피하기 위해서이다.

(23) a. 산스크리트어　　　　　　**b. 일본어**

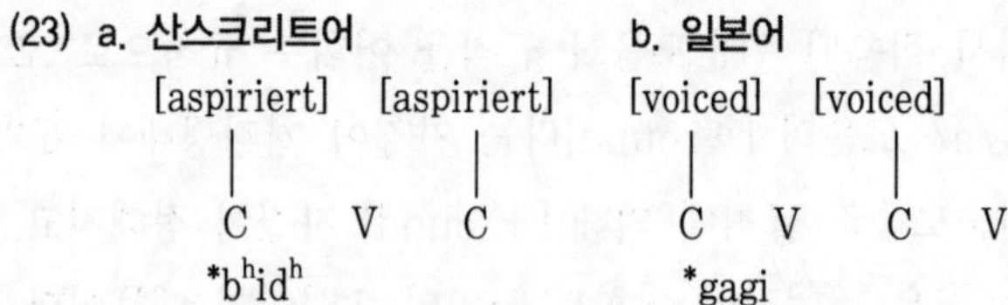

따라서 (20)의 제약들은 다음과 같은 언어보편적인 제약으로 대체될 필요가 있다.

(24) 동일자질 인접 금지 원칙

(Obligartory Contour Principle = OCP, Goldsmith 1976 : 36)
어떤 자질 층위에서 동일한 자질의 연속이 나타나서는 안 된다.

결론적으로 단어의 적형성을 입력부 중심으로 설명하는 규칙이론에서는 입력부에 나타나는 규칙성을 형태소구조 제약으로 나타내기 때문에,

언어에 따라 서로 다른 형태소구조 제약을 가정할 수밖에 없으며, 또한
이 제약의 일반성을 확보하기 위해 때때로 너무나 추상적인 기저형태
(*neun* /nayn/의 경우)를 허용해야 한다. 이에 반해 OT는 단어의 적형성을
오직 출력부를 근거로 판단하기 때문에 자의적인 기저형태를 가정할 필
요가 없으며, 또한 제약이 본질적으로 위반될 수 있다고 보기 때문에 제
약의 언어보편적인 성격을 표현할 수 있다.

　보편성이라는 개념은 구조의 단순성(simplicity)이라는 개념과 직결되
며, 이것은 흔히 음운론에서 유표성(Markedness)으로 표현된다(유표제약
을 통한 구조의 단순성이 문법에서 어떤 역할을 하는가에 대해서는 1.4장을 참조하
라). (24)의 원칙이 언어 보편적이라고 해서 이 원칙이 모든 언어에서 반
드시 지켜져야 하는 것을 의미하지는 않는다. 바로 이 점에서 OT에서
제약의 성격은 규칙이론에서 제약이 갖는 기능과 다르다. OT에서 모든
제약은(언어보편적임에도 불구하고) 위반될 수 있다. 이에 반해 규칙이론에
서 제약은 위반될 수 없다. 제약이 위반될 수 있다는 가정은 언어 유형
을 제약의 위반 여부에 따라 구분할 수 있게 해준다. 이에 반해 모든 제
약이 원칙적으로 개별언어에만 적용된다는 규칙이론의 가정은 이런 유
형론적인 구분을 원천적으로 불가능하게 한다.

　위의 OCP 제약을 기준으로 보면, 세계 언어는 이 제약을 위반하는 언
어와 지키는 언어로 크게 두 부류로 나눌 수 있으며, 제약을 지키는 언
어는 다시 동일한 두 개의 자질 연속을 피하기 위해 어떤 수단을 사용하
는가에 따라 다음과 같은 유형으로 나눌 수 있다(vgl. Fukazawa 1999 :
23).

(25) **OCP제약의 위반 여부에 따른 언어 유형**
　　Type 1 : OCP 위반이 허락된다.
　　　　예 : 독일어 *Tat*[ta:t], 영어 *did*[dɪd]에서 [coronal]의 연속
　　Type 2 : OCP 위반이 허락되지 않는다. 자질 병합이 일어난다.
　　　　예 : Ponapean 어에서 *pap*이나 *mem*이 가능한 것은 두 개의

[labial]이 한 개의 [labial]로 병합되기 때문이다.
Type 3 : OCP 위반이 허락되지 않는다. 자질 탈락과 자질 삽입이 동시
에 일어난다.
예 : Latin어 /l.l/ → [r.l], Dakoda어 /coronal.coronal/
→ [dorsal.coronal])
Type 4 : OCP 위반이 허락되지 않는다. 분절음이 탈락된다.
예 : Basque어 /t.t/ → [t]

모든 제약이 언어보편적이며, 제약이 위반될 수 있다고 보는 OT는
(25)에 나타나는 언어유형을 제약간의 랭킹에 의해 설명한다. (25)에 나
타나는 현상들을 설명하기 위해서는 위의 OCP 제약 외에도 다음과 같
은 보편적인 제약들을 가정해야 한다.

(26) a. Max[F] : 입력부에 있는 분절음의 모든 자질은 이에 대응하는 출력부
의 분절음에 존재해야 한다(자질 삭제 금지)
b. Dep[F] : 출력부에 있는 분절음의 모든 자질은 이에 대응하는 입력부
의 분절음에 존재해야 한다(자질 삽입 금지)
c. Max-IO : 입력부의 분절음이 탈락되어서는 안 된다.
d. Uniformity[F] : 출력부의 자질이 입력부의 자질과 1 : 2로 대응되어
서는 안 된다(자질 병합 금지)

위의 제약들 중에서 (26a-c)는 입력부의 형태가 변하지 않아야 할 것
을 요구하는 충실제약들이고, (26d)는 구조의 단순성을 요구하는 유표
제약이다. 이제 위의 제약들과 OCP가 어떻게 상호 작용하는지 살펴보
자. Fukazawa(1999 : 52-63)는 (25)의 4가지 언어유형이 유형별로 서로
다른 제약들 간의 랭킹을 통해 설명될 수 있음을 보여주고 있다. 그 중
에서 유형 1만 표를 통해 소개하면 (27)과 같다(입력부 /tot/은 이 언어유형
에 나타나는 가상적인 단어임).

(27) Type 1

/t o t/ │ │ [cor] [cor]	Max [cor]	Dep [lab]	Uniformity [cor]	Max-IO	OCP[cor]
☞ a. /t o t/ │ │ [cor] [cor] OCP 위반					*
b. [t o t] \ / [cor] 자질 병합			*!		
c. [lab] │ [t o p] │ [cor] 자질 삭제 & 자질 삽입	*!	*!			
c. [t o] │ [cor] 자질과 분절음 삭제	*!			*!	

표 (27)에서 점선은 OCP[cor]을 제외한 다른 제약들 간의 랭킹을
정할 수 없음을 의미한다. 후보 (a)는 가장 하위에 랭크되어 있는
OCP[cor]만을 위반함에 반해, 다른 후보들은 OCP[cor]보다 상위의 제
약들을 1개 이상 위반한다. 따라서 후보 (a)가 최적 형태가 된다. 이처
럼 유형 1에서는 OCP[cor]이 가장 하위의 제약이기 때문에 2개의
[cor]의 연속이 허락된다. 이에 반해 자질병합이 일어나는 유형 2의 언
어에서는 Uniformity[cor]이 가장 하위의 제약이 될 것이며, 유형 3의
언어에서는 Max[cor]과 Dep[lab]이, 유형 4의 언어에서는 Max[cor]과

Max-IO가 가장 하위의 제약이 될 것이다. 이처럼 제약간의 랭킹을 통해 언어 유형을 예측하는 것은 OT에서 가능하지만, 모든 제약이 원칙적으로 개별 언어에만 적용되며, 또 그 제약들이 해당 언어에서 위반될 수 없다고 가정하는 규칙 이론에서는 이런 언어 유형에 관한 예측이 불가능하다.

1.4. 어휘대조와 단순성의 충돌 : 말음경화 현상

모든 문법은 한 편으로는 가능한 한 많은 어휘 대조를 위해 복잡한 구조를 만들고, 다른 한 편으로는 가능한 한 단순한 구조를 유지하려고 한다. 이 장에서는 문법이 갖는 이 두 개의 서로 상반된 경향을 말음경화 현상(Auslautverhärtung, 영어 : final devoicing)의 예를 통해 살펴보겠다. 말음경화 현상은 일반적으로 유성 저해음(stimmhafter Obstruent)이 단어의 특정위치(대개 음절 말)에서 무성 저해음(stimmloser Obstruent)으로 바뀌는 음운 현상을 말한다. 이 현상은 두 가지 제약 타입, 즉 충실성 제약과 유표성 제약 간의 충돌을 보여주는 대표적인 예라고 할 수 있다. 최대한의 어휘 대조를 위해서는 유성과 무성의 대비가 단어의 위치에 관계없이 유지되어야 할 것이다. 유성과 무성의 대비를 유지하기 위해서는 조음기관이 어떤 노력(성대의 울림)을 해야만 한다. 그러나 음절 말의 소리는 일반적으로 청자에 의해 뚜렷이 인지되기 어려운 위치이므로, 음절 초의 소리에 비해 유성과 무성의 대비를 유지할 만한 가치가 없다. 따라서 단순성의 관점에서, 즉 조음기관의 노력의 정도에서 보면 화자는 되도록 조음기관의 노력을 덜 들이는 발음을 할 테고, 그 결과 성대가 울리지 않는 무성음으로 발음하게 될 것이다. 이런 식으로 유성과 무성의 대비가 음절 말, 혹은 단어 끝에서 사라지는 현상은 독일어, 러시아어, 네델란드어, 폴란드어, 터기어등 많은 언어에서 나타난다. 다음의 독일어 데이터를 보라.

(28) <u>Prädikat</u>   <u>Fem. Sg. Nom.</u>
     kalt[t]   kalte[t]
     reif[f]   reife[f]
     feig[k]   feige[g]
     lieb[p]   liebe[b]

왼쪽은 형용사가 술어로 쓰일 때의 형태를, 오른쪽은 형용사가 여성 단수 1격 명사 앞에서 부가어적으로 쓰일 때 굴절 접사 -e가 붙은 형태를 나타낸다. 무성음은 음절 말이나, 음절 초에서 무성음으로 실현되어 변화가 없으나, 유성음은 음절 말에서 무성음으로 바뀐다. 따라서 독일어를 비롯해서 말음경화를 보이는 많은 다른 언어들에 다음과 같은 보편적인 유표성 제약이 적용된다고 가정할 수 있다.

(29) Final Devoicing(FD)
     음절 말에서 유성 저해음은 허락되지 않는다.

한편 유성/무성의 대조를 비롯한 어휘대조를 보장하는 충실성 제약들은 가능한 한 입력부의 음성형태와 출력부의 음성형태가 동일할 것을 요구한다(이하에서 I = 입력부(Input), O = 출력부(Output), F = 자질(Feature)을 의미함).

(30) **충실성제약들**
     a. Max-IO
        입력부의 분절음이 탈락되어서는 안 된다.
     b. Dep-IO
        입력부에 새로운 분절음이 삽입되어서는 안 된다.
     c. IDENT-[F]
        입력부와 출력부에서 대응하는 분절음의 음운 자질은 동일해야 한다.

표 (31)에서 볼 수 있듯이 독일어의 말음경화 현상은 유표성 제약 FD

와 충실성 제약 IDENT-[voice] 간의 충돌의 결과로 볼 수 있다. FD가 IDENT-[voice]보다 상위의 제약이므로, 음절 말에서 유성 저해음은 무성 저해음으로 실현된다.

(31) **독일어의 말음경화** : lieb

/li:b/	FD	IDENT-[voice]
☞ a. li:p		*
b. li:b	*!	

독일어와 달리 말음경화 현상을 보이지 않는 영어의 경우, 두 개의 제약간의 랭킹은 반대로 되어야 한다.

(32) **영어** : hard

/ha:d/	IDENT-[voice]	FD
☞ a. ha:d		*
b. ha:t	*!	

혹자는 말음경화 현상을 보이지 않는 영어의 경우 왜 FD라는 제약이 존재한다고 가정하는가라고 반문할지 모른다. 그러나 이미 앞에서 언급했듯이 OT의 기본적인 가설중의 하나는 모든 제약이 언어 보편적이라는 사실이다. 이 가설을 받아들이면, 영어에서 말음경화가 일어나지 않는 이유는 FD의 제약랭킹이 아주 낮아 표층형태에 아무런 영향을 미치지 못하기 때문이지, FD라는 제약 자체가 영어에 존재하지 않기 때문이 아니다. 이런 사실은 영어를 모국어로 하는 아이들의 언어습득 과정에서 음절 말의 유성 저해음을 무성 저해음으로 대체하는 경향에 의해서도 뒷받침된다.

단순성과 어휘대조는 단어의 형태를 결정하는 서로 반대되는 힘이라고 볼 수 있다. 말음경화를 통해 독일어에서는 음절 말에서 유성/무성이 더 이상 대비되지 않는다. 따라서 독일어에서 *Rad*과 *Rat*은 서로 다른 2

개의 단어이지만 음성적으로 구분되지 않고 모두 [Raːt]으로 발음된다. 그러나 단순성을 무한대로 추구하면 어휘대조의 가능성은 그만큼 줄어 들고, 극단적인 경우 한 개의 언어가 가질 수 있는 단어는 고작 몇 십 개에 불과할 것이다. 예를 들어 아이의 언어습득 과정을 보면 자음과 모음으로 구성된 CV 음절(한 개의 C = Consonant와 한 개의 V = Vowel로 구성된 음절)을 가장 빨리 익히는 사실을 알 수 있다. 또한 모든 언어가 CV 음절 타입을 가지고 있지만, 모든 언어가 이보다 더 복잡한 구조의 음절 타입을 가지고 있는 것은 아니다. 모음 다음에 두 개 이상의 자음이 오는 VCC음절은 영어(예 : *hand*)나 독일어(예 : *Hand*)에서는 가능하지만, 한국어에서는 불가능하다. 한국어는 1음절이 포함할 수 있는 최대 구조가 CVC이므로, 모음 전후로 한 개의 자음만 허락된다. 이 때문에 독일어의 *Frank.furt*(이하에서 점은 음절경계를 표시함)와 같은 2음절 단어가 한국어로는 무려 6음절(프랑크푸르트)로 표기된다. 이로부터 가장 단순한 음절 타입을 CV라고 가정하자. 또 음절 두운으로 오는 가장 흔한 자음은 무성 폐쇄음(/p, t, k/)이고, 음절 핵으로 오는 가장 흔한 모음은 /a/이다. 단어의 길이 또한 무한정 길수 없다. 독일어에서 대부분의 토착어는 1음절, 혹은 2음절에 불과하며 2음절의 경우도 마지막 음절이 Schwa 음절인 경우(예 : *Vater, Regen, Himmel* 등)가 대부분이다.

이런 사실들을 고려하여 단순성만 강조하는 언어의 문법이 (33a)와 같은 유표제약들을 가지고 이 제약들이 어휘대조를 요구하는 충실성 제약들보다 언제나 상위에 있다고 가정하면, 이 언어가 소유하는 어휘는 (33c)에서처럼 불과 몇 개 되지 않을 것이다. 그러나 이런 언어는 물론 지구상에 존재하지 않는다.

(33) **단순성을 극대화한 언어의 문법**
    a. 유표제약들
        Onset : 음절은 두운(Onset)이 있어야 한다.
        No-Coda : 음절은 말음(Coda)이 없어야 한다.

> Onset-Plosive : 두운은 무성 저해음이어야 한다.
> Nukleus : 음절핵은 /a/여야 한다.
> 음운단어 : 한 개의 음운단어는 2음절을 초과해서는 안 된다.
> b. 제약 랭킹 : 모든 유표제약 〉〉 모든 충실제약
> c. 가능한 어휘
> pa, ta, ka, pata, paka, taka, tapa, kapa, kata……

세계의 언어 중에서 (33b)와 같은 제약랭킹을 보이는 언어는 없다. 어휘의 다양성을 보장하기 위해서는 (일부의) 충실제약들이 (일부의) 유표제약들보다 상위에 있어야 함이 불가피하며, 이 제약 랭킹은 단순성을 감소시키는 대가로 어휘 대조의 증가를 가져온다.

1.5. 어휘부의 구조

형태, 음운적인 과정에서 토착어(native Wörter)와 비토착어(nichtnative Wörter)가 보이는 차이를 어떻게 설명할 것인가 하는 문제는 모든 음운, 형태이론이 해결해야 할 과제이다. 어휘부가 여러 개의 다층구조로 이루어져 있고, 각 층에서는 고유한 형태적 과정이 일어난다고 보는 어휘음운론에서는 외래어와 토착어의 조어 과정이 각각 다른 층(Strata, Level)에서 일어난다고 설명된다. 이처럼 어휘부를 여러 개의 보다 작은 하위 어휘부(Sublexika)로 나눌 수 있는 근거는 외래어와 토착어가 각각 서로 다른 음운, 형태 조건의 적용을 받기 때문이다. 이런 하위 어휘부는 언어에 따라 얼마든지 보다 더 세분화될 수 있다. 예를 들어 '토착어', '동화된 외래어', '외래어' 등으로 나눌 수 있고, 아니면 외래어의 출처에 따라 '아랍어', '라틴어', '산스크리트어' 등으로 나눌 수 있을 것이다. 독일어에서는 어휘부가 일반적으로 '외래어'와 '토착어'의 하위 어휘부로 구분되며, '외래어'는 보통 라틴어와 그리스어에서 들어온 단어를 말한다(흔히 외래어는 자질 [lateinisch], [griechisch], 혹은 이 두 개의 자질을 묶어 [klassisch]

로 어휘항목에 표기된다). 이런 하위 어휘부의 구분에서 실지로 중요한 것은 그 출처의 명칭이 암시하는 어원적인 기준(etymologisches Kriterium)이 아니라, 여러 가지 공시적인 형태, 음운적인 특징이다. 이하에서는 전체 어휘를 하위부류로 구분할 때 어휘부 구조를 어떤 형식으로 나타낼 수 있는가에 대해 살펴보겠다.

Ito/Mester(1995 : 182)는 일본어에 나타나는 음운현상들을 근거로 전체 어휘를 (34a)에서처럼 4개의 부류로 나누고, 어휘부를 하위 어휘부로 나누는 일은 제약들이 지배하는 영역간의 포함관계를 나타내는 일이라고 주장한다. 이에 따르면 한 언어의 어휘부는 전체적으로 볼 때 핵심부와 주변부의 구조(core-periphery structure)를 보이며 핵심부에 속한 어휘는 일반적으로 토착어 단어들이며 주변부에 속한 단어들은 외래어들이다.

(34) a. 핵심-주변부 조직(위계적 분할)   b. 어휘부류에 따른 단순분할

| 동화되지 않은 외래어 C4 |
| 외래어 C3 |
| 일반화된 차용어 C2 |
| 토착어 C1 |

외래어	동화되지 않은 외래어
토착어	일반화된 차용어

(34a)는 어휘부에 적용되는 제약들 간에 핵심부에서 주변부로 갈 때 포함 관계가 나타나는 구조를 보이고 있다. 핵심부를 이루는 요소들은 모든 어휘제약들을 충족시키나, 핵심부에서 바깥쪽으로, 즉 주변부 쪽으로 갈수록 점점 더 많은 제약들을 위반하는 어휘 항목들이 생긴다. 이렇게 해서 전체적으로 어휘부는 음운 제약들 간의 포함관계가 나타나는 수직적인 구조를 보인다. 즉 어떤 어휘항목이 제약 x를 충족시킨다면 그것은 제약 y도 충족시키나, 그 역의 관계는 성립되지 않는다. 예를 들어 (34a)에서 제약 1(= Constraint 1)을 지키면 제약 2도 지킨다. 그러나 제

약 2를 지킨다고 해서 반드시 제약 1을 지키는 것이 아니다. 이런 제약
간의 포함관계에서 토착어(핵심적인 어휘부류)는 모든 중요한 제약들을 지
키며, 이것이 곧 무표(unmarkiert)의 경우임을 알 수 있다. 이에 반해 바
깥쪽으로 갈수록, 즉 주변부로 갈수록 제약의 위반 정도가 심해진다. 예
를 들어 일반화된 차용어는 C1을 어길 수 있고, 외래어는 C1과 C2를 어
길 수 있고, 동화되지 않은 외래어는 C1, C2, C3를 어길 수 있다.

　이와 같은 어휘부구조의 장점은 제약의 위반 정도에 따라 "외래어가
토착어에 동화되지 않은 정도"를 표현할 수 있다는 것이다. 즉 외래어라
도 일반적으로 많이 사용되어 토착화된 외래어로부터, 전혀 동화되지 않
은 외래어, 즉 원래 차용된 언어에서 그 단어가 가지고 있던 음성, 형태
적 성질을 그대로 유지하고 있는 경우에 이르기까지, 외래어가 얼마나
토착적인, 혹은 비토착적인 요소를 가지고 있는가의 정도에 따라 어휘들
을 보다 세분화할 수 있다는 것이다. 한 어휘 항목이 덜 토착화된 것일
수록, 그것은 더 많은 어휘제약을 위반할 것이다. 따라서 이 어휘 항목
은 토착어에 적용되는 여러 가지 제약들의 범위 밖에(주변적으로) 놓여 있
게 된다. 이에 반해 어휘부는 단순히 여러 가지 하위 어휘부들을 포함하
며, 이 하위 어휘부들 간에 아무런 위계관계가 없다고 보는 (34b)와 같
은 어휘부의 구조는 토착어와 외래어 사이에 존재하는 여러 가지 중간단
계의 어휘부류의 특징을 나타낼 수 없다. 1.2장에서 살펴본 어휘음운론
의 모델은 (34b)와 같은 어휘부의 구조를 가정하고 있다.

　Ito/Mester(1995 : 183)에 의하면 (34a)와 같은 어휘부 구조는 OT의
이론 내에서 다음과 같은 결과가 반영된 것이다.

(35)　a. 제약간의 랭킹 불변 : 일반적인 경우에는 전체 어휘부에는 오직 한 개
　　　　의 제약 랭킹만 있다.
　　　b. 랭킹 변경(Reranking) : 어휘부가 여러 개의 하위 어휘부로 나누어지
　　　　는 것은 제약간의 랭킹의 변화의 결과이다
　　　c. 랭킹 변경의 제한 : 어휘부가 핵심-주변부로 구성되는 것은 랭킹 변경
　　　　이 충실제약(Parse와 Fill)에 한해서만 일어난 결과이다.[3]

(35)에 제시된 Ito/Mester의 가설은 독일어의 어휘부 구조를 테스트 해 볼 수 있는 이론적인 기반을 제공하고 있는 점에서 흥미롭다. 이하에 서 설명될 독일어의 /s/-분포는 (34)에 제시된 두 개의 모델 중 핵심-주 변부의 모델이 독일어의 어휘부 구조를 보다 잘 설명할 수 있는 것으로 보인다4). 이에 반해 어휘음운론을 기반으로 한 기존의 분석들(Giegerich 1985, Hall 1992, Wiese 1996)에서는 독일어의 어휘부가 단순히 2개의 하 위부류, 즉 토착어와 외래어로 구분되어 (34b)의 구조를 보이고 있다.5)

독일어에서 단어 첫 소리로 무성 저해음 [s]가 나타날 수 있는 음운환 경은 독일어의 어휘를 여러 개의 하위부류로 구분해야 함을 보여 준다 (Féry 1999 참조).

(36) 제약 : 단어 첫소리로 [s]는 허락되지 않는다
   a. 모든 토착어는 이 제약을 지킨다 : Sense[zenzə], Sprache[ʃpʀaxə]
   b. 비토착어는 이 제약을 지키지 않는다
     • 제 1부류 : [s]는 [k] 앞에서만 나타난다 : Skelett[skelɛt], Skat [skat]. (Spedition[ʃpeditsio:n], stornieren[ʃtoni:ʀən]과 비교하 라).
     • 제 2부류 : [s]는 자음 앞에서만 나타난다 : Steak[ste:k], Slarom [slalɔm](Salto[zalto], Sowjet[zovjet]과 비교하라).
     • 제 3부류 : [s]는 모음 앞에서도 나타난다 : City[siti], Single[siŋgl], Surf[sɐʀf]

단어 첫소리 [s]는 (36a)에서 보듯이 토착어에서는 불가능하다. 토착 어에서는 유성음 [z]로 시작하거나, 치경마찰음 [ʃ]로 시작할 수는 있지

---

3) 충실제약 Parse와 Fill은 각각 앞에서 말한 Max-IO와 Dep-IO에 대응하는 제약들이다.
4) 그러나 일본어가 (34)에서처럼 4개의 어휘부류로 구분될 수 있음에 반해, 독일어의 비 토착어를 몇 개의 하위부류로 구분해야 하는가라는 문제에 대해서는 여기서 정확한 해답을 줄 수 없다.
5) 전통적인 문법에서는 어원적 구분이 중요한 역할을 했으며, 어휘부는 전래어(Erbwörter), 차용어(Lehnwörter), 외래어(Fremdwörter)로 구분되었다. 그러나 1970년대와 80년대 초 생성음운론의 바탕위에서 Wurzel(1970, 1980)이 독일어의 어휘부를 토착어와 비토착 어로 구분한 이후 이 이원적인 구분이 일반화되었다. 이 구분은 어원과 관련 없이 오 로지 공시적인 바탕에서 단어강세와 같은 음운적인 기준에 의한 구분이다.

만, 무성음 [s]로 시작하는 법은 없다. 그러나 비 토착어에서 [s]는 허락
된다. 허락되는 정도에 따라 비토착어는 (36b)에서처럼 세 가지 부류로
구분된다. 제 1 부류에서는 [s]가 [k] 앞에서만 나타날 수 있고, 다른 모
든 환경에서는 나타날 수 없다. 제 2 부류에서 [s]는 자음 앞에서 나타날
수 있지만, 모음 앞에서는 나타날 수 없다. 제 3 부류에서 [s]는 모든 환
경에서 허락된다. 이것은 외래어의 정도를 나타내 주는 대표적인 예라고
할 수 있다. 제 1부류에서 제 3부류로 갈수록 외래어의 정도가 심하다.
제 3부류는 영어의 원래 음성형태를 그대로 유지하고 있어 토착어에 적
용되는 음운규칙(모든 모음 앞의 /s/는 [z]로 발음된다)이 전혀 적용되지 않는
경우이다. 단어 첫소리로서 [s]의 분포가 어휘부류에 따라 다음 4가지의
제약에 의해 표현된다면,

C1(토착어) : *[s]([s]는 허락되지 않는다)
C2(비토착어 제 1부류) : _k([s]는 k 앞에서만 허락됨)
C3(비토착어 제 2부류) : _자음([s]는 자음 앞에서만 허락됨)
C4(비토착어 제 3부류) : _자음과 모음([s]는 모든 소리 앞에서 허락됨)

비토착어에 적용되는 제약들은(앞에서 일본어의 어휘부 구조 (34a)에서 보
았던 것처럼) 서로 포함관계에 있음을 알 수 있다. 즉 제약 C2를 충족시키
는 어휘부류는 C3, C4도 충족시키나 그 역의 관계는 성립되지 않는다.
다시 말해 C4제약을 지키는 어휘부류는 C1, C2, C3를 위반할 수 있고,
C3를 충족시키는 어휘부류는 C2, C1 제약을 위반할 수 있으며, C2를
충족시키는 어휘부류는 C1을 위반할 수 있다. 따라서 4개의 어휘 부류
에서 확인되는 [s]의 서로 다른 분포는 어휘부류에 따라 서로 다른 제약
이 적용되고, 이 제약들이 적용되는 범위가 포함관계에 있다고 가정하는
핵심-주변부 모델에 의해서만 설명 가능하며, 어휘부를 토착어 vs. 비토
착어로 단순히 이원화하여 이 두 개의 어휘부류에 적용되는 형태, 음운
적인 제약이 서로 아무런 위계관계를 갖지 않는다고 가정하는 단순 분할

구조에 의해서는 설명될 수 없다.

(35)의 가설과 관련하여 한 가지 생각해야 할 문제는 (35b)와 (35c)에서 말하는 어휘부류에 따른 랭킹변화(reranking)와 랭킹변화가 가능한 조건이다. 원래 OT의 기본적인 가정에 따르면 모든 제약은 언어 보편적이며, 개별 언어의 차이는 제약들 간의 랭킹의 차이에 있다. 그러나 (35b)의 주장처럼 한 언어가 어휘부류에 따라 서로 다른 랭킹을 가지고 있다고 가정하면, 이는 결국 한 언어가 동시에 여러 개의 제약랭킹을 가지고 있음을 의미하며, 이것은 다시 동일한 한 개의 언어가 그 자체 속에 여러 가지 언어를 포함하고 있다는 논리적인 모순에 빠지게 된다(그렇다면 이 언어를 어떻게 다른 언어와 구분할 수 있는가?) 결국 한 언어에서 제약랭킹의 변화를 허용하는 것은 개별 언어의 차이가 제약랭킹의 차이에 있다는 OT의 기본적인 가설을 뒤집는 꼴이 되어 이는 OT의 이론적인 토대를 심각하게 약화시키는 결과를 가져온다. 따라서 토착어와 비토착어의 구분과 관련하여 개별 하위 어휘부들이 제약들 간의 랭킹의 차이에 의해 설명될 수 있을지는 앞으로 OT가 해결해야 될 과제 중의 하나이다.

제2장 ▌운율 형태론

2.1. 서문

단어가 보다 적은 구성단위들로 이루어져 있다는 것을 나타내기 위해 형태론에서는 전통적으로 형태소나 어근(Wurzel), 어간(Stamm)과 같은 개념을 사용하고 있다. 그러나 이런 단위들만으로는 형태적인 규칙을 올바르게 기술할 수 없을 때가 많다. 왜냐하면 어떤 형태 규칙들은 어기의 형태가 어떤 일정한 음운정보가 충족되어야 할 것을 요구하는데, 이 요구를 충족시키는 단위가 전통적인 형태소, 어근, 어간, 혹은 단어와 일치하지 않기 때문이다. 예를 들어 독일어에서 사람의 이름이나 성이 애칭(hypocoristics)으로 불릴 때 (1a)에서 보는 것처럼 어기의 한 부분이 탈락(truncation)되고 접미사 *-i*가 붙는다. 이런 현상은 사람 이름에서뿐만 아니라, 보통 명사에서도 보이며, 이런 현상을 보이는 보통 명사들을 일반적으로 축약어(Kurzwort)라고 부른다.

(1) a. 사람이름

       Gabriele   Gabi
       Waldemar   Waldi
       Stefani   Steffi
       Gorbatschow Gorbi

Klinsmann	Klinsi

b. 보통명사

Alkoholiker	Alki
Amerikaner	Ami
Assitent	Assi
Trabant	Trabi

Itô/Mester(1997)는 위에서 보이는 탈락현상을 다음과 같이 일반화할 수 있다고 말한다.

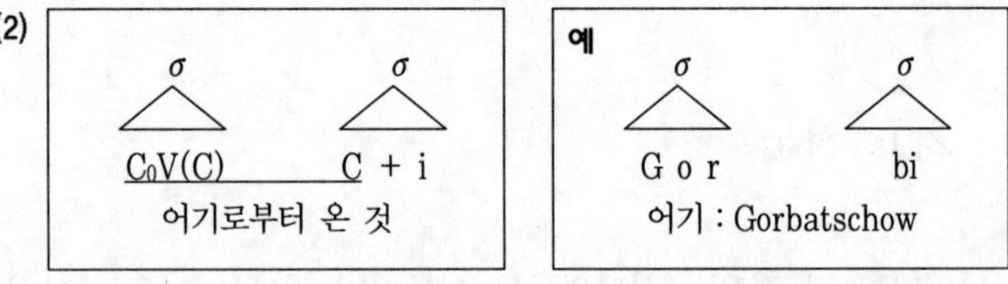

즉 사람 이름의 애칭이나 축약어는 어기의 첫째 음절과 그 다음에 오는 첫째 자음이 접미사 *-i*와 결합함으로써 만들어진다. 여기서 중요한 것은 접미사 *-i*가 결합하는 대상이 전통적인 형태론에서 말하는 형태 단위들, 즉 어근, 어간, 단어 중에서 어떤 것과도 일치하지 않는다는 점이다. *Gorb-i*에서 *Gorb*은 어근도 아니고 어간도 아니고, 단어도 아니다. 형태적인 과정에서 보이는 이런 문제들을 해결하기 위해 운율형태론(McCarthy/Prince 1986)에서는 어근, 어간, 단어와 같은 형태, 통사적인 단위와는 별도로 단어는 다음과 같은 운율 구조를 가진다고 가정한다.

(3) 음운단어(Phonologisches Wort)

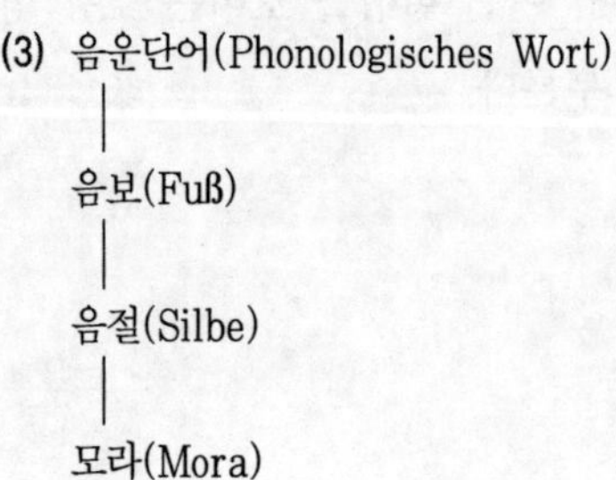

이에 따르면 모든 단어는 1개, 혹은 몇 개의 음운단어(= Phonologisches Wort 혹은 Prosodisches Wort)로 구성된다. 1개의 음운단어는 1개 이상의 음보로 구성되며, 1개의 음보는 1개 이상의 음절로 구성되며, 1개의 음절은 1개 이상의 모라로 구성된다. 이하에서는 (3)의 음운단위들을 하위 단위에서 시작해서 상위 단위로 차례로 살펴보겠다. 다만 모라는 음절의 구조를 설명함에 있어 직접적인 영향을 미치므로, 이를 별도로 다루지 않고 음절의 구조에 포함시켜 다루기로 한다.

2.2. 독일어의 음절구조

일반적으로 한 개의 음절은 음절핵(Nukleus), 두운(Onset), 말음(Koda)이라는 하위 단위를 포함하며, 학자에 따라서는 음절핵과 말음이 합쳐 운모(Reim)라는 하위 단위를 이룬다고 본다(독일어의 음절구조가 운모를 포함해야 하는가에 대한 논의와, 그 밖의 개별 하위단위들에 대한 자세한 논의는 Eisenberg/Ramers/Vater 1992를 참조하라). *Freund*[frɔynt]라는 단어의 음절 구조를 예시하면 아래와 같다. 개별 분절음들은 시간 단위(timing unit)를 나타내는 C(= Consonant)나 V(= Vowel)와 연결되고, C나 V는 다시 상위 단위인 두운, 음절핵, 말음 등과 연결된다. 이하에서 음절은 'σ'로 표시한다.

(4) 음절구조의 예 : *Freund*

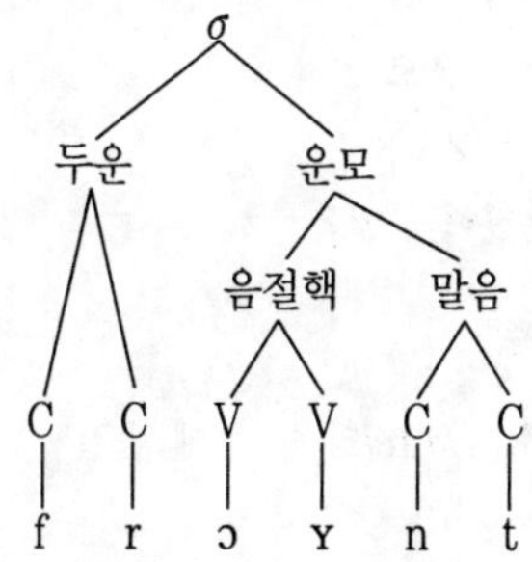

음절구조를 (4)와 같이 나타내는 모델을 여기서는 편의상 두운-운모 모델이라고 하겠다. 두운-운모 모델은 다음과 같은 약점을 가지고 있다. 첫째, 음절보다 상위 단위인 모든 음운단위, 즉 음보, 음운단어는 동일한 하위 단위를 2개 이상 직접 지배할 수 있다. 즉 음운 단어는 2개 이상의 음보를 직접 지배할 수 있으며, 음보는 2개 이상의 음절을 직접 지배할 수 있다. 이처럼 상위 단위가 하위 단위를 직접 지배하는 관계가 (4)에서는 나타나지 않는다. 왜냐하면 음절이 직접 지배하는 두운과 운모는 동일한 성질의 하위단위(= 딸 교점)가 아니기 때문이다. 이 점에서 상위단위가 동일한 하위 단위들을 지배한다고 가정하는 (3)의 수직적인 운율구조가 (4)에서는 더 이상 적용되지 않는다. 둘째, (4)와 같은 음절구조에서 무거운 음절(schwere Silbe, heavy syllable)에 대한 정의는 이접적(disjunktiv)으로 표현될 수밖에 없고, 무거운 음절과 가벼운 음절(leichte Silbe, light syllable)의 구분이 동일한 음운단위를 사용하지 않기 때문에 음절무게가 통일적으로 표현될 수 없다. (5a)에서 보는 것처럼 두운-운모 모델에서 무거운 음절은 음절핵의 분지이거나 운모의 분지(Verzweigung)를 의미한다. 이에 반해 가벼운 음절은 음절핵의 분지가 일어나지 않는 경우를 의미한다. 음절핵과 운모는 운율위계상에서 같은 층위에 있는 단위가 아니므로, 음절핵의 분지와 운모의 분지가 결코 동일한 것을 의미할 수 없다.

(5) 두운-운모 모델에서의 음절무게의 표기
    a. 무거운 음절

        음절핵   운모

         V   V   음절핵   말음

   예 : *Bü.ró*의 두 번째 음절 | |
        *Béin*의 이중모음   V   C

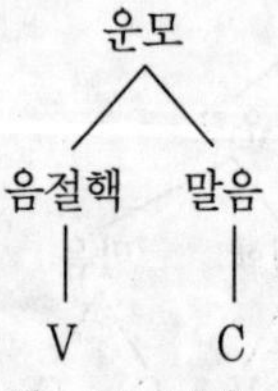

                                 예 : *Ho.tél*의 두 번째 음절

b. 가벼운 음절
음절핵

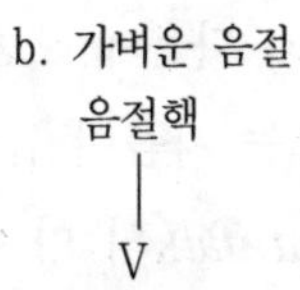

예 : *I.dée*에서 첫째 음절

가벼운 음절과 무거운 음절의 구분에 관해 두운-운모 모델이 보이는 이런 약점을 극복하고, 음절 무게를 통일적으로 설명하기 위해 Hyman (1985), Hock(1986), Hayes(1989) 등에 의해 제안된 모델이 소위 모라이론이다. 이에 따르면 음절은 두운과 운모라는 서로 성질이 다른 하위단위를 지배하는 것이 아니라, 동일한 한 개의 하위단위, 즉 '중량단위' (moras, 이하에서 'μ'로 표시)를 지배한다. 이로써 무거운 음절과 가벼운 음절의 구분은 중량단위에 의해 통일적으로 표시된다. 가벼운 음절은 단지 한 개의 모라만 포함하고(monomoraic), 무거운 음절은 적어도 두 개의 모라를 포함한다(bimoraic). Hayes(1989)에 따르면 음절핵 앞에 오는 모든 자음은 음절교점과 직접 연결되고(Hayes는 이를 모라에 속하지 않는 요소라고 해서 'extramoraic'이라고 부른다), 음절핵인 모음과 모음 다음에 오는 자음은 모라와 연결된다.

(6) **모라모델에서 무거운 음절과 가벼운 음절의 구분**
a. 가벼운 음절   b. 무거운 음절   c. 무거운 음절

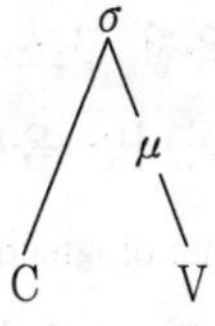
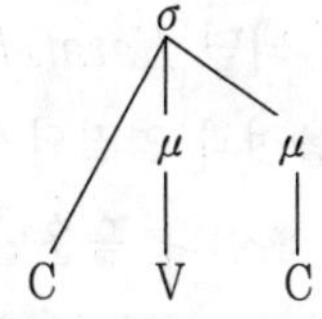
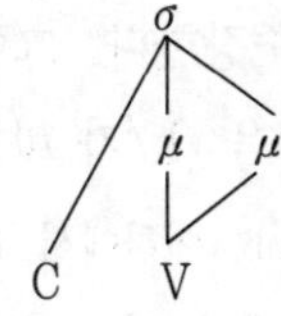

위에서 보는 것처럼 두운에 속하는 자음은 음절 무게에 기여하지 않는다. 음절핵은 1개(단모음의 경우) 혹은 2개(장모음이나 이중모음의 경우)의 모라와 연결되어 음절 무게에 기여한다. 말음에 오는 자음은 언어에 따라 음절 무게에 기여하기도 하고, 그렇지 않기도 하다. 후자의 경우에는

(6b)와 같은 구조가 아니라, 한 개의 모라에 모음과 다음에 오는 자음이 동시에 연결될 것이다. 독일어의 경우는 말음에 오는 자음이 음절무게에 기여하므로 (6b)와 같은 구조가 된다. 그러나 *Katafálk*의 마지막 음절 *falk*[falk]나 *Soldat*의 마지막 음절 *dat*[da:t]에서처럼 단모음 다음에 두 개 이상의 자음이 오거나, 장모음 다음에 한 개의 자음이 올 경우 맨 끝에 있는 자음들을 한 개의 모라로 볼 것인지에 대해서는 의견이 통일되어 있지 않다. 만약 *falk*나 *dat*에서 마지막 자음도 한 개의 모라로 본다면, (7a)에서처럼 *Katafalk*의 두 번째 음절은 3개의 모라로 된 초중량급 음절(superheavy syllable)이 될 것이다. 만약 마지막 자음이 모라를 가지지 않는다면, 즉 음절무게에 기여하지 않는다면 (7b)에서처럼 마지막 자음은 직접 음절교점과 연결될 것이다.

(7) a. 초중량급 음절   b. 중량급 음절

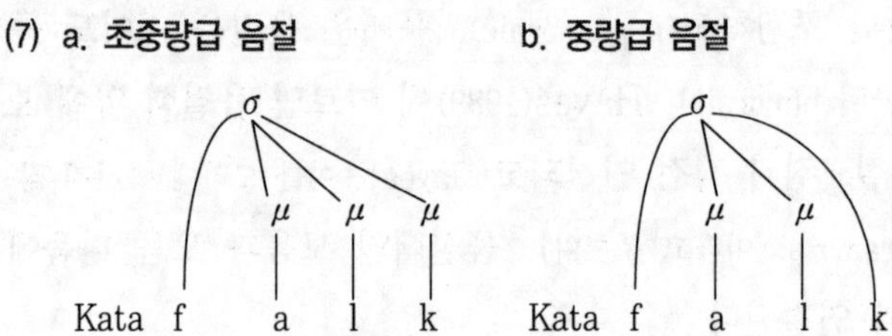

Giegerich(1987)는 *Katafalk*의 두 번째 음절의 끝 자음 /k/가 음절 무게를 계산할 때 제외되는, 즉 음절무게와 관계없는 요소(extrametrisches Element)라고 주장한다. 그렇게 되면 *Katafalk*의 음절 구조는 (7b)에서처럼 마지막 자음 /k/가 바로 음절과 연결되거나, 아니면 음절보다 상위 단위인 음보(Fuß, 이하에서 'F'로 표시)나 음운단어(Phonologisches Wort, 이하에서 'ω'로 표시)와 연결될 것이다. 이들 중에서 어떤 구조를 취해야 할 것인가 하는 문제는 지금의 논의에서 중요하지 않으므로 무시하기로 한다. Giegerich가 마지막 자음을 음절중량과 관계없는 요소로 보는 이유는 독일어의 단어 강세 규칙에 있다. 독일어에서 음절무게는 단어 속에서의 음절의 위치에 따라 다르게 계산된다. 토착어와 비토착어에서 강세

가 실현되는 방식에 대해 어느 정도 일반적인 규칙성을 추론할 수 있는
다음 데이터를 보라.

(8) **토착어**   **비토착어**
  (a) Héring[hɛ´ːrm̩]   (d) horrénd[hɔrɛ´nt]
  (b) Ámboß[a´mbɔs]   (e) Senát[zena´ːt]
  (c) Héirat[háyrat]   (f) Energíe[ɛnərgíː]
                                   (g) Koróna[koróːna]
                                   (h) Anarchísmus[anarçı´smʊs]
                                   (i) Analéptikon[analɛ´ptıkɔn]
                                   (j) Kámera[káməra]

  토착어는 첫째 음절에 강세를 지닌다. 이에 반해 비토착어는 마지막
무거운 음절에 강세를 지닌다. Giegerich(1985)는 비토착어의 단어 강세
가 음절무게에 민감하다고 주장하는데 이를 요약하면 다음과 같다(단어
강세에 대해 자세한 것은 2.3장을 참조하라).
  • 마지막 음절이 무거운 음절이면 강세를 받는다(8d, e, f).
  • 마지막 음절이 가벼운 음절이고, 끝에서 두 번째 음절이 무거운 음
    절이면 끝에서 두 번째 음절이 강세를 받는다(8g, h).
  • 마지막 음절과 끝에서 두 번째 음절이 모두 가벼운 음절이면, 끝에서
    세 번째 음절은 음절무게에 관계없이 강세를 받는다(8j).
  여기서 알 수 있듯이 단어의 강세를 받을 수 있는 범위는 단어 끝 음
절에서부터 끝에서 세 번째 음절까지이다. 끝에서 세 번째 음절을 지나
서 강세가 올 수 없는 점에 유의하라(예 : *Cle.ó.pa.tra*). 무엇이 무거운 음
절인가는 단어에서의 음절의 위치에 따라 다르게 규정되어야 한다. 단어
끝음절일 경우, 무거운 음절은 운모가 VCC(단자음 + 두 개의 자음)나 VV
(장모음 혹은 이중모음)로 구성된 경우이다. (8)의 d, e, f와 g, h, i, j를 비
교하라. 전자는 무거운 음절로 강세를 받는데 반해, 후자는 가벼운 음절
로 강세를 받지 않는다. 특히 운모가 VC로 구성된 끝음절이 가벼운 음

절임에 유의하라(*Anarchísmus*[a.nar.çɪ´s.mʊs], *Analéptikon*[a.na.lɛ´p.tɪ.kɔn] 이 경우). 이에 반해 끝 음절이 아닌 경우는 유모가 VV나 VC로 구성되면 무거운 음절이다. 이로써 VC는 끝 음절일 때는 가벼운 음절로, 끝 음절 이 아닐 경우에는 무거운 음절로 간주되어야 함을 알 수 있다. Giegerich (1985)는 음절무게와 관련해서 보이는 VC의 이런 이중적인 태도가 단어 끝의 자음을 음절무게와 관련 없는 요소로 보면 자연스럽게 설명될 수 있다고 주장한다.

(9) 음절무게 제외규칙(Extrametricality Rule)
단어 끝 자음은 음절무게에서 제외된다.

이 규칙에 의해 단어 끝 운모의 VC는 음절 무게를 계산할 때 마치 없 는 것처럼 간주되고, 따라서 VC는 V로 감소되어 가벼운 음절이 된다. 이로써 독일어에서 음절 무게에 대한 통일적인 설명이 가능하게 된다. 무거운 음절은 운모의 가지가 나누어지거나(VC) 음절핵의 가지가 나누 어지는 경우(VV)이며, 가벼운 음절은 가지가 나누어지지 않는 운모나 음 절핵의 경우이다. 그러나 이미 위에서 말했듯이 운모나 음절핵은 음절교 점이 직접 지배하긴 하나, 두 개의 단위가 동일한 성질을 가지고 있지 않다는 점에서 이런 음절 무게의 정의는 여전히 통일적인 설명이라고 보 기 어렵다.

이와 달리 Féry(2003)는 *Katafalk*에서 끝 음절의 마지막 자음 /k/가 모라를 갖지 않는 음절(nonmoraic syllable)을 이룬다고 본다. 이 음절은 음절핵이 없이 두운만으로 구성된 음절이라고 할 수 있다. 예를 들어 *Lob*[lo:p], *Katafalk*[ka.ta.fal.k̲], *fünf*[fʏn.f̲], *Helm*[hɛl.m̲]에서 밑줄 친 부분은 모두 이 음절 유형에 속한다. 이 음절들은 모라를 갖지 않으 나 음절핵이 있는 소위 Schwa-음절들(즉 음절핵이 Schwa이거나 성절성 공명 음(syllabic sonorant)이 음절핵인 음절, 예 : *Lampe*[lam..p̲ə̲], *Ehe*[e : .ə̲.], *Himmel* [hɪ.m̲l̲.], *loben*[lo:.b̲n̲.] 등에서 밑줄 친 부분)과 구분되며, Féry는 이런

Schwa-음절과 구분하여, 음절핵이 없고 모라가 없는 음절들을 반음절 (semisyllable)이라고 부른다. (10)의 두 번째 음절은 이런 반음절의 구조를 예시하고 있다(*Ka.ta.fal.k*의 첫째 음절과 둘째 음절의 구조는 편의상 여기서 생략되었음).

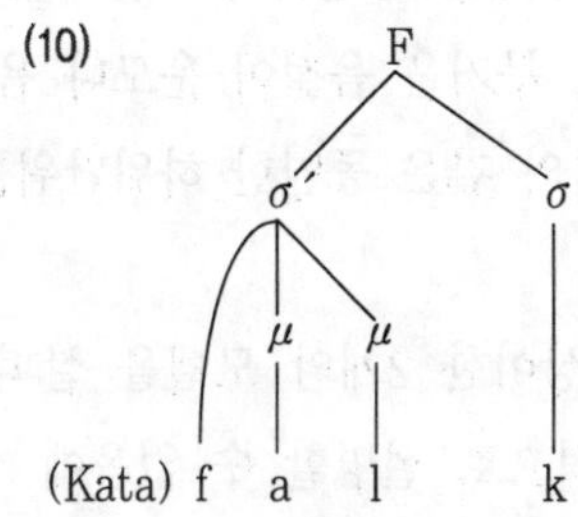

독일어의 음절구조를 상세히 분석한 기존의 연구들(Wiese 1988, 1996 : Hall 1992, Yu 1992, Eisenberg/Ramers/Vater 1992)에서는 일반적으로 음절핵이 없이 두운만으로 구성된 (9)의 반음절(/k/만으로 구성된 음절)과 같은 음절은 존재하지 않는다고 가정되었다. 그러나 Féry(2003 : 217)가 음절구조를 (10)처럼 보는 이유는, 그렇게 함으로써 마지막 음절에 강세가 있는 *Katafalk*와 같은 단어들에서 강세 받는 음절이 실은 마지막 음절이 아니라, 끝에서 두 번째 음절이고(/k/가 끝음절을 이루므로), 이는 독일어가 선호하는 음보구조, 즉 강한 음절과 뒤따르는 약한 음절로 구성된 강약격 음보(trochee)에 합치됨을 보여 줄 수 있다고 생각하기 때문이다. 만약 *Katafalk*의 음절 구조가 (10)이 아니라, 끝음절이 *falk*이고 이 것이 한 개의 음보를 이룬다면, 마지막 자음 /k/는 위에서 말한 것처럼 음절무게에 기여하거나(초 중량음절), 기여하지 않는 것(extrametrisch)으로 분석될 것이다. 그러나 초 중량음절로 보면 위에서 말한 VC로 구성된 운모가 끝음절일 경우에는 가벼운 음절로, 끝음절이 아닐 경우에는 무거운 음절로 계산되는 이유가 설명될 수 없을 것이다. 뿐만 아니라 독일어의 음절무게가 가벼운 음절, 무거운 음절, 초 중량음절의 3가지로 구분

되는 것은 보다 제한적인 이론을 추구해야 하는 점에서도 바람직하지 않
다. 만약 독일어의 단어강세에 대한 설명이 가벼운 음절과 무거운 음절
의 구분만으로 충분하다면, 초 중량음절이라는 개념은 불필요하게 될 것
이다. 한편 음절무게에서 제외시키는 분석(extrametrische Analyse)은 위
에서 보았듯이 VC로 구성된 운모의 음절무게를 음절위치에 관계없이 통
일적으로 설명할 수 있는 장점은 있으나, 무거운 음절이 운모나 음절핵
의 분지로 해석됨으로써 음절무게를 모라와 같은 동일한 하위단위를 통
해 정의할 수 없는 단점이 있다.

　지금까지 독일어의 음절구조에 대한 상이한 2개의 모델을 살펴보았
다. 두운-운모 모델이 음절무게를 통일적으로 설명할 수 없음에 반해,
모라모델은 중량단위인 모라를 통해 음절무게를 통일적으로 설명할 수
있다. 그러나 모라 모델에서 단어의 끝 자음을 음절무게에서 제외시킬지
의 여부와, 제외될 경우 단어의 끝 자음은 어떤 음운단위(음절, 음보, 음운
단어)와 연결되어야 하는지가 해결되어야 할 문제로 남아 있다. 이하에서
는 이 문제들을 해결하는 데 직접적으로 영향을 주는 독일어의 음운현상
들을 살펴보고자 한다. 이에는 음절무게와 직접 관련되는 단어강세뿐 아
니라, 개별 분절음들의 음성적 실현 방식이 포함된다. 만약에 개별 분절
음들의 실현양상(segmentale Phonologie)을 설명하기에 적합한 음절구조
가 단어강세와 같은 초분절음적인 음운론(suprasegmentale Phonologie)을
설명함에도 적합하다면, 위에서 상술한 여러 가지 모델들 중에 어떤 것
을 선택해야 할 것이라는 문제는 자동적으로 해결될 것이다.

2.2.1. 연구개 비음 [ŋ]

　독일어에서 연구개 비음 [ŋ]은 다른 두 개의 비음인 [m]과 [n]에 비해
매우 제한된 분포를 보인다. Féry(2003 : 223)는 다음과 같이 [ŋ]의 분포
를 요약하고 있다.

(11) **[ŋ]의 분포**

    a. 단어 중간에서 : *kommen, rennen, langen*

    b. 단어 끝에서 : *Kamm, rann, lang*

    c. 단어 처음에는 나타나지 않음 : *Mama, Nase,* ø (*ŋa)

    d. ʃ 다음에는 나타나지 않음 : *Schnabel, schmal,* ø (*ʃŋa)

    e. 유음(l, r) 다음에는 나타나지 않음 : *Köln, Helm, arm,* *Kölŋ, *arŋ

    f. 이완된 단모음(lax short vowel) 다음에만 나타남 : *lang, sing,* *bauŋ, *ri : ŋ

    g. 강세 받지 않는 모음(흔히 Schwa 모음이나 반드시 그런 것은 아니다) 앞에서만 나타남 : *Inge, Verengung vs. Tango, laryngal*

유시택(2001b)은 [ŋ]이 보이는 이와 같은 분포적인 제약이 [ŋ]과 [ŋg]가 변이음(Allophon)의 관계에 있다고 가정하면 자연스럽게 설명될 수 있음을 보이고 있다. 언어 보편적으로 음절 말음(Silbenkoda)은 음소 대조(phonemischer Kontrast)가 사라지는 음절의 약한 위치이다. 예를 들어 독일어에서 저해음(Obstruent)은 두운(Onset)에서는 유성과 무성의 대조를 보이나(*Bein/Pein, Dank/Tank, Gunst/Kunst*), 말음에서는 유성과 무성의 대조가 사라지고 무성으로 중화된다(*Tag, lieb, Bad*에서의 [k], [p], [t]). 또한 한국어에서 폐쇄음은 두운에서는 기식음, 경음, 평탄음의 대조를 보이나(예 : 불, 뿔, 풀에서의 [p], [pp], [ph]), 말음에서는 이 대조가 사라지고 평탄음만 나타난다(붇다, 붙다에서 어간 말음). 이와 마찬가지로 [ŋ]과 [ŋg]도 말음에서는 [ŋ]으로 중화된다. 그러나 앞의 예들과는 다르게 이 둘은 두운에서도 대조를 보이지 않는다. 뿐만 아니라 두운에서는 이 두 개의 소리가 모두 나타날 수 없다.

[ŋg]는 음절내의 두운과 말음에서 모두 나타날 수 없을 뿐만 아니라, 일반적으로 독일어에서 허용되지 않는 유표의(markiert) 자음군이다. [ŋg]의 유표성은 다음과 같은 몇 가지 사실에 의해 뒷받침 된다(vgl. 유시택 2001b : 157-159) : 첫째, [ŋg]는 두 개의 자음이 각각 두운과 말음으로 나타날 수 있는 환경에서조차 허락되지 않는 사실에 의해 뒷받침된다. 예를 들어 *gäng-ig*에서 모음 사이의 자음군 [ŋg]가 *[gɛŋ. g ɪç]로 음절화

될 수 있음에도 불구하고 [g]는 음성적으로 실현되지 않고 [gɛŋ.ɪç]로 음
절화된다. 따라서 [ŋg]는 동일 음절 내에 있든, 혹은 서로 다른 음절에
속하든 관계없이 일반적으로 허락되지 않는 자음군임을 알 수 있다. 그
러나 (11g)에서 보듯이 [ŋg] 다음에 오는 모음이 강세를 받을 수 있는
완전모음(Vollvokal)일 때 [ŋg]의 [g]는 실현된다.[6] *Inge*[ɪŋ.ə]와 *Tango*
[taŋ.go]를 비교해 보라. 여기서 보이는 [g]의 유/무에 대해서는 아래에
서 다시 논하겠다. 둘째, [ŋg]는 형태적으로 단순한 단어이든 복잡한 단
어이든 관계없이 일반적으로 허락되지 않음에 반해, 유사한 자음군인
[ŋk]는 허락된다. *Mangel*[maŋ.əl], *Hunger*[hʊŋ.ɐ], *hungr-ig*[hʊŋ.rɪç]
등과 *dunkel*[dʊŋ.kəl], *Denk-er*[dɛŋ.kɐ], *dank-en*[daŋ.kən] 등을 비교
해 보라. 셋째, 형태적으로 유사한 구조를 보이는 단어들에서 동일 조음장
소를 가진 비음 + 폐쇄음의 자음군 [mp], [mpf], [nd], [nt] 등은 허락되
나 [ŋg]는 허락되지 않는다. (12a)는 어근 + 어간형성소(stammbildendes
Element)의 구조를, (12b)는 과거분사의 형태를, (12c)는 명사나 동사어
간에 접두사 *ge-*가 붙은 형태를 각각 보이고 있다.

(12) a. 어근 + 어간형성소
     [mb]   Bomb-e
     [nd]   End-e
     *[ŋg]   Jung-e
  b. 과거분사
     [mpf]   be-schimpf-t
     [nd]   ge-bund-en
     *[ŋg]   ge-sung-en
  c. Ge- 형성
     [nd]   Ge-länd-e
     *[ŋg]   Ge-stäng-e

---

6) 강세를 받을 수 있는지의 여부에 따라 모음은 완전모음(Vollvokal)과 불완전모음(혹은
축소모음(Reduktionsvokal)으로 불림)나눌 수 있다. 전자는 강세를 받을 수 있음에 반
해, 후자는 강세를 받을 수 없다. 축소모음은 Schwa 모음([ə])과 [ɐ]를 포함한다. 축소
모음이 음절핵인 음절 혹은 성절성 공명음(silbischer Sonorant)이 음절핵인 음절을 축소
음절(Reduktionssilbe)이라고 한다.

위의 예들에서 철자 ng는 모두 [ŋg]가 아니라 [ŋ]으로 실현된다. 달리 해석하면 이것은 [ŋ]이 비록 한 개의 자음이나 마치 폐쇄음 + 비음의 자음군처럼 행동함을 의미한다. 이 사실은 처음 Vennemann(1968)이 인식하였고, 후에 여러 음운론자들(vgl. Wurzel 1970, Kloeke 1982, Hall 1992, Yu 1992, Wiese 1996)에 의해 연구개비음 [ŋ]은 독일어에서 기저형태에 존재하는 음소가 아니라, [ŋg]로부터 도출되어야 한다는 증거를 뒷받침하는 것으로 사용되었다. Vennemann(1968 : 76)은 다음의 동사과거분사 형태들이 보이는 어형변화(Paradigma)를 통해 [ŋ]이 한 개의 비음이 아니라 비음 + 폐쇄음처럼 행동하는 것을 보여준다. [ŋ]이 있는 (13c)의 과거분사에서 나타나는 변모음(Ablaut) i-u는 비음 + 폐쇄음이 있는 과거분사 (13a)와 같은 패턴을 보이지, 단 한 개의 비음이 나타나는 과거분사 (13b)의 변모음 i-o의 패턴을 보이지 않는다.

(13) a. binden - gebunden   stinken - gestunken
      trinken - getrunken   sinken - gesunken
   b. spinnen - gesponnen   schwimmen - geschwommen
      rinnen - geronnen
   c. klingen - geklungen   schlingen - geschlungen
      ringen - gerungen   singen - gesungen

또한 *Ge-* 형성에서도 [ŋ]은 비음 + 폐쇄음과 같은 속성을 보인다. Vennemann과 Wurzel(1970)은 다음의 데이터를 통해 연구개비음이 비음 + 유성 저해음으로 된 자음군과 같은 속성을 가지고 있음을 보여준다. 왜냐하면 [ŋ] 다음에는 비음 + 유성 저해음 다음에서처럼 Schwa가 나타남에 반해(14의 왼쪽 칸), 어간이 한 개의 비음, 다른 자음, 혹은 모음으로 마칠 때에는 Schwa가 나타나지 않기 때문이다(14의 가운데 칸과 오른쪽 칸).

(14) Gelände   Gedärm   Gebräu
      Gebinde   Gebein   Gefäß
      Gestänge   Gespann   Getier
      Gemenge   Gestirn   Gebell

이상에서 열거한 사실들은 독일어에서 자음군 [ŋg]가 일반적으로 허락되지 않으며, 연구개비음은 형태적으로 복잡한 단어들에서 마치 자음군 [ŋg]처럼 행동함으로써 [ŋ]과 [ŋg]가 변이음의 관계에 있는 것을 보여준다. 이와 같은 사실을 바탕으로 유시택(2001b : 158)은 다음과 같은 제약을 통해 [ŋg]의 유표성을 나타낸다(Féry(2003 : 221)도 동일한 제약을 가정하고 있다).

(15) *[ŋg] : 연구개 비음 다음에 [g]는 허락되지 않는다

여기서 한 가지 생각할 점은 (15)와 같은 제약이 OT의 기본적인 가정에 합치되는가 하는 것이다. OT에 따르면 모든 제약은 언어 보편적이며, 개별 언어의 차이는 오직 이 보편적인 제약들 간의 랭킹이 서로 다르기 때문인 것으로 설명된다. 따라서 제약(15)도, 비록 이것이 독일어의 음소분포(Phonotaktik)를 설명하기 위해 필요한 개별언어적인 성격을 강하게 띠고 있으나, OT의 이 기본적인 가정에 따르면 언어보편적인 제약들 중의 한 개로 보아야 한다. 그렇게 볼 때 독일어와 달리 자음군 [ŋg]를 일반적으로 허용하는 영어와 같은 언어에서 이 제약은 아주 낮은 랭킹을 차지할 것이며, 이에 반해 독일어는 상대적으로 높은 위치를 차지 할 것이다(독일어에서 영어를 뜻하는 *Englisch*[ɛŋ.lɪʃ]와 영어에서 영어를 뜻하는 *English*[ɪŋ.glɪʃ]를 비교해 보라). 제약 (15)를 언어보편적인 것으로 볼 수 있는가 하는 문제와는 별도로, 지금까지의 연구를 살펴보면 개별언어가 보이는 음소분포에 관한 제약을 OT에서 (15) 이외의 다른 방법으로 표현할 길이 없다. 아마도 어떤 언어들은 특정 자음이나 자음군을 회피할 것이다. OT에서 이것은 일반적으로 유표성 제약(Markiertheitsconstraint)

으로 표현되며, 제약 (15)도 이런 의미에서 유표성 제약의 한 종류로 보
아야 한다. 그러나 어떤 음소분포에 관한 유표성 제약들을 가정해야 하
는가 하는 문제와 이 제약들 간의 랭킹이 개별 언어적으로 어떻게 실현
되는가에 대한 문제는 아직 연구된 바가 없으며, 앞으로 체계적인 조사
가 필요한 분야이다.

이제 [ŋ]의 분포를 살펴보자. [ŋ]은 [ŋg]와 달리 음절 말음에는 허용되
나, 두운에서는 허용되지 않는다. [ŋg]의 경우와 마찬가지로 이 분포적
제한은 다음과 같은 제약에 의해 표현될 수 있다(vgl. 유시택 2001b : 163,
Féry 2003 : 225).

(16) Onset-Cond : [ŋ]은 두운(Onset)이 될 수 없다.

독일어에서 [ŋ]은 단어 처음에 나타날 수 없다(*mein, nein, *[ŋ]ein*). 뿐
만 아니라 단어 가운데에서도 완전한 두운으로 나타나는 경우는 없고,
대부분 양음절적(ambisilbisch)인 성격을 지닌다. 예를 들어 *Dinge*[dɪŋə]
에서 음절경계는 [ŋ] 다음에 있거나(즉 [dɪŋ.ə]), [ŋ] 자체에 음절경계가 있
게 된다(즉, [ŋ]이 양음절적으로 앞 음절의 말음인 동시에 뒷 음절의 두운이 된다).
그러나 *[dɪ.ŋə]에서처럼 [ŋ]이 완전한 두운으로 될 수는 없다. 그 이유는
*Dinge*에서 강세는 첫째 음절에 있고, 강세 있는 음절은 두 개의 모라를
가져야 하는데 *[dɪ.ŋə]에서 첫음절은 이완된 단모음으로 마쳐 한 개의
모라만 가지기 때문이다.

규칙에 기반한 이론에서는 음절초에 [ŋ]이 나타날 수 없는 사실을 추상
적인 입력부를 가정함으로써 설명하였다. 즉 [ŋ]은 독일어에서 음소가 아
니고 입력부의 /Ng/(/N/은 장소자질이 정해지지 않은 추상적인 비음을 의미)로
부터 도출되기 때문에 음절 초의 /Ng/는 공명도 원칙(Sonority Sequencing
Principle)(Sievers 1893, Selkirk 1984)에 어긋난다는 것이다. 공명도 원칙
(이하에서 SSP로 약칭)에 의하면 음절 초나 음절 말에서 자음군(Konsonan-

tencluster)은 음절핵을 기준으로 해서 양 쪽 가장자리로 갈수록 공명도가 낮아져야 한다. 음절 초에 /Ng/가 오면 /N/은 /g/보다 공명도가 크므로, 이 원칙을 위반하게 된다. 따라서 음절초의 자음군 /Ng/는 허락될 수 없고, 그 결과 음절 초의 [ŋ]도 도출될 수 없다. 그러나 출력부를 중심으로 음운현상을 설명하는 OT와 같은 이론에서는 이론적인 가정으로 인해, 이와 같은 추상적인 입력부의 형태를 가정할 수 없다. 따라서 음절 초에 [ŋ]이 나타날 수 없는 사실은 직접 (16)과 같은 제약을 통해 표현되어야 한다.

끝으로 북부 독일어의 방언에서 [ŋg]이 실현되는 또 하나의 변이형을 언급할 필요가 있다. 여기서는 *lang, Ding*과 같은 단어들에서 [g]가 존재하며, 이것은 말음경화(Auslautverhärung, final devoicing)를 겪어 [laŋk], [dɪŋk]로 실현된다. 유표성 제약 (17)은 이 방언에서 [ŋg]가 [ŋk]로 나타나는 것을 설명하기 위해 필요하다.

(17) Devoicing
음절 말음에서 유성 저해음은 허락되지 않는다.

이제 OT의 이론적 기반에서 위에서 설명한 유표성 제약들(*[ŋg], Onset-Cond, SSP, Devoicing)이 어떻게 [ŋ]과 [ŋg]의 변이형 관계를 설명할 수 있는 수 있는지 살펴보자. *Ampel, Hand* 등에서처럼 비음 + 폐쇄음의 자음군에서 비음이 연구개비음이 아닌 경우, 출력부는 입력부에 충실하게(즉, 아무런 변화 없이) 실현된다. 그러나 연구개 비음 다음에 오는 [g]의 실현여부는 위의 유표성 제약들과 충실성 제약들 간의 충돌에 의해 결정된다. 유시택(2001b : 160-162)은 다음과 같은 충실성 제약들이 [ŋ]과 [ŋg]의 변이형 관계를 설명하는 데 필요하다고 가정한다.

(18) 충실성 제약
a. Max(Nasal), Max(Dorsal), Max(Voice)

   b. Dep(C) : 자음이 삽입되어서는 안 된다.

   c. IDENT-[F] : 입력부와 출력부에서 서로 대응되는 분절음의 자질은 동
     일해야 한다.

(18)의 충실성 제약들(Faithfulness Constraints)은 출력부가 입력부와 동일할 것을 요구한다. Max(Nasal)은 입력부의 자질 [nasal]이 출력부에 있어야 할 것을 요구하며, Max(Dorsal)은 자질 [dorsal]에 대해, 그리고 Max(Voice)는 자질 [voice]에 대해 동일한 요구를 한다. 이 제약들은 입력부에 있는 음성 정보의 탈락을 금지하는 점에서 앞에서 소개된 Max-IO 제약과 본질적으로 같은 성격을 가진다. 유표성 제약들과 충실성 제약들 간의 랭킹은 다음과 같다.

(19) SSP, Devoicing, Onset-Cond, Ident-[F], Max(N, D) ⟩⟩
     Max (V, D), Dep(C), *ŋg

*Tango*에서 [g]가 실현되는 이유는 Onset-Cond과 Max(dor), Max(nas)이 *ŋg보다 상위 제약이기 때문이다. (19)에서 제약 Max(N, D)는 Max(dor)과 Max(nas)을 한 개의 제약으로 묶은 것으로 [ŋ]의 탈락을 금지한다. 마찬가지로 제약 Max(V, D)는 [g]의 탈락을 금지한다. OT에 의하면 입력부에는 아무런 제한이 없기 때문에 *Tango*의 입력부가 /taŋgo/로 되든 (20a) /taŋo/로 되든 (20b) 관계없이 최적형태는 언제나 [taŋgo]로 된다.

(20) *Tango*

   a.

/taŋgo/	SSP	Onset-Cond	Max(N, D)	Dep(C)	*ŋg
☞ a. taŋ.go					*
b. ta.ŋo		*!			
c. ta.ŋgo	*!	*			*
d. ta.go			*!		

b.

/taŋo/	SSP	Onset-Cond	Max(N, D)	Dep(C)	*ŋg
☞ a. taŋ.go				*	*
b. ta.ŋo		*!			
c. ta.ŋgo	*!	*			*
d. ta.go			*!		

*Ding*에서 [g]가 없는 것은 Devoicing, Ident-[F], Max(N,D)가 Max(V, D), Dep(C), *ŋg보다 상위에 있는 제약들이기 때문이다. 여기서도 *Tango*의 경우와 마찬가지로 입력부가 /dɪŋg/이든 /dɪŋ/이든 관계 없이 동일한 결과가 나온다.

(21) *Ding*

a.

/dɪŋg/	Devoicing	Ident-[F]	Max(N, D)	Max(V, D)	Dep(C)	*ŋg
☞ a. dɪŋ				*		
b. dɪŋg	*!					*
c. dɪŋk		*!				
d. dɪg			*!			

b.

/dɪŋ/	Devoicing	Ident-[F]	Max(N, D)	Max(V, D)	Dep(C)	*ŋg
☞ a. dɪŋ						
b. dɪŋg	*!				*	*
c. dɪŋk					*	
d. dɪg			*!		*	

표 (21a)에서 *Ding*이 [dɪŋg] 혹은 [dɪŋk]로 실현될 수 없는 이유는 각각 Devoicing과 Ident-[F]를 어기기 때문이다. 표 (21b)에서 [dɪŋk]는 Dep(C)를 어기기 때문에 어떤 제약도 위반하지 않는 [dɪŋ]이 최적형태가 된다. 이에 반해 Féry(2003 : 227)는 *Ding*이 [dɪŋg] 혹은 [dɪŋk]로 실

현될 수 없는 이유가 독일어에서 초 중량음절은 존재하지 않으며, 겉으로 보기에 초 중량음절처럼 보이는 음절이 사실은 중량음절과 반 음절 (semisyllable)로 나누어져야 하기 때문이라고 설명한다. 2.2장에서 Féry 가 독일어에서 반 음절을 인정해야 한다고 주장했음을 상기하라. 반 음절은 보통의 음절과 달리 음절핵이 없고 두운만으로 구성된 음절로서 음절무게에 아무런 기여를 하지 않는 음절(nonmoraic syllable)을 말한다. 설명의 편의상 2.2장에서 예시한 반음절이 있는 단어의 음절구조를 여기에 반복해서 제시하겠다.

(10)

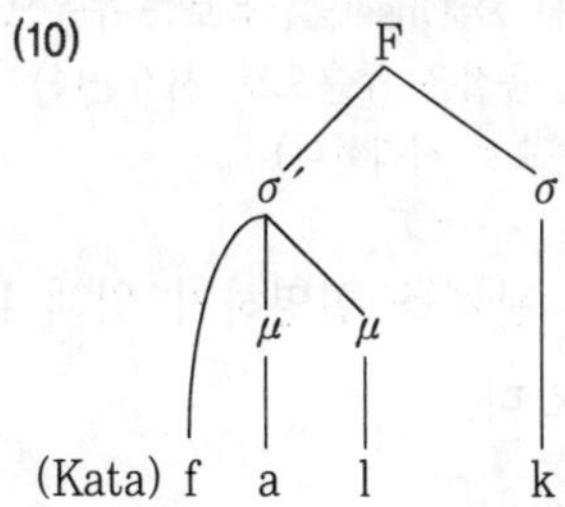

*Ding*의 음절구조는 위의 *Katafalk*에서 두 번째 음절인 *falk*처럼 강세 있는 음절과 강세 없는 반음절로 이루어진다. 이렇게 본다면 3개의 모라를 가진 소위 초 중량음절(superheavy syllable)을 독일어에 가정할 필요가 없으며, 독일어에서 한 개의 음절은 언제나 다음과 같은 제약을 지켜야 한다고 볼 수 있다.

(22) BiMor : 음절은 최대한 2개의 모라를 포함할 수 있다.

그밖에 Féry는 음운단위에 따라 두운을 필요로 하는 정도가 서로 다르다는 사실에 주목하여, 이것이 [ŋg]와 [ŋ]의 변이음 관계를 설명하는데 있어 하나의 중요한 관점이 되어야 함을 지적하고 있다. 예를 들어 단어에서 가장 큰 음운단위인 음운단어가 두운으로 시작해야 한다는 요구는 음운단어보다 하위 단위인 음보가 두운으로 시작해야 한다는 요구보다 강하다. 또한 음보가 두운으로 시작해야 하는 것은 모라가 있는 음절(moraic syllable)이 두운으로 시작해야 하는 것보다 중요하다. 또 모라가 있는 음절이 두운으로 시작해야 하는 것은 모라가 없는 음절(nonmoraic syllable)이 두운으로 시작해야 하는 것보다 중요하다. Féry(2003 : 220)는 이처럼 음운단위에 따라 두운으로 시작해야 하는 중요성이 각각 다른 사실을 다음과 같은 유표성 제약들 간의 랭킹을 통해 표시하고 있다.

(23) **유표성 제약들**

Onset$_{PW}$(음운단어는 두운으로 시작한다) 〉〉 Onset$_{Foot}$(음보는 두운으로 시작한다) 〉〉 Onset $\sigma_{(\mu)}$(모라가 있는 음절은 두운으로 시작한다) 〉〉 Onset $\sigma_{(non-\mu)}$(모라가 없는 음절은 두운으로 시작한다)

이 제약들과 함께 [ŋ]과 [ŋg]의 변이형 관계를 설명하기 위해 Féry (2003 : 225)가 가정하는 제약들은 다음과 같다.

(24) **[ŋ]과 [ŋg]의 변이형 관계를 지배하는 제약들**

a. Onset-Condition : [ŋ]은 두운이 될 수 없다.
b. SSP : 두운과 말음의 공명도는 음절핵을 중심으로 양 쪽 가장자리로 갈수록 감소해야 한다.
c. BiMor : 음절은 최대한 2개의 모라를 포함할 수 있다.
d. Nuc : 음절은 음절핵이 있어야 한다.
e. SyllCont : 두운의 공명도는 선행하는 말음의 공명도보다 낮아야 한다.
f. *ŋg : 연구개 비음 다음에 [g]는 허락되지 않는다.
g. Max(N, D) : Max(Nasal), Max(Dorsal)

이 제약들 중에서 (c), (d), (e)를 제외한 나머지 제약들은 위에서 살펴본 유시택(2001b)의 분석에서 사용된 제약들과 거의 동일하다. Féry (2003 : 227)는 이 제약들을 사용해 *Ding*의 실현형태를 표 (25)와 같이 나타내고 있다(표에서 점선은 제약들 간의 랭킹이 정해져 있지 않음을 의미한다).

(25) *Ding*

/dɪŋg/ 혹은 /dɪŋ/	Onset-Cond	BiMor	Max (N,D)	SSP	Onset σ (μ)	*ŋg	Nuc	Onset σ (non-μ)
☞ a. . dɪŋ .								
b. . dɪŋg .		*!				*		
c. . dɪŋ .g.						*!	*	
d. . dɪg .			*!					

유시택(2001b)의 분석과 달리 Féry는 후보 (b)가 Devoicing을 위반하는 게 아니라, BiMor를 위반하기 때문에 틀린 형태라고 설명한다. 또한 반 음절을 인정하지 않는 유시택에 반해 반 음절을 인정하는 Féry에게 후보 (c)는 후보 (b)와 비교되어야 할 의미가 있다. 반 음절이 있는 후보 (c)는 BiMor를 위반하지 않으나, 음절핵이 없으므로 Nuc을 위반한다. 이에 반해 반 음절이 없는 후보 (b)는 BiMor를 위반하나 Nuc을 위반하지는 않는다. 결론적으로 Féry는 /dɪŋg/의 음절구조가 무거운 음절 + 반 음절(즉 [.dɪŋ.g.])로 이루어진다고 가정할 때만, [ŋ]과 [ŋg]의 변이형 관계를 올바르게 설명할 수 있다고 주장한다. 그렇기 때문에 /dɪŋg/의 음절구조가 하나의 무거운 음절만으로(즉 [.dɪŋg.]으로) 구성되면, BiMor를 위반하게 되어 최적 형태가 될 수 없다.

Féry의 분석에서 한 가지 문제는 북부 독일어의 방언에서 *Ding*이 [dɪŋk]로 실현되는 것이 설명될 수 없다는 점이다. OT의 기본적인 가정에 따르면 개별 언어들 간의 차이는 언어보편적인 제약들 간의 랭킹의 차이이기 때문에, 표준 독일어와 북부 독일어에서 *Ding*이 서로 다르게 실현되는 것도 두 언어에 있어서 제약간의 랭킹이 서로 다르기 때문인 것으로 예측할 수 있다. 그러나 (25)의 제약들을 사용하면 제약간의 랭킹에 관계없이 언제나 [dɪŋ]이 최적형태로 되어 북부 독일어의 방언에서 실현되는 [dɪŋk]를 설명할 수 없다. 왜냐하면 [dɪŋ]은 모든 제약을 다 만족시키기 때문이다. 이에 반해 [dɪŋk]는 (25b)처럼 BiMor를 위반하거나,

(25c)처럼 Nuc을 위반한다. 따라서 제약들 간의 랭킹에 관계없이 [dɪŋ]이 [dɪŋk]보다 나은 형태가 되는 결과를 가져온다.

이 문제를 해결하기 위한 한 가지 방법은 북부 독일어에서 *Ding*의 입력부가 [dɪŋg]가 되어야 한다고 가정하는 것이다. 그렇다면 [dɪŋ]은 Max(Plosiv)(= [g] 탈락 금지)를 위반하고 [dɪŋk]는 Ident-[Voice]를 위반하게 된다. 한편 [dɪg]는 Max (Nasal)(= [ŋ] 탈락 금지)을 위반한다. Max(Plosiv)와 Max(Nasal)이 Ident-[Voice]보다 상위의 제약이라고 가정하면 [dɪŋk]가 최적 형태가 된다. 이에 반해 *Ding*이 [dɪŋ]으로 실현되는 표준 독일어에서는 Max(Nasal)이 Max(Plosiv)보다 상위에 있는 제약이라고 가정하면 될 것이다. 그러나 이런 설명은 입력부의 형태가 원칙적으로 자유롭다고 보는 OT의 기본 가정에 배치된다. 여기서는 북부 독일어에서 [dɪŋk]의 실현을 풀리지 않은 문제로 남겨두고자 한다. Féry(2003)의 반 음절의 가정이 [ŋg]와 [ŋ]의 변이형을 설명하는 올바른 방법이라면, 이는 독일어의 음절구조에 대한 기존의 분석들이 상당히 수정되어야 하며, 음절구조와 관련된 모든 음운, 형태적 현상들이 새로이 해석되어야 함을 의미한다. 다음 장에서는 Féry의 반 음절 가설이 독일어의 명사 복수 형태를 설명하는 데 어떤 결과를 가져오는지 살펴보고자 한다.

2.2.2. 복수 접미사 -e와 -∅

표준 독일어에서 나타나는 복수 형태에서 어간이 전설모음(Umlaut)으로 바뀌는 것을 무시하고, 복수 접미사에 따라 복수 형태를 구분하면 다음과 같이 총 5가지로 구분된다. 복수형태의 자세한 분석에 대해서는 6장을 참조하라.

(26) 표준 독일어에 나타나는 복수 접미사의 유형

복수 접미사	단 수	복 수
-r	Kind[kɪnt]	Kinder[kɪndɐ]
-n	Frau[fraʊ]	Frauen[fraʊən]
-ə	Schuh[ʃuː]	Schuhe[ʃuːə]
-s	Auto[aʊto]	Autos[aʊtos]
-∅	Wagen[vaːgən]	Wagen[vaːgən]

위의 복수형태들을 보면 *-s* 접미사의 경우를 제외하고 독일어의 모든 복수 형태에서 다음과 같은 사실이 적용됨을 알 수 있다(vgl Wiese 1996).

(27) 복수 명사는 마지막 분절음이 공명음(-ə, -ɐ, -r, -n, -l)인 음절로 끝난다.

여러 가지 요인들이 (27)과 같은 일반화를 가능하게 한다. 첫째, 독일어의 복수 *접미사*들, *-ə, -ər, -(ə)n*은 자동적으로 (27)의 요건을 충족시킨다.7) 또한 (27)은 명시적인 복수 접미사가 없는 경우에도 적용된다. 복수 접미사가 영형태소인 *Vogel-∅*을 보라. 마지막 자음 *-l*은 복수 접미사가 아님에도 불구하고, *Vogel*의 복수형태는 (27)의 원칙을 준수하고 있다. 이에 반해 공명음이 아닌 분절음으로 끝나는 **Tisch[tɪʃ]*와 같은 복수 형태는 독일어에서 불가능하다(올바른 복수형태인 *Tisch-e[tɪʃə]*와 비교해 보라). 둘째, 영형태소가 나타날 수 있는 경우는 오직 *Vogel, Wagen*에서처럼 이미 단수형태가 공명음으로 끝나는 경우에 한한다. 셋째, 복수 형태에서 Schwa 삽입은 1음절 어간에서 일어날 수 있지만 (예 : *Frau-en*[fraʊən], **[fraʊn])*, 2음절 어간에서는 일어날 수 없다(예 : *Gabel-n* [gaːbəln], **[gaːbələn]).

이 모든 사실은 독일어 복수 형태에서 정확히 한 개의 Schwa 음절만 나타날 수 있음을 의미하고, Schwa 음절을 추가하는 복수 접미사 *-e*와

---

7) *Kinder, Mütter*에서처럼 복수 접미사를 나타내는 철자 <er>는 음성적으로 대부분 [ɐ] 로 실현된다.

영형태소는 상보적 분포에 있음을 의미한다. Golston/Wiese(1996)는 복수 접미사 *-e*와 영형태소가 보이는 상보적 분포를 근거로, 이 두 개의 복수 접미사가 사실은 동일한 음운제약의 결과임을 보이고, 독일어에서 복수 접미사 *-e*를 따로 가정할 필요가 없다고 주장한다. Golston/Wiese(1996)의 분석과 세부적인 점에서 차이가 있지만, 이 책의 6장에서 기술된 명사복수 형태에 관한 분석도 이와 비슷한 주장을 하고 있다. 이제 앞에서 기술된 Féry(2003)의 독일어 음절구조에 관한 모델이 *-e*와 영형태소의 상보적 분포를 어떻게 설명할 수 있는지를 살펴보자. 반 음절이 [ŋg]와 [ŋ]의 변이형을 설명하는 데 있어 중요할 뿐 아니라, 명사복수형을 결정하는 데도 중요한 역할을 한다면, 이는 독일어 음절구조에서 반 음절을 인정해야 하는 또 하나의 증거가 될 것이다. 먼저 반 음절을 인정하지 않을 때 (27)의 일반화가 어떻게 표현될 수 있을지 살펴보자. Golston/Wiese(1996 : 151-152)는 OT의 이론적 바탕에서 (27)은 다음 두 가지 제약들에 의해 표현될 수 있다고 본다.

(28)　a. Non-Finality : 굴절어는 강세 있는 음절로 끝나지 않는다.
　　　b. Son]Pl : 복수 형태는 공명음으로 끝나야 한다.

　(28a)는 독일어에서 명사복수형태뿐 아니라 거의 모든 굴절 형태들이 강세 없는 음절로 끝나야 하는 것을 설명한다(vgl. Neef 1996, Raffelsiefen 1995). (28b)는 독일어의 명사 복수는 공명음으로 끝날 것을 요구한다. 이 두 개의 제약들은 OT의 일반적인 충실성 제약들과 상호 충돌을 일으킨다.

(29) 충실성제약들
　　a. Dep-IO : 입력부에 없는 분절음이 출력부에 삽입되어서는 안 된다.
　　b. Max-IO : 입력부의 분절음이 출력부에 탈락되어서는 안 된다.

　이제 이 제약들의 상호작용이 Golston/Wiese(1996 : 156)에서 어떻게

실현되는지 살펴보자. *Frau-en*과 같은 명사 복수가 **Frau-n*으로 실현
될 수 없는 이유는 다음 표에서 보듯이 Golston/Wiese에 의하면 Non-
Finality 제약 때문이다(표에서 점은 음절경계를 표시하고 있다).

(30) 끝 자음이 공명음이며 1음절로 된 복수는 허락되지 않는다

/frao-n/	Max-IO	Non-Finality	Son]PL	Dep-IO
☞ a. .frao.ən.				*
b. .fraon.		*		
c. .frao.	*	*		

후보 (b)는 비록 입력부에 충실하나 강세 있는 음절로 끝나기 때문에
Non-Finality를 위반한다. 후보 (c)는 Non-Finality 외에도 입력부의
/n/이 탈락됨으로써 Max-IO를 위반한다. 따라서 Schwa가 삽입된 후보
(a)가 최적형태가 된다. 표 (29)를 통해 Golston/Wiese가 의도하는 일
반화는(그리고 Non-Finality라는 제약을 가정하는 이유는) 다음과 같다.

(31) 2음절 어간에서는 영형태소를 통해 복수 형태가 만들어질 수 있으나, 1
음절 어간에서는 영형태소로 복수를 나타낼 수 없다. 따라서 *Löffel*,
*Messer*와 같은 복수형태는 가능하나, **val*, **ror*, **zin*, **ham*과 같은
복수 형태는 불가능하다.

(31)의 원칙을 기술한 것이 바로 제약 Non-Finality이다. **val*, **ror*,
**zin*, **ham*과 같은 복수 형태는 강세 있는 1음절이므로 모두 이 제약을
위반하고, 따라서 올바른 복수형태가 될 수 없다. 그러나 반 음절을 인
정하면 사정이 달라진다. 틀린 형태인 **Frau-n*이 반 음절을 인정할 경
우 [frao.n.]으로 2개의 음절로 되어 더 이상 제약 Non-Finality를 위반
하지 않게 된다. 뿐만 아니라 [frao.n.]은 표 (30)의 모든 제약들을 모두
충족시키고 있다. 이에 반해 올바른 형태인 *Frau-en*[.frao.ən.]은 Dep-
IO를 위반한다. 따라서 반 음절을 가정할 경우 [frao.n.]이 최적형태가

되는 잘못된 결과를 가져온다. 혹자는 이런 사실을 근거로 반 음절을 인
정하지 않는 Golston/Wiese의 분석이 옳다고 생각할지 모른다. 그러나
그 생각은 어디까지나 Golston/Wiese가 제안한 (30)의 제약들과 이 제
약들 간의 랭킹이 올바르다는 전제하에서만 맞다고 할 수 있다. 그러나
이하에서 볼 수 있듯이, Golston/Wiese가 제안한 제약들과는 다른 제약
들이 독일어의 명사 복수형태를 결정짓는 데 중요한 역할을 한다면, 반
음절의 가설이 틀렸다고 쉽게 단정할 수 없다. 반 음절을 인정할 경우
충실 제약 Max-IO를 두 개의 하위 제약들로 나눌 필요가 있다.

Max(Son) : 공명음이 탈락되어서는 안 된다.

Max(Obst) : 저해음이 탈락되어서는 안 된다.

이렇게 두 개의 Max 제약으로 나누는 이유는, 아래에서 설명되듯이,
표준 독일어가 아닌 다른 방언에서는 분절음의 종류에 따라 탈락이 허용
되는지의 여부가 결정되기 때문이다. 입력부에 없는 분절음의 삽입을 금
지하는 Dep-IO 제약은 설명의 편의상 여기서 Dep(ə)로 나타낸다.
Align-RS 제약은 아래의 설명을 보라.

(32) 반 음절 모델에서 Frau-en

/fraʊ-n/	BiMor	Align-RS	Max(Son)	Dep(ə)	Nuc
☞ a. .fraʊ.ən.				*	
b. .fraʊn.	*!	*			
c. .fraʊ.		*!	*		
d. fraʊ.n.		*!			*

이 표와 표 (30)의 Golston/Wiese(1995)의 분석을 비교하면 다음과
같은 사실을 알 수 있다. 후보 (32d) [fraʊ.n]은 두 번째 음절이 반 음
절이고, 반 음절은 당연히 강세를 갖지 못하므로, Non-Finality를 충
족시킨다. 또 반 음절이 /n/으로 끝나므로 Son]PL도 충족시킨다. 후
보 (32a) [fraʊ.ən]도 이 두 개의 제약들을 모두 충족시킨다. 따라서 반

음절을 인정할 경우, (30b)는 (32d)로 되기 때문에, Non-Finality와 Son]PL만으로는 (32a)와 (32d) 중 어떤 후보가 나은지를 판단할 수 없다. 두 후보의 차이가 반음절의 유무이기 때문에 Nuc가 Dep(ə)보다 상위에 있는 제약이라고 가정하면 올바른 형태를 얻을 수 있다고 생각할지 모른다. 즉 반 음절이 있는 후보 (32d)는 Nuc를 위반하고, 반 음절이 없는 후보 (32a)는 Dep(ə)을 위반하기 때문에 (32a)가 최적형태가 된다고 말할 수 있을 것이다. 그러나 이 가정이 틀린 것은 *braun*과 같은 형태적 단순어를 보면 금방 알 수 있다. 제약랭킹이 Nuc 》 Dep(ə)라면 *braun*은 *[braʊ.ən]과 같은 틀린 형태를 도출하게 된다. 그러므로 Dep(ə)은 Nuc보다 상위에 있는 제약이라고 보아야 한다. Non-Finality를 충족시키는 후보 (32d)가 올바른 형태가 될 수 없는 이유는 두 번째 음절인 반음절이 축소음절(Reduktionssilbe, 이하에서 RS로 약칭)이 아니기 때문이다. 모든 독일어 복수명사는(복수 접미사 *-s*가 붙는 경우를 제외하고) 축소음절로 끝나야 한다.

(33) Align-RS : 복수명사는 축소음절로 끝나야 한다.

축소음절은 Schwa, [ɐ], 혹은 성절성 공명음(silbischer Sonorant)이 음절핵인 음절을 말한다(예 : *Lehrer, Mutter, Vogel, Segen, Tische* 등에서 두 번째 음절). 반 음절을 인정할 경우 Golston/Wiese(1996 : 151-152)가 가정한 두 개의 제약, Non-Finality와 Son]PL이 최적형태를 고르는 데 실패하는 이유는 이 제약들이 제약 (33)의 내용을 표현하지 못하기 때문이다. [fraʊ.n.]은 공명음으로 마치긴 하나(즉 제약 Son]PL을 충족시키긴 하나), 음절 핵이 아니라 음절 두운(Onset)이기 때문에 제약 (33)을 위반한다.

이제 반 음절 모델 속에서 Golston/Wiese가 제안한 제약 Non-Finality가 어떤 의미를 가지는지 살펴보자. 표준 독일어에서는 표 (32)에서 보듯이, 2음절 [frau.ən.]과 반 음절이 있는 [frau.n.]은 모두 Non-Finality 를 만족시키기 때문에 Non-Finaltity가 이 두 개의 형태 중에서 어떤 것이 나은지를 결정하는 데 직접적인 영향을 주지 않는다. 그러나 독일어 의 방언인 Hessen어에서는 명사 복수형을 설명함에 있어 Non-Finality 가 직접적인 영향을 미친다. Hessen어에서 복수는 표준 독일어에서처럼 복수 접미사들이 단수 형태와 결합하여 형성되는 외에도, (34e)에서처 럼 단수 형태의 분절음들 중의 일부가 탈락되어 만들어지기도 한다. (34)에 제시된 자료와 그밖에 Hessen어의 복수형태들에 대한 광범위한 자료는 Golston/Wiese(1996)를 참조하라(아래에서 표준 독일어에 해당하는 Hessen어의 단수와 복수 형태들은 발음부호로 표시되어 있다).

(34) Hessen어에서 복수 형태들

접미사	단수	복수	표준독일어
a. -r	mɛːd	mɛːd-ər	Markt
b. -n	hɔr	hɔ(r)-n	Haar
c. -ə	pan	pan-ə	Pfanne
d. -∅	ʃirm	ʃirm	Schirm
e. 어간탈락	hond	hon	Hund

위의 예들에서 보듯이 대부분의 경우 Hessen어에서 복수 접미사는 표준 독일어의 그것과 일치하지 않는다. 예를 들어 표준 독일어에서 *Haar*의 복수는 *Haare*이나 Hessen어에서는 -ə 대신 -n이 붙는다. 또, 표준 독일어에서 *Schirm*의 복수 형태는 *Schirm-e*로 복수 접미사 -ə가 결합하나, Hessen어에서는 아무런 복수 접미사가 결합하지 않는다. 그 러나 Hessen어에 나타나는 복수명사 형태들 중에서 무엇보다 특이한 것은 (34e)의 예에서처럼 단수 어간의 일부가 탈락(Subtraktion)되어 복 수가 되는 것이다. 표준 독일어에서 이런 경우는 아주 적은 수의 불규칙 복수형태들에 국한되나(예 : *Drama*(단수) → *Dramen*(복수)에서 단수의 끝자음 /a/ 탈락), Hessen어에서는 단수형태의 일부가 탈락됨으로써 복수가 되

는 것이 규칙적인 복수 형태의 일부를 이룬다. 이것은 Hessen어가 표준 독일어에는 낯선 소위 탈락형태론(subtractive Morphology)을 사용하는 것이 아닌가 하는 가설을 세울 수 있게 한다. 그러나 Golston/Wiese(1996)는 (34e)의 경우가 진정한 탈락형태론이 아니라, 복수를 나타내는 영형태소 (34d의 경우)가 음운적인 요인에 의해 단수형태의 분절음 탈락으로 나타난 것이라고 주장한다. 따라서 이들의 주장에 의하면 (34e)의 경우, 즉 단수어간의 분절음 탈락은 (34d), 즉 -∅ 접미사의 변이음인 셈이다. -∅과 단수어간 탈락이 서로 변이음의 관계에 있다는 Golston/Wiese의 주장이 맞다면, Non-Finality는 이 두 개의 경우에서 각각 어떻게 실현될까? 표 (35)가 그것을 보여주고 있다.

(35) 반 음절 모델에서 Hessen어의 복수형태
  a. *Hond*(단수) ~ *Hon*(복수)

	BiMor	Dep (ə)	Max (Son)	Nuc	Max (Obst)	Align-RS
☞ a. .hon.					*	*
b. .hond.	*!					*
c. .hon.d.				*!		*
d. .hon.də.		*!				
e. .ho.			*!		*	*

  b. *Schirm*(단수) ~ *Schirm*(복수)

	BiMor	Dep (ə)	Max (Son)	Nuc	Max (Obst)	Align-RS
☞ a. .ʃir.m.				*		*
b. .ʃirm.	*!					*
c. .ʃir.mə		*!				
d. .ʃir.			*!			

(35a)에서는 복수형태가 자음탈락을 통해, (35b)에서는 영형태소를 통해 실현되고 있다. 그 이유는 입력부의 분절음의 탈락을 금지하는 Max-IO 제약이 공명음의 탈락을 금지하는 Max(Sonorant) 제약과 저

해음의 탈락을 금지하는 Max(Obstruent) 제약으로 나누어져 이 두 개
의 제약들이 Nuc 제약에 관해 다음과 같은 랭킹을 보이기 때문이다 :
Max(Son) 〉〉 Nuc 〉〉 Max(Obstr). 이 제약랭킹은 공명음보다 저해음
이 탈락되기 쉽다는 것을 나타낸다. 또한 이것은 공명음으로 구성된 반
음절은 허락되나, 저해음으로 구성된 반 음절은 허락되지 않음을 표현한
다. 따라서 복수형태 *Hon*에서 단수의 /d/가 탈락하는 이유는, 반 음절
을 가진 hon. d는 Nuc를 위반하고, 이것은 아예 /d/가 탈락됨으로써
반 음절이 없는 .hon.보다 나쁜 형태가 되기 때문이다. 이에 반해 복수
형태 *Schirm*에서는 /m/이 탈락되지 않는다. 그 이유는 [ʃɪr.m]은 Nuc
을 위반하나, *[ʃɪr]는 Nuc보다 상위 제약인 Max(Son)을 위반하기 때
문이다.

Golston/Wiese(1996)는 복수명사 *Hon*이나 *Schrim*이 모두 Non-
Finality를 위반하기 때문에 이 제약은 이 두 개의 복수형태를 고르는
데 변별적이지 않다고 주장한다. 그러나 (35)의 분석에 따르면 Non-
Finality가 두 개의 복수형태를 고르는 데 변별적임을 알 수 있다.
Non-Finality의 효과는 저해음이 반 음절을 형성할 때만 나타나지 않으
나(hon.d의 경우), 공명음이 반 음절을 형성할 때는(.ʃɪr.m.의 경우) 이 효과
가 나타난다. 이런 일반화는 반 음절을 인정하지 않으면 불가능하다.
Non-Finality 제약을 통해 표현된 "굴절어는 강세 없는 음절로 끝나야
한다"는 원칙은 현대독일어에서 예외 없이 적용된다. 반 음절을 인정하
면 이 원칙이 Hessen 어에서 *Schirm*과 같이 공명음으로 마치는 복수
형태에도 적용됨을 알 수 있다. 그러나 Golston/Wiese(1996)처럼 반
음절을 인정하지 않으면, 이 보편적인 원칙이 Hessen어에서는 적용되
지 않는다고 해야 할 것이다. 그렇게 되면 Hessen어의 모든 복수형태
는 Non-Finality 제약을 어기게 된다. Golston/Wiese는 이 제약이
Hessen어에서는 아무런 역할을 하지 않는다고 가정하여, 복수형태를 도
출하는 제약들 간의 상호작용에서 아예 제외하고 있다. 그러나 이것은

모든 제약은 언어 보편적이므로, 모든 언어(혹은 동일 언어의 여러 가지 방언들)는 동일한 제약 set을 가지고 있다는 OT의 기본 가정에 일치하지 않는다. Non-Finality 제약이 표준 독일어뿐만 아니라, Hessen어에서도 적용되는 제약이라면, 이 제약에 의해 표현된 보편적인 원칙이 Hessen어의 모든 복수형태에서 지켜지지 않는다면 이상할 것이다. 반 음절의 가정은 Non-Finality의 효과를 보다 일반화시키는 것을 가능하게 해 준다. 표준 독일어에서 반 음절은 *frau.n의 예에서 보았듯이 제약 Align-RS의 높은 랭킹 때문에 금지되지만, Align-RS가 상대적으로 아주 낮은 랭킹을 차지하는 Hessen어에서는 반 음절을 구성하는 분절음이 저해음이 아닌 한, 반 음절이 허락됨을 알 수 있다.

2.3. 단어 강세와 독일어의 음보유형(Fußtypen)

음보는 음절과 음운단어 사이의 단위로서 단어 강세의 규칙을 설명하는데 특히 중요한 역할을 한다. 독일어에서 단어 강세는 음절무게(Silbengewicht)에 민감하며, 일반적으로 무거운 음절이 강세를 받을 자격이 있음에 반해, 가벼운 음절은 특정 환경에서만 강세를 받는다. Féry(2001 : 2)에 따르면 독일어에서 음절무게는 다음과 같이 3개의 부류로 구분된다(밑줄 친 부분이 각각 해당하는 예를 보여준다. 예들에서 점은 음절 경계를 표시함).

(36) a. 가벼운 음절 : 긴장된 모음(tense vowel)으로 마치는 열린 음절, 혹은
       이완된 모음(lax vowel) + 한 개의 자음 혹은 활음(Gleitlaut, glide)
       으로 마치는 닫힌 음절.
       예 : Ökonomíe[ø.ko.no.miː], Müll[mʏl], Ámeise[aː.mai̯.zə]
    b. 무거운 음절 : 긴장된 모음 + 한 개의 자음으로 마치는 음절, 혹은 이
       완된 모음 + 두 개의 자음으로 마치는 음절
       예 : Kamél[ka.meːl], Katafálk[ka.ta.falk]

   c. 강세 받을 수 없는 음절 : 음절핵이 Schwa이거나 성절성 공명음
     (silbischer Sonorant)인 음절
     예 : Robbe[ʀɔbˑə], baden[baː.dn̩]

  가벼운 음절과 무거운 음절은 단어 내에서의 위치에 따라 강세를 받을
수 있으나, Schwa 혹은 성절성 공명음이 음절핵을 이루는 음절은 단어
내의 위치에 관계없이 강세를 받을 수 없다. 독일어의 전형적인 음보는
무거운 일음절(*Kind, Haus, Bahn* 등)이거나, 강한 음절과 약한 음절의 연
속(*Bote, Ruder, Nudel, Spaten, Atem* 등)으로 이루어진다(vgl. Giegerich
1985, Wiese 1996, Féry 2001). 이를 Trochäus(영어 : tochee) 음보라고 하
는데 이하에서는 강약격이라고 칭한다. 이와 반대로 약한 음절이 먼저
오고 다음에 강한 음절이 오는 2음절 음보를 Jambus(영어 : iambic) 음보
라고 하는데, 이하에서는 이를 약강격이라고 한다.

  명사, 형용사, 동사와 같은 주 어휘부류(lexikalische Hauptkategorie)에
속하는 독일어의 어간을 살펴보면 운율적인 크기가 상당히 제한되어 있
음을 알 수 있다. 대부분의 어간은 1음절이거나 2음절이며, 3음절 이상
인 경우는 그 수가 극히 적다. 2음절 어간의 경우에도 두 개의 음절이
모두 완전모음(Vollvokal)을 음절핵으로 갖고 있는 경우(예 : *Büro, Kino,
Auto* 등)는 그 수에 있어 Schwa 음절(= Schwa 모음 혹은 성절성 공명음이 음
절핵인 음절)로 마치는 경우(*Bote, Ruder, Nudel, Spaten, Atem* 등)보다 훨
씬 적다. Schwa 음절은 흔히 축소음절(Reduktionssilbe)이라고도 한다.
Wiese(2001a)는 Schwa 음절로 마치는 2음절 어간을 두 개의 완전음절
로 이루어진 어간과 구분하여 1과 2분의 1음절로 이루어진 어간이라고
부른다. 이처럼 어간의 운율적인 크기가 제한되어 있기 때문에, 형태적
인 복합어의 운율크기도 제한된다. (37)을 보라.

  (37) a. Hund, Hund-e, Hund-in
        b. Däne, Dän-in, dän-isch

1음절 어간에 모음으로 시작하는 파생접미사나 굴절 접미사가 결합하면 1개의 음절이 추가된다(37a). 그 결과로 생겨난 파생어나 굴절어의 운율적 형상은 2음절의 강약격이다. 그러나 (37b)처럼 어간이 이미 2음절일 경우에는 어간 말의 모음이 탈락된다. *Däne-in이나 *däne-isch와 같은 형태는 독일어에서 허락되지 않는다. 이것은 강약약격의 음보(Daktylus, 영어 : dactylic)를 허락하지 않음을 의미한다. 어간말의 모음이 탈락(Trunkierung, 영어 : truncation)됨으로써 강약격 음보의 조건이 충족된다. 이와 같은 소위 반 강약약격(Anti-Daktylus) 현상은 독일어의 여러 가지 형태적 과정에서 광범위하게 나타나며, 강약격 음보 조건을 충족시키는 수단도 다양하다. 예를 들어 -isch 접미화에서는 강약격 음보 조건의 충족이 어간 변이형태소를 통해 실현된다.

(38) -isch 접미화   어간 변이형태소
japán-isch   (Jápan ～ japán)
koreán-isch   (Koréa ～ koreá)
chinés-isch   (Chína ～ chinés)
dramát-isch   (Dráma ～ dramát)

Koréa ～ koreán-isch에서 보는 것처럼 강약약격인 *koréa-isch를 피하기 위해 강세가 이동하며, 또 모음충돌(Vokal-Hiatus)을 피하기 위해 -n이 삽입된다. 이 때 강세 이동은 필수적이다. 왜냐하면 -n이 삽입되어도 강세가 어기와 같으면 *koréanisch로 되어 여전히 Daktylus 음보가 되기 때문이다. 따라서 japánisch에서 비록 어기의 어간의 분절음과 파생어의 어간의 분절음이 동일하다 하더라도 두 개의 강세가 다르기 때문에 여기서도 여전히 어간 변이형태소 관계가 존재함을 알 수 있다. 어간 변이형들 Drama - dramat, China - chines, Korea - korean에서 볼 수 있는 것처럼 모음 충돌을 피하기 위해 어떤 자음이 삽입되는 가는 예측할 수 없다. 따라서 두 개의 어간 변이형태들은 모두 어떤 형태로든

따로 어휘부에 기록되어야 한다. (38)이 어간 변이형태소를 통해 강약약격 음보를 피한다면 (39)는 접미사 변이형태소(동사 부정형 어미 -n/-en)를 통해 강약약격 음보를 피하고 있음을 보여준다.

(39) 명사에서 동사로의 전환(Konversion) : 접미사 변이형태소

Geige	→	geige-n
Speicher	→	speicher-n
Schule	→	schule-n
Ort	→	ort-en
Schicht	→	schicht-en

명사 어기가 1음절일 때 동사 부정형 접미사 -en이 어기와 결합하면 2음절 강약격이 되므로 음보 적형조건을 충족시킨다. 그러나 명사 어기가 2음절일 때 부정형 접미사 -en은 *geige-en에서처럼 강약약격을 만들므로, 올바른 음보가 될 수 없다. 따라서 접미사 -n만 허락된다.

이상의 예들은 독일어에서 파생어와 굴절어가 생겨날 때 강약약격은 가능한한 피해야 한다는 것을 보여준다. 이에 반해 Eisenberg(1998 : 128)는 독일어의 전형적인 음보로서 강약격 외에도 강약약격을 인정해야 한다고 주장하며, 이 두 개의 음보가 독일어의 파생 (40a)와 굴절 (40b)에서 중요한 역할을 한다고 본다.

(40) a. 강약격 : fréundlich, Árbeit
b. 강약약격 : fréunliches, Árbeiten, bétete

또한 Eisenberg에 의하면 약강격이 단어형태의 차원에서 나타나긴 하나(41a), 보다 더 큰 단위, 즉 단어와 단어가 결합된 구와 같은 영역에서는 약강격의 첫째음절인 약음절이 강약격이나 강약약격의 왼쪽으로 융합되기 때문에(41b, 41c), 따로 약강격이라는 음보형태를 인정할 필요가 없다고 한다. (41)에서 '[ ]' 표시는 한 개의 음보를 나타낸다.

(41) a. 약강격 : [gekócht], [versúcht]
      b. 약강격이 강약격의 왼쪽으로 융합된 경우 : hát geschláfen [hát ge]
         [schláfen]
      c. 약강격이 강약약격의 왼쪽으로 융합된 경우 : hát ihn geséhen [hát
         ihn ge] [séhen]

강약격과 강약약격을 동시에 인정하기 때문에 파생어와 굴절어를 포
함한 단어들의 운율구조는 다음과 같이 표시된다('F'는 Fuß를 의미함).

(42) a.   b.   c.   d.

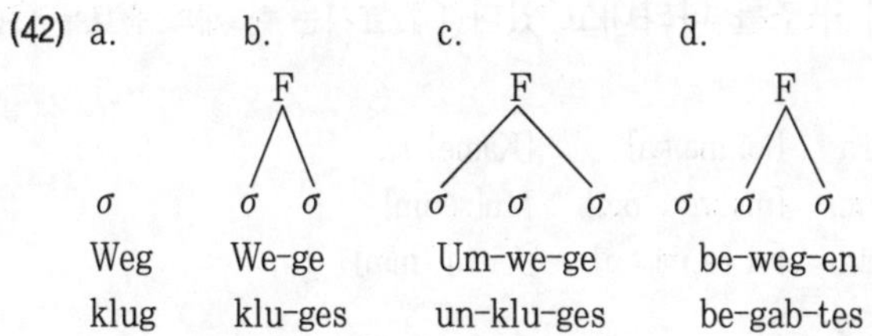

(42)의 운율구조는 약간의 설명을 요한다. 먼저 단어의 가장 큰 운율
단위를 음운단어라고 보는 일반적인 견해와는 달리 Eisenberg(1998 :
127-133)는 음운단어를 별도로 가정하지 않고, 음보를 음운단어와 동일
하게 본다. 따라서 단어의 가장 큰 운율단위는 위에서 보듯이 음보이다.
또한 Eisenberg에게 있어 독일어의 음보는 2음절 강약격이거나 3음절
강약약격이므로 1음절로 된 단어는 음보를 이룰 수 없고, 음절이 가장
큰 운율단위가 된다. 3음절로 된 단어라도 첫음절에 강세가 없는 경우
(42d를 보라) 이것은 강약약격을 만들 수 없다. 이 경우 첫째 음절은 1음
절 단어 (42a)와 마찬가지로 단어 차원에서 음보에 속하지 않은 채로 남
아 있다.

이와 같은 Eisenberg의 음보구조에 관한 견해는 다음과 같은 두 가지
문제점을 안고 있다. 첫째, 독일어 음운론에 나타나는 여러 가지 현상들
(최소단어(Minimales Wort)의 효과, 음절화, 탈락현상, 이형태소 규칙 등)은 형태
적인 개념의 단어와는 별도로 음운단어를 인정할 때에만 합리적으로 설

명될 수 있다(이에 대해서는 2.4장과 유시택(2003a)을 참조하라). 단어의 최상위의 음운단위를 음보로 보는 (42)이 같은 구조에서는 이것이 분가능하다. 둘째, 형태적 구조의 차이(단순어 vs. 복합어)에 관계없이 첫음절에 강세가 있는 3음절 단어를 모두 강약약격으로 간주하는 Eisenberg의 견해는 형태적 단순어의 강세현상뿐만 아니라 형태적 복합어의 강세현상도 올바르게 설명하지 못한다. 먼저 형태적 단순어의 경우를 살펴보자. (43)에서 가운데 칸은 해당하는 단어의 발음부호를 나타내고 있으며, 오른쪽 칸은 음보의 구조를 나타내고 있다('[ ]' 표시는 한 개의 음보를 나타냄).

(43) a. Kámera   [ká.mə.ʀa]   [Káme] ra
     b. Muséum   [mu.zé ː.ʊm]   Mu[séum]
     c. Vitamín   [vi.ta.mí ː n]   [Vita] [mín]

    (43)의 3음절 단어들에서 강세의 위치는 음보의 위치에 의해 결정되며, 이때 음보는 오직 강약격만 인정할 때 올바른 결과를 얻을 수 있다. 그 이유는 Féry(2001)가 제안한 다음과 같은 제약들이 독일어의 단어강세를 설명하는 데 적용되기 때문이다.

(44) **단어강세에 관한 제약들**
    a. Weight to Stress Principle(= WSP) : 무거운 음절은 강세를 받는다.
    b. Foot-Binarity : 음보는 두 개의 음절 혹은 한 개의 무거운 음절로 이루어진다.
    c. Foot-Form(Trochaic) : 음보의 핵은 왼쪽이다.
       Align(Foot, Left ; Head of the foot, Left)
    d. Align-Foot-Right : 모든 음운단어(Prosodic Word)는 음보로 끝난다.
    e. Align-Foot-Left : 모든 음운단어는 음보로 시작한다.
    f. No-Clash : 두 개의 강세 있는 음절이 인접해서는 안 된다.

    Féry는 최적성이론의 틀 속에서 위의 제약들 간의 상호작용이 단어강세를 결정하고 있음을 보여주는데, 이에 따르면 (42)의 음보 구조는 다음과 같이 설명될 수 있다.

- *Sèkúnde, *Mùséum에서처럼 첫음절에 부강세가 있고 두 번째 음절에 주강세가 있는 3음절 단어는 독일어에 허락되지 않는다. 왜냐하면 *[Sè] [kúnde], *[Mù] [séum]과 같은 음보구조는 최상위에 랭크되어 있는 No-Clash 제약을 위반하기 때문이다.

- 단어가 음보로 끝나는 것이 음보로 시작하는 것보다 중요하다. Mu [séum]과 *[Múse] um을 비교하라. Align-Foot-Right 〉〉Align-Foot-Left의 제약간의 랭킹에 의해 전자가 올바른 형태가 된다.

- 끝음절이 무거운 음절이면 끝음절에 강세를 주어야 한다. [Vita] [mín]과 *Vi [támin]을 비교하라. 전자는 끝음절 [mi:n]이 무거운 음절이고, 이 음절에 강세를 주었으므로 WSP를 충족시키나, 후자는 이 음절에 강세를 주지 않으므로 WSP를 위반한다.

- 끝음절이 무거운 음절이 아니면 끝에서 두 번째 음절에 강세가 온다. Mu[séum]과 *[Muse][úm]을 비교해 보라. 제약 랭킹 Ft-Bin 〉〉 Align-Foot-Left에 의해 전자가 올바른 형태가 된다.

- 3음절 단어에서 마지막 음절이 무거운 음절이 아닐 경우 3개의 음절이 모두 음보에 편입될 수는 없다. 왜냐하면 모두 음보에 편입될 경우 음보는 [X .] [X]의 형태이거나 [X] [X .]의 형태가 되어야 하는데(X는 음보의 강한 구성성분을, 점은 약한 구성성분을 나타냄), 전자는 두 번째 음보가 Foot-Binarity를 위반하고 후자는 No-Clash를 위반한다. 따라서 3개의 음절은 두 개의 음보가 될 수 없고 1개의 음보로 되어야 한다. 이때 음보는 가능한 한 단어의 오른쪽 끝에 위치해야 한다. Mu[séum] vs. [Múse]um. 이것이 허락되지 않는 유일한 경우는 음보의 핵이 Schwa(ə)가 되는 경우이다. Schwa 모음은 어떤 경우에도 음보의 핵이 될 수 없으므로 *Ka[méra]와 같은 음보는 생길 수 없다.

이상의 강세에 관한 일반화는 독일어에 허락되는 음보로 오직 강약격만 인정할 때 가능하다. 이에 반해 강약격과 함께 강약약격을 독일어에 허락된 음보유형으로 간주할 경우 이와 같은 일반화는 불가능하다. 강약약격을 인정하면 틀린 형태인 [Múse]um이([Káme]ra에서처럼) 올바른 형태인 Mu[séum]보다 더 나쁠 이유가 없다. 이것은 강약약격을 인정할 경우 (43)에서 볼 수 있는 단어들의 강세위치의 차이를 올바르게 설명할 수 없음을 의미한다.

강약약격을 허락하면 형태적인 단순어의 강세 규칙을 올바르게 설명할 수 없을 뿐만 아니라, 굴절형태소를 포함하고 있는 형태적인 복합어들이 보이는 특징을 올바르게 포착할 수 없다. 왜냐하면 독일어의 굴절형태들이 보이는 운율구조는 바로 강약약격을 회피하려는 경향과 굴절접사를 Schwa 음절로 실현시키려는 경향과의 충돌에서 생긴 결과이기 때문이다. 굴절접미사가 형태적으로 실현되는 양상을 보면 일반적으로 어간의 어기에 1음절을 첨가하는 것으로 실현된다. 형용사 굴절에서 이것은 예외가 없다. *blau-e*, *blau-es*, *blau-en etc.*에서 볼 수 있듯이 **blau-s*, **blau-n* 등은 비록 음운적인 결격사유가 없음에도 불구하고 굴절접미사 *-s*, *-n*이 Schwa 음절로 실현되지 않았기 때문에 틀린 형태가 된다. 굴절접미사가 Schwa 음절로 실현되는 경향은 비단 형용사 굴절에 국한되지 않는다. 명사복수형에서도 다른 중요한 제약이 막지 않는 한 복수형은 단수형에 1음절을 추가함으로써 생성된다는 것을 알 수 있다. 예를 들어 여성명사 복수형태인 *Frau-en*을 보면 **Frau-n*이 음운적으로 올바른 형태가 될 수 있음에도 불구하고 복수 접미사 *-n*이 Schwa 음절로 실현된다. 이에 반해 *Dame*와 같은 여성명사의 복수는 *Dame-n*이 되지 **Dame-en*이 될 수 없다. 두 개의 형태가 모두 Schwa 음절로 마치는 점에서는 복수형태의 제약을 충족시키나, 전자는 강약약격 반대 제약을 충족시킴에 반해 후자는 이 제약을 위반하고 있다. 이런 예들은 굴절어의 형태를 결정짓는 하나의 중요한 제약이 Anti-Daktylus이며, 이 제약과 다른 제약들 간의 충돌을 통해 여러 가지 다른 형태, 통사적인 범주가 생겨남을 보여주고 있다. 따라서 강약약격을 근본적으로 허용하는 Eisenberg의 입장은 굴절어에 나타나는 형태적 특징을 올바르게 기술하는 데 부적합하다.

2.4. 음운단어

음운단어(Phonologisches Wort)의 하위단위를 이루는 모라, 음절, 음보의 구조는 순수하게 어기가 가지고 있는 음운정보에 의해 결정됨에 반해, 음운단어는 어기의 음운정보뿐 아니라 비음운적인 정보(형태, 통사, 의미적인 정보)를 바탕으로 도출된다. 음운단어는 일반적으로 전사규칙(mapping rule)을 통해 어기로부터 도출되는데(vgl. Nespor/Vogel 1986), Wiese(1996 : 67)가 제안한 독일어의 전사규칙은 다음과 같다(규칙에서 '[ ]'는 형태소 단위를, '( )'는 음운단어(= ω)를, '-'는 형태소 경계를 각각 표시한다).

(45) a. ( ) ω [[+vokalisch]....] Suffix → ([[+vokalisch]....] Suffix) ω
      b. ( ) ω [-t, -st, -n]Suffix → ([-t, -st, -n]Suffix) ω
      c. Alle anderen morphologischen Kategorien (Stamm, Präfix, Suffix) bilden ihr eigenes Phonologisches Wort.

전사규칙 (45a)와 (45b)는 각각 모음으로 시작하는 접미사와 접미사 -t, -st, -n이 이 접미사들 앞의 음운단어에 포함됨을 나타낸다. 이에 반해 그 밖의 다른 모든 형태범주들(즉 어간, 접두사, (45a)와 (45b)에 명시된 접미사를 제외한 모든 접미사)은 스스로 독립된 하나의 음운단어를 형성하게 된다(규칙 (45c)). 음운단어가 (45)의 전사규칙에 의해 형성된다는 근거로서 Wiese는 음절화 규칙과 병렬구조(Koordinationsstruktur)에서의 탈락현상(gapping)을 제시한다. 그러나 아래에서 설명하게 되듯이, 이 두 가지 현상이 (45)의 규칙을 정당화할 수 있다고 보기는 어렵다. 또 다른 문제는 (45c)가 음운단어가 될 수 없는 일부 접두사들을 고려하지 않고 있다는 사실이다. 음운단어가 되기 위해서는 최소한 두 개의 모라를 가져야 하는데(최소단어(Minimales Wort)의 제약에 대해 자세한 것은 유시택 (2002a)을 참조하라), *be-*, *ge-*와 같은 일부 접두사들은 한 개의 모라도 갖고 있지 않으므로 최소단어의 제약을 위반하고 따라서 독자적인 음운단어를 형성할 수 없다. 만약 (45c)가 주장하는 것처럼 모든 접두사가 독자적인 한 개의 음운단어를 형성한다면, 접두사 + 어간(*be-kommen, ent-laden*)은 두 개의 음운단어를 가져 어간 + 어간으로 된 합성어(*Groß-vater*)와 동일한 운율 구조를 가질 것이다. 그러나 합성어는 첫째 요소, 즉 첫째 음운단어가 주 강세(Hauptakzent)를 지님에 반해 *be-*, *ge-*, *ent-*, *ver-* 등의 동사접두사는 주 강세를 지닐 수 없다. 따라서 동사접두사를 한 개의 음운단어로 본다면, 동일한 운율구조에도 불구하고 합성어와 다른 강세 패턴을 보이는 것을 설명할 수 없을 것이다. 이 점에서 모든 접두사가 운율단어를 이룬다는 (45c)의 규칙은 옳지 않다.

이제 독일어의 음운단어의 구조가 (45)처럼 되어야 한다고 주장하는 근거로서 Wiese가 제시한 음절화 규칙과 탈락현상을 살펴보자. 이 두 개의 현상에 대한 Wiese의 분석은 자음으로 시작하는 접미사가 독자적인 음운단어를 형성함에 반해, 모음으로 시작하는 접미사는 그렇지 못하다는 가정에 기반을 두고 있다. 그러나 이런 분석은 음운단어를 어떻게 규정할 것인가라는 문제와 음절화 규칙과 탈락현상을 어떻게 설명할 것인가라는 문제에 대해 순환적인 논리를 보이는 결함을 안고 있다. 즉 왜 *lieb-lich*에서는 음절경계가 *-lich* 앞에, *nebl-ig*에서는 /b/ 앞에 있는가 라는 질문은 *-lich*가 독자적인 음운단어임에 반해, *-ig*는 음운단어가 아니기 때문이라고 설명되고, 왜 *-lich*가 독자적인 음운단어임에 반해, *-ig*는 음운단어가 아닌가라는 질문은 위의 *lieb-lich* vs. *nebl-ig*에서 보이는 음절화의 차이 때문이라고 설명된다. 마찬가지로 탈락현상의 분석에서 왜 *mütter-und väterlich*에서 *-lich*의 생략이 가능함에 반해 **winz-oder riesig*에서 *-ig*의 생략은 불가능한가라는 문제는 전자가 음운단어임에 반해 후자는 음운단어가 아니기 때문이라고 설명되고, 왜 *-lich*가 음운단어이고 *-ig*는 음운단어가 아닌가라는 문제는 위의 탈락현상 때문이라고 설명된다.

2.4.1장과 2.4.2장은 음절화 규칙과 탈락현상이 음운단어가 아니라, 보다 기본적인 제약들 간의 상호작용에 의한 결과임을 보임으로써 이런 순환적인 논리의 결함을 제거하고 있다. 음절화 규칙과 탈락현상이 음운단어를 언급할 필요 없이 기본적인 제약들 간의 상호작용으로 설명될 수 있다면, 자음으로 시작하는 접미사와 모음으로 시작하는 접미사에 각각 서로 다른 음운단어의 자격을 부여하는 것이 무의미하다는 결론에 이른다. 2.4.3장은 단어의 부 강세(Nebenakzent)가 이런 결론을 뒷받침하는 것을 보여준다. Giegerich(1985)와 Hall(1999a)은 자음으로 시작하는 접미사는 독자적인 음운단어를 형성하므로 부 강세를 지님에 반해, 모음으로 시작하는 접미사는 부 강세를 가질 수 없다고 가정한다. 그러나 접미사의 부 강세 여부는 아무런 역할을 하지 않는다는 것을 형용사 최상급 *-st/-est*의 변이형태소 규칙이 보여준다.

2.4.1. 음절화 규칙이 적용되는 범위로서의 음운단어

기존의 분석들에서 음운단어를 규정한 기준들은 서로 일치하지 않거나, 경우에 따라서는 서로 충돌을 일으키므로 독일어의 음운단어를 어떻게 정의해야 할 것인가에 대한 문제에 아직 통일된 답이 없음을 알 수 있다. 위에 언급하였듯이 Wiese(1996)는 (44)의 규칙에 따라 음운단어가 도출됨을 음절화 규칙을 통해 설명한다. Wiese(1996 : 67)에 의하면 음운단어는 음절화 규칙이 적용되는 범위이므로, 음절화 규칙이 적용되기 위해선 먼저 음운단어가 정해져야 한다. 이 관점에서 보면 음절화 규칙이 형태소 경계를 넘어 적용될 수 없는 모든 형태적 단위들이 1개의 음운단어가 된다. (46)에서 보듯이 합성어의 구성성분(d), 자음으로 시작하는 접미사(a), 접두사(c)가 이에 속한다. 이에 반해 모음으로 시작하는 접미사(b)는 독자적인 음운단어를 만들지 못하고, 앞의 어간과 함께 하나의 음운단어를 만든다(예들에서 화살표는 형태적 구조에서 음운단어의 구조가 도출됨을 의미한다).[8]

> (46) a. Lieb-ling → (Lieb) ω (ling) ω
>   b. nebl-ig → (neblig) ω
>   c. ent-reißen → (ent) ω (reißen) ω
>   d. blut-rot → (blut) ω (rot) ω

음절화 규칙이 음운단어의 경계를 뛰어 넘어 적용될 수 없는 사실은 (46a)와 (46b)를 비교하면 알 수 있다. 일반적으로 모음사이의 자음들은 두운 최대화(Onset-Maximierung)의 원칙에 따라 가능하면 뒤에 오는 모음과 동일한 음절을 이루려고 한다. 예를 들어 *Diplom*은 [di.plo:m] 으로 음절화 되지, *[dip.lo:m]으로 음절화되지 않는다. 자음군 /bl/은 독일어에서 두운 자음군(Onset-Cluster)이 될 수 있음에도 불구하고(예: *blau, blind etc.*), (46a)에서는 /b/와 /l/이 음운단어의 경계를 사이에 두고 있으므로 음절초 자음군이 될 수 없고 /b/가 말음경화 됨에 반해 ([lip.lŋ]], (46b)에서는 /b/와 /l/ 사이에 음운단어의 경계가 없으므로 /bl/은 두운 자음군이 된다. 따라서 이때 /b/는 말음경화되지 않는다. [ne:.blıç]. 여기서 주목할 것은 (46a)처럼 음운단어의 경계가 음절경계를 결정한다고 볼 때 독일어의 말음경화현상은 대부분의 음운론자(vgl. Giegerich 1985, Hall 1992, Yu 1992, Wiese 1996, Féry 1998b)들이 주장하듯이 순수하게 음운 정보에만 의존한 규칙(즉 음절 말음(Koda)의 유성 저해음은 무성음으로 실현된다)이 될 수 없다는 점이다. 왜냐하면 위의 (46a)와

---

8) Wiese는 접두사 중에서 *in-*은 예외적으로 음운단어가 될 수 없다고 한다. 그 이유는 보통 동화규칙이 음운단어의 경계를 넘어 적용될 수 없는데, *in-*은 *in-legal* → *illegal*, *in-regulär* → *irregulrär*에서처럼 음운단어의 경계를 넘어 다음에 오는 자음에 동화되기 때문이다.

(46b)의 /b/의 실현의 대조가 보여주듯이 음절내의 위치는 음운단어의 경계에 의해 결정되고, 음운단어의 경계는 음운적인 정보가 아니라, 형태적인 정보에 의존하기 때문이다.

그러나 형태적인 구조에서 직접 음운단어의 구조를 도출하는 것은 여러 가지 문제를 내포하고 있다. 첫째, 자음으로 시작하는 접미사가 ω라면 이 접미사는 어간과 같은 강세 패턴을 보일 것이 기대된다. 그러나 어간이 주 강세를 가질 수 있음에 반해 접미사는 주 강세를 가질 수 없을 뿐만 아니라, 하나의 ω로 취급되는 합성어의 구성성분과 달리 부강세를 지닐 수도 없다. 예를 들어 *-chen*과 같은 접미사는 음절핵이 Schwa 모음이고 Schwa 모음은 언제나 강세를 지닐 수 없으므로 *-chen*을 자음으로 시작하기 때문에 하나의 ω로 본다면 강세에 관한 ω의 일반적인 속성에 모순될 것이다. 또한 *-chen*은 일반적인 어휘단어가 적어도 두 개의 모라를 가져야 한다는 소위 최소단어 조건도 지키지 않는다. 둘째, 자음으로 시작하는 접미사가 일반적인 어휘단어의 속성과 부합되지 않는 점은 일부 접미사들이 보이는 하위범주정보이다. 예를 들어 독일어의 접미사 *-heit*와 *-keit*는 (47)에서처럼 어간의 음운정보에 따라 두 개의 접미사 중 어떤 것이 어간과 결합할지가 결정된다.

(47) a. Frei-heit, Schön-heit, Privat-heit
      b. Ewig-keit, Höflich-keit, Ehrbar-keit

Wiese(1996 : 98-99)에 의하면 어기의 마지막 음보가 강약음절로 이루어져 있을 때 *-keit*가 어기와 결합하며, 그 밖의 경우는 모두 *-heit*가 어기와 결합한다. 즉 변이형태소 *-heit/keit*의 관계는 *-keit*의 하위범주정보(어기가 강약 2음절로 이루어진 음보로 마쳐야 한다)에 의해 결정된다. 이 분석이 옳다면 *Ewig-keit*는 (48)과 같은 도출과정을 통해 생겨난다. 여기서 전사규칙이 두 개의 ω가 인접하는 운율구조를 생성하고, 이것은 보통의 합성어(예 : *Hoch-haus* → *(Hoch)ω (haus)ω*)와 같은 운율구조를 보이는 점에 유의하라.

(48) ewig, keit　　　　　　：　기저형태
　　 Ewig-keit　　　　　　：　접사화(Suffigierung)
　　 (Ewig)ω (keit)ω　　　：　전사규칙

*-heit/keit*가 일반적인 어휘단어와 마찬가지로 한 개의 ω로 취급된다면, 합성어에서 두 개의 어휘단어가 결합할 때에도 이와 유사한 어기의 음운정보에 따른 하위범주가 가능할 것이 기대된다. 그러나 독일어 합성어에서 일반적으로 형태, 통사적인 정보에 의한 하위범주화는 존재하지만(예를 들어 합성명사의 경우는 명사 + 명사, 동사 + 명사, 형용사 + 명사의 경우만 가능하다), 합성어의 구성성분을 이루는 한 개의 어휘단어의 음운정보에 의한 하위범주화는 발견되지 않는다. 따라서 *-heit*와 *-keit*가 각각 하나의 ω라면 이들은 일반적인 어휘단어와 달리 음운정보에 의해 하위범주화 되는 ω가 될 것이다. 이런 문제들을 제거하기 위한 하나의 방법은 접미사에 따로 ω의 자격을 부여하지 않고 어간과 접미사를 합쳐 하나의 ω로 보는 것이다. 이것은 접미사의 분절음의 성격(모음으로 시작하는 접미사 vs. 자음으로 시작하는 접미사)이 ω가 될 수 있는지의 여부를 결정하는 데 있어 중요하지 않음을 의미한다.

(49) **독일어의 음운단어**
　　음운단어는 한 개의 어간과 뒤따르는 모든 접미사의 결합이다.

독일어의 음운단어를 이렇게 정의하는 이유는 자음으로 시작하는 접미사와 모음으로 시작하는 접미사가 음절화에 관한 기본적인 제약들에 대해 아무런 차이를 보이지 않을 뿐만 아니라, 2.4.3장에서 자세히 설명되겠지만 단어의 부 강세와 관련해서도 두 종류의 접미사는 동일한 태도를 보이기 때문이다. 이에 반해 Wiese(1996 : 67)는 *lieb.lich* vs. *ne.blig*에서 동일한 분절음연속 /bl/이 서로 다르게 음절화되는 이유가 자음과 모음으로 시작하는 접미사는 음운단어를 만들 때 서로 다르게 행동하기 때문이라고 주장한다. 이미 앞 장에서 언급했듯이 이 주장은 순환적인 논리라는 비판을 면하기 어렵다. 그렇다면 이런 순환적인 논리의 결함을 어떻게 제거할 수 있을까? 최적성이론의 관점에서 보면 음절화 규칙은 어간과 음절(= σ)의 양쪽 경계가 일치해야 한다는 두 개의 Align-제약과 Onset 제약(= Ons) 간의 상호작용의 결과이다.

(50) a. Align-Left (Stamm : Left, σ : Left)
　　 b. Align-Right (Stamm : Right, σ : Right)
　　 c. Ons : 모든 음절은 자음으로 시작해야 한다.

이 제약들을 토대로 형태적으로 상이한 구조들(접두사 + 어간, 어간 + 어간, 어간 + 접미사)에서의 음절화를 예시하면 다음과 같다([ ]은 형태적 경계를, 점은 음절 경계를 나타냄).

(51) **형태적 구조와 음절경계**

	Align-L	Ons	Align-R
1. 접두사 + 어간 　Ver-antwortung			
a. [Ve.r][ant.wor.tung]	*!		
☞ b. [Ver].[ant.wor.tung]		*	
2. 어간 + 어간 　Tag-arbeit			
a. [Ta.g][ar.beit]	*!		*
☞ b. [Tag].[ar.beit]		*	
3. 어간 + 접미사 　Lieb-ling			
a. [lie.b][ling]			*!
☞ b. [lieb].[ling]			
4. 어간 + 접미사 　kind-isch			
a. [kind].[isch]		*!	
☞ b. [kin.d][isch]			*

(51-4)의 어간 + 접미사에서 어간의 오른쪽 끝과 음절경계가 일치하지 않는 이유는 두 번째 음절이 Ons 제약을 지키기 위한 것이라는 것을 알 수 있다. 이에 반해 동일한 형태적 구조인 (51-3)에서는 두 번째 음절이 이미 Ons 제약을 지키고 있으므로 어간의 오른쪽 끝과 음절경계가 일치해야 하는 제약을 위반할 이유가 없다. 따라서 (51-3)과 (51-4)를 비교하면 Ons 제약이 Align-R보다 상위에 있어야 함을 알 수 있다. 이것은 자음으로 시작하는 접미사가 하나의 ω가 되고 ω는 음절경계의 단위가 되기 때문에 (Lieb)ω (ling)ω이 *Lie.bling*으로 음절화될 수 없다는 설명과는 다르다. 왜냐하면 이 설명은 특정 형태소(즉 자음으로 시작하는 접미사)가 음운단어가 되어야 한다는 가정에 근거하므로, 음운현상의 본질적인 특성, 즉 언어 보편적으로 자음으로 시작하는 음절을 선호한다는 사실을 나타내지 못할 뿐 아니라, 무엇보다 Align-R 제약이 Ons 제약을 지키기 위해서만 위반될 수 있다는 사실을 나타내지 못한다.

그러나 Align-R 제약이 Ons 제약을 지키기 위해 위반될 때에라도 그것이 어간의 왼쪽 끝과 음절경계가 일치해야 하는 Align-L을 위반하는 것으로 나아가서는 안 된다. (51-1)과 (51-2)에서 Ons 제약을 지키는 후보가 최적형태가 될 수 없는 이유는 그것이 Align-L을 어기기 때문이다. 따라서 Align-L 제약은 Align-R 제약보다 음절화에 있어 보다 강한 경계가 됨을 알 수 있으며, 이것은 다음의 제약들 간의 랭킹을 통해 표현될 수 있다.

(52) Align-Left 〉〉 Ons 〉〉 Align-Right

(52)와 같은 제약랭킹을 통해 형태적으로 상이한 구조를 보이는 복합어들의 음절구조를 설명하는 것은 분절음의 성격에 토대를 둔 임의의 형태적 단위를 하나의 ω로 설정하는 분석보다 낫다. 그 이유는 한 개의 음운단어 내에서 어간의 오른쪽 경계와 음절경계가 일치하지 않는 경우

는(예 : *kin.d-isch*) 오직 두 번째 음절의 Ons 제약을 지키기 위함이라는 사실을 일반화할 수 있기 때문이다. 이것은 형태적으로 단순한 보통의 2음절 단어의 음절구조와 완전히 일치한다(*Va.ter, Se.gel, Ki.no etc.*). 이에 반해 Ons 제약을 지키기 위한 필요가 존재하지 않는 경우, 즉 이미 두 번째 음절에 Ons 자음이 있는 경우는 어간의 오른쪽 경계를 음절경계와 일치시켜야 하는 제약을 위반할 필요가 없다. 따라서 *täg.-lich*에서 비록 **tä.glich*가 음절구조상 하자가 없을지라도(*gleich*에서처럼 *gl-*로 시작하는 일음절 단어가 존재하므로), Ons 제약 충족의 필요가 없으므로 어간의 오른쪽 끝은 음절경계와 일치해야 한다. 그러나 Ons 제약을 충족시키기 위해 언제나 어간의 끝 자음이 다음에 오는 모음과 함께 음절이 되는 것은 아니다. 어간의 왼쪽 경계는 음절화에 있어 일반적으로 오른쪽 경계보다 더 강한 장벽이 되므로 어간과 어간 사이의 재음절화는 용납되지 않는다. 따라서 단어와 단어사이의 음절경계를 뛰어 넘어 첫음절의 마지막 자음이 다음 음절의 Onset이 될 수 없고(*ein Apfel → ein. Apfel, *ei.napfel*), 합성어에서 어간과 어간 사이를 넘어 재음절화될 수 없는 이유(*Tag-arbeit → Tag.arbeit, *Ta.gar.beit*)가 이 때문이다. 여기서 제시된 제약에 기초한 분석에 의하면 이런 사실은 어간의 왼쪽경계와 음절경계가 일치해야 하는 제약이 Ons 제약보다 상위에 있다는 (52)의 제약랭킹에 의해 표현될 수 있다. 이에 반해 형태적인 구조로부터 바로 음운단어의 구조를 도출하는 Wiese(1996)의 분석은 모음사이의 자음이 언제 Onset이 될 수 있는가에 대한 문제에 대한 설명이 순수히 특정 형태적 단위를 음운단어로 본다는 가정에 의존하고 있기 때문에, 어간의 왼쪽경계가 오른쪽 경계보다 음절화에서보다 더 강한 장벽이 되고 있는 사실에 대해 이론적인 설명을 제공하지 못하고 있다.9)

---

9) 규칙에 입각한 이론에서는 어간의 왼쪽 경계가 오른쪽 경계보다 음절화에 있어 보다 강한 장벽이 되고 있음을 흔히 다음과 같은 제약에 의해 표현한다(vgl. Rubach & Booij 1990). 운율구조생성 제약(Prosodification Constraint) : 운율구조의 도출은 형태소 구성

2.4.2. 탈락현상(gapping)

음운단어의 구조를 (44)와 같이 보아야 하는 두 번째 증거로서 Wiese (1996 : 70-71)는 (53)에서 보이는 탈락현상을 제시한다.

(53) a. Tiefebenen und Hochebenen → Tief- und Hochebenen
　　　　 Ostersonntag und Ostermontag → Ostersonntag und -montag
　　　 b. mütterlich und väterlich → mütter- und väterlich
　　　 c. Überbau oder Unterbau → Über- oder Unterbau
　　　 d. winzig oder riesig → *winz- oder riesig

(53)은 통사적으로 대등한 두 개의 구성성분이 *und* 혹은 *oder*로 연결된 병렬구조를 보이고 있다. 일부의 병렬구조에서는 두 개의 구성성분이 공유하는 분절음들이 탈락된다. 특히 (53b)와 (53d)를 비교하면 탈락될 수 있는 부분이 음절화에서 본 것과 동일한 대조를 보임을 알 수 있다. 즉 자음으로 시작하는 접미사는 탈락될 수 있음에 반해 모음으로 시작하는 접미사는 탈락될 수 없다. 이로부터 Wiese는 탈락현상에서 탈락되는 단위를 음운단어라고 결론짓는다. 그러나 이런 결론은 앞의 음절화에서와 마찬가지로, 음운단어의 구조는 탈락현상에 의해, 탈락현상은 음운단어의 구조에 의해 정당화되는 논리적인 순환을 보이고 있다. 이렇게 될 수밖에 없는 가장 큰 이유는 입력부와 출력부 사이의 도출과정에서 적용되는 규칙들 간에 순서가 있다고 보는 규칙이론 자체의 가설 때문이라고 볼 수 있다. 그 순서에 따르면 먼저 음운단어가 정해지고, 그 다음 음절화 규칙이 적용된다. 그러나 제약에 기반한 출력부 위주의 최적성이론에서는 도출과정이 존재하지 않으므로(따라서 규칙간의 순서도 없

___

성분을 나타내는 왼쪽 괄호에 의해 차단된다. 이 제약에 의해 예를 들어 접두사 + 어간으로 구성된 [ent[artet]]나 합성어 [[Tag] [arbeit]]에서 음절화는 어간의 왼쪽 괄호를 넘어 [en.tar.tet]나 [ta.gar.beit]로 될 수 없다. 그러나 규칙이론의 단점은 음운현상을 설명하기 위해 규칙 외에도 제약을 설정해야 하므로 동일한 현상이 종종 규칙과 제약이라는 두 개의 수단을 통해 표현되는 잉여성의 문제를 안고 있다.

으므로), 음절화 규칙을 설명하기 위해 먼저 음운단어를 도출해야 할 아무런 이유가 없다. 뿐만 아니라 출력부 중심의 관점에서 보면 위의 탈락현상은 입력부에서 무엇이 탈락되었는가가 중요한 것이 아니라, 출력부(즉 탈락이 일어난 후의 형태)가 중요한 운율제약들을 얼마나 잘 지키고 있는가가 중요하다. 이렇게 볼 때 위의 탈락현상은 출력부 I (= 탈락되기 전의 형태)과 출력부 II(= 탈락된 후의 형태)간의 음절구조가 일치할 때만 가능함을 알 수 있다.

(54) a. **예** : hilf- und hoffnungslos
          Output I : (hilf)$_{\sigma 1}$ (los)$_{\sigma 2}$
          Output II : (hilf)$_{\sigma 1}$
      b. **예** : *winz- oder riesig
          Output I : (win)$_{\sigma 1}$ (zig)$_{\sigma 2}$
          Output II : (winz)$_{\sigma 1}$

(54a)에서 출력부와 출력부의 음절구조를 비교하면 첫째 음절(=$\sigma 1$)의 음절구조가 일치함에 반해, (54b)에서는 둘째 음절의 첫 자음(= Onset)이 첫째 음절의 마지막 자음(= Koda)으로 되어 출력부와 출력부의 첫째 음절의 구조가 일치하지 않음을 알 수 있다. 이것은 분절음의 탈락이 음절구조의 변화를 야기시키는 결과가 되어서는 안 됨을 의미하며 (54a)의 탈락이 허용됨에 반해 (54b)의 탈락이 허용되지 않는 것은 다음 제약들 중에서 IDENT-OO(Silbenstruktur)가 Max-IO 제약이나 동일접미사 반복 금지 제약보다 상위 제약이라는 것을 의미한다.

(55) a. IDENT-OO(Silbenstruktur)
          출력부와 출력부의 음절구조는 일치해야 한다.
      b. Max-IO
          입력부의 분절음이 탈락되어서는 안 된다.
      c. 동일접미사반복 금지
          병렬구조의 구에서 동일접미사가 반복되어서는 안 된다.

Max-IO 제약과 동일접미사 반복금지 제약이 동일한 랭킹에 있다고 보면, 덜락현상이 신택적임을 알 수 있다. 표 (56)이 이것을 보여 준다.

(56) a. Input : hilf-los und hoffnungs-los

	Ident-OO (Silbenstruktur)	Max-IO	동일접미사 반복금지
☞ a. hilf.los			*
☞ b. hilf.		*	

b. Input : winz-ig oder ries-ig

	Ident-OO (Silbenstruktur)	Max-IO	동일접미사 반복금지
☞ a. win.zig			*
b. winz.	*!	*	

제약에 기반한 이런 설명은 위에서 제시한 Wiese의 분석과 중요한 차이를 보인다. (54b)에서 탈락이 불가능한 이유는 접미사 *-ig*가 독자적인 음운단어를 형성하지 못하기 때문(그리고 *-los*는 독자적인 음운단어를 형성하기 때문)이 아니라, 음절구조의 변화(Onset에서 Koda로)가 분절음의 삭제보다 더 나쁘기 때문이며, 이 사실은 단순히 두 종류의 접미사(자음으로 시작하는 접미사 vs. 모음으로 시작하는 접미사)가 서로 다른 음운단어의 자격을 가진다고 가정하는 것으로부터 도출되지 않는다.

2.4.3. 단어의 부강세

일반적으로 자음으로 시작하는 접미사들을 한 개의 ω로 보는 이유는 이들이 모음으로 시작하는 접미사들과 달리 어느 정도의 강세를 가진다고 보기 때문이다(vgl. Giegerich 1985, Hall 1999a, *-chen*은 위에서 보았듯이 예외). (57)은 자음으로 시작하는 순수 독일어 접미사를 모두 열거하고 있다.

(57) 자음으로 시작하는 순수 독일어 접미사

-bar	-chen	-haft	-heit/-keit	-lein
-lich	-ling	-los	-nis	-sal
-sam	-tum	-schaft		

만약 이들 접미사가 자기 자신의 ω를 형성한다면, (Fräu)ω(lein)ω 에서처럼 어간과 접미사가 결합한 운율구조는 두 개의 ω로서 합성어 (Spiel)ω(uhr)ω와 동일한 운율구조를 가질 것이다. 따라서 단어강세 는 동일한 규칙에 의해 지배될 것이 예상된다. 그러나 (58)의 합성어의 강세규칙(vgl. Wiese 1996 : 298)에 의하면 합성어 [A B]의 경우 주강세 (Hauptakzent)는 A에 그리고 부강세(Nebenakzent)는 B에 주어진다. 따 라서 합성어와 동일한 운율구조를 보이는 (Fräu)ω(lein)ω의 경우 자 음으로 시작하는 접미사 *-lein*도 부강세를 가질 것이다.

(58) 합성어 강세규칙

    [A B]C 구조의 합성어(C = Compound)에서 B가 합성어일 경우에만 B 에 주강세가 있고 그 밖의 경우에는 A에 주강세가 있다.

그러나 (Fräu)ω(lein)ω과 같은 비 합성어에서 자음으로 시작하는 접미사들이 부강세를 가지는가에 대한 문제는 논란의 여지가 많다. Wiese(1996)와 Féry(1995)가 독일어의 단어강세를 설명함에 있어 부강 세가 아무런 역할을 하지 않는다고 주장함에 반해, Hall(1999a)은 독일 어에 나타나는 일부 접미사들의 이형태소들이 단어의 부강세에 민감한 사실을 근거로 단어의 부강세의 역할을 인정해야 한다고 주장한다. 이러 한 상반된 입장은 (57)의 접미사들을 독자적인 음운단어로 보아야 하는 가라는 문제와 직결되므로 이 두 개의 입장의 차이를 보다 자세히 살펴 볼 필요가 있다.

전통적으로 강약 2음절로 이루어진 단어는 두 개의 타입으로 나누어 진다고 생각되어 왔다(vgl. Giegerich 1985). (59a)처럼 약음절이 전혀 강

세를 갖지 않는 경우와 (59b)처럼 약음절이 부강세를 갖는 경우. 예들에
서 주강세와 부강세는 가가 모음 위의 부호를 통해 표시되어 있다
(*Ár.bèit*에서 첫음절은 주강세를 가지고, 두 번째 음절은 부강세를 가진다). 형태적
으로 복잡한 단어들도 이와 같은 대조를 보인다. 부강세가 있는 (59c)와
부강세가 없는 (59d)를 비교하라.

    (59) a. Héring, König
            b. Árbèit, Démùt
            c. sícht-bàr, gláub-hàft, Néu-hèit
            d. kínd-lich, kínd-isch

그러나 Wiese(1996 : 275)는 독일어 모국어 화자가 *sícht-bàr*와 *sícht-
lich* 간의 강세차이에 대한 아무런 직관이 없을 뿐 아니라 *únstatt-hàft*
와 *únüblich*의 강세 패턴에 아무런 차이가 없기 때문에 주강세 이후 오
는 음절의 부강세는 존재하지 않는다고 주장한다. 이에 반해 Hall(1999a)
은 비 합성어에서 부강세의 존재를 인정해야 한다고 주장하며, 그 근거
로서 이형태소에 관한 두 개의 규칙을 제시하고 있다. 그러나 아래에서
설명되듯이 Hall이 제시한 이 규칙들은 실제로는 독일어 음보구조에 관
한 기본적인 제약들의 상호작용의 결과이기 때문에 독일어 단어의 부강
세를 인정해야 하는 증거로 보기는 어렵다.

부강세를 인정해야 하는 이유로서 Hall은 독일어에서 형용사 최상급
을 나타내는 형태소 *-est/-st*가 보이는 이형태소 규칙(Allomorphie-Regel)
을 들고 있다. 이 두 개의 이형태소의 분포를 살펴보면 형용사 어간말음
의 성격과 어기의 강세라는 두 가지 요인이 작용하고 있음을 알 수 있
다. 먼저 어간말음의 성격에 따라 *-est*는 어간말음이 치경저해음(Koronal
Obstruent)인 경우에 나타나고(예 : *ält-est, wild-est, kaus-est, hübsch-est*)
그 밖의 경우(예 : *lieb-st, schnell-st, froh-st, klein-st, schräg-st*)에는 *-st*가
나타난다. 어간말음의 성격이 동일한 경우에는 어기의 강세가 두 형태소

의 분포를 결정한다. (60a)와 (60b)를 비교하면, 형태소 *-est*는 어기의
마지막 음절이 주강세를 가질 때 나타나고, 어기의 마지막 음절이 강세
를 지니지 못할 때에는 *-st*가 나타남을 알 수 있다. 강세가 없는 음절의
경우 모음은 Schwa이거나(60b), 완전모음(Vollvokal)(예 : (60c)의 [ɛ, ı])일
수 있다.

(60) a. berühmt-est-e
          charmant-est-e
          muskulös-est-e
      b. gebildet-st-e
          passend-st-e
          schwerwiegend-st-e
      c. elend-st-e
          elastisch-st-e

중요한 것은 이형태소 *-est*는 위에서처럼 어기의 마지막 음절이 주강
세를 지닐 때뿐만 아니라 부강세를 지닐 때도 나타난다는 것이다. 접두
사 + 어간으로 된 단어와 합성어에서 각각 주강세는 접두사와 합성어의
첫째 구성성분에 있으며, 부강세는 어간과 합성어의 둘째 구성성분에 있
다. (61)은 이 경우에도 *-est*가 나타남을 보여준다.

(61) a. un-geschickt-est-e
          un-keusch-est-e
          miss-gelaunt-est-e
      b. sehens-wert-est-e
          hoch-qualifiziert-est-e

(61)의 예들을 통해 Hall은 *-est*가 어간과 결합하기 위한 운율조건이
주강세뿐 아니라 부강세도 포함해야 한다고 주장하며, 따라서 (62)의 파
생어들에서 보이는 이형태소 분포는 접미사 *-haft*나 *-los*가 부강세를 지
님에 반해, *-lich*, *-isch*, *-ig* 등은 부강세를 지니지 않는다고 결론짓는다.

(62) a. gewissenhaft-est-e
  tugendhaft-est-e
 b. schamlos-est-e
  hoffnungslos-est-e
 c. modisch-st-e
  logisch-st-e
 d. freundlich-st-e
  mächtlich-st-e

Hall의 주장은 독일어 단어에서 부강세가 중요한 역할을 하지 않는다는 Wiese(1996)의 견해에 직접 배치될 뿐 아니라, 그의 주장이 옳다면 독일어에서 자음으로 시작하는 접미사를 한 개의 독립적인 음운단어로 보아야 하는 근거를 제공할 것이다. 왜냐하면 위에서 언급했듯이 어간+자음으로 시작하는 접미사로 구성된 단어들(62a와 62b)의 운율구조나 합성어의 운율구조(61b)가 동일하고(즉 두 개의 음운단어로 구성되어 있으며 두 번째 음운단어가 부강세를 가지는 점에서), -est 형태소가 결합할 수 있는 조건에 대해 동일한 패턴을 보이기 때문이다. 그러나 Hall에 의하면 모든 자음으로 시작하는 접미사가 음운단어가 되지는 않는다. (62d)에서 보는 것처럼 접미사 -lich는 부강세를 갖지 않으므로 앞에서 소개된 Wiese(1996)의 음운단어의 정의, 즉 "모든 자음으로 시작하는 접미사는 한 개의 음운단어이다"는 수정되어야 할 것이다.

그러나 -est/-st 이형태소 분포를 결정짓는 보다 근본적인 원인은 독일어의 음보구조를 결정짓는 제약들에 있으며, Hall의 주장처럼 어기 말 음절의 부강세의 존재여부에 있는 것이 아니다. 2.3장에서 설명했듯이 독일어의 음보는 강약의 2개음절로 이루어진 음보를 선호하며, 한 개의 음보는 2개의 모라를 가지거나(예 : 일음절 단어 *Hand*), 2개의 음절(예 : *Vater*)로 이루어진다. 따라서 다음 2개의 제약이 독일어 음보의 구조를 설명하는 데 필요하다(vgl. Féry 1995).

(63) Fuß-Form : Silbischer Trochäus
한 개의 음보는 두 개의 음절로 이루어진다.

(64) Foot-Binarity : 음보는 두 개의 모라 혹은 두 개의 음절로 이루어진다.

Yu(2003b)는 독일어에서 명사에서 동사로의 전환이 불가능한 형태가
(예 : *kanu-en, *gummi-en, *drama-en etc.) 독일어의 음보가 강약약 3음절
로 구성된 Daktylus-Fuß를 회피하기 위한 때문이라고 설명하고, 이러
한 현상은 비단 전환뿐 아니라 독일어 형태론을 지배하는 중요한 운율제
약임을 보이고 있다. 따라서 위의 음보형태에 관한 제약들 외에도 No-
Lapse 제약이 독일어의 파생어와 전환을 설명하는 데 중요한 역할을 한
다고 볼 수 있다.10)

(65) No-Lapse : 두 개의 강세 없는 음절의 연속은 허락되지 않는다.

위의 데이터들에서 본 -est/-st 이형태소 분포는 Anti-Daktylus 현
상의 또 다른 예라고 볼 수 있다. 먼저 접미사 -st가 나타나는 형태들
(60b, 60c, 62c, 62d)을 보자. 이 형태들에서 -est가 나타날 수 없는 이유
는 그럴 경우 모두 Dakylus-Fuß가 되어 No-Lapse를 위반하기 때문이
다(66a를 보라). (66)에서 [ ]는 음보를 나타내며, *는 해당 제약의 위반을
√는 충족을 의미한다.

(66)   Fuß-Form   No-Lapse
    a. *ge[bíldet]-est   √   *

---

10) No-Lapse 제약은 일부 굴절형태들을 설명하는 데도 중요한 역할을 한다. 예를 들어
   독일어 여성명사 복수형태에서 복수 접미사 -en/-n의 이형태소 분포는 No-Lapse 제약
   의 준수 여부에 의해 결정된다. (die) Blume (Sg.) - (die) Blume-n (Pl.), *Blume-en, (die)
   Nummer (Sg.) - (die) Nummer-n (Pl.), *Nummer-en vs. (die) Figur (Sg.) - (die) Figur-en,
   *Figurn. 그러나 굴절형태들이 반드시 No-Lapse를 지키는 것은 아니다. 예를 들어
   schön-er-es에서처럼 No-Lapse의 위반이 가능하며, 이것은 굴절형태소를 실현시켜야 하
   는 제약(= Realisiere Morphem)이 No-Lapse보다 상위의 제약인 때문인 것으로 해석할
   수 있다.

*[élend]-est	✓	*
*[modisch]-est	✓	*
*opti[mistisch]-est	✓	*
b. *be[rühmt-st]	*	✓
*[un-ge][schickt-st]	*	✓
*[sehens]-[wert-st]	*	✓
*ge[wissen]-[haft-st]	*	✓

(66b)의 형태들이 비문법적인 이유는 한 개의 음운단어는 강음절과 약음절로 이루어진 음보형태의 반복을 선호한다는 규칙성에 벗어나기 때문이다. *be[rühmt-st]에서 음보는 비록 No-Lapse를 지키나 어간인 강음절 다음에 약음절 -est가 오지 않기 때문에 Fuß-Form을 위반한다. 이에 반해 올바른 형태인 be[rühmt-est]나 ge[bíldet-st]는 두 개의 제약을 모두 지킨다. 마찬가지로 접두사 + 어간, 합성어 혹은 어간 + 자음으로 시작하는 접미사의 경우에서도 이형태소 -st를 취할 수 없는 이유는 이들이 모두 Fuß-Form 제약을 위반하기 때문이다.

여기서 특히 주목할 것은 어간 + 자음으로 시작하는 접미사의 경우이다. Hall(1999a)은 접미사 -haft와 -los가 부강세를 가지기 때문에 이형태소 -est를 취함에 반해, 접미사 -lich는 부강세가 없기 때문에 -st를 취한다고 설명한다. 또한 -est를 취하기 위해선 어기의 말음이 치경저해음이어야 한다. 이 설명에 따르면 접미사 -lich의 말음인 [ç]는 경구개음(Palatal)이므로 사실상 -lich의 부강세 유무와 상관없이 -lich로 끝나는 어기는 최상급에서 -st를 취해야만 한다(예 : freundlich-st). 결국 Hall의 분석에 의하면 접미사 -haft, -los가 부 강세를 가져야 한다는 사실은 -est가 어기와 결합하기 위한 두 개의 조건, 즉 (i) 어기의 말음이 치경저해음으로 끝나고, (ii) 어기의 마지막 음절이 부강세를 가져야 하는 조건에 의해 뒷받침되나, 접미사 -lich가 부 강세를 갖지 않는다는 사실은 이 두 개의 조건으로부터 도출되지 않는다. 왜냐하면 (i)의 조건을 충족시키지 못하기 때문에 접미사 -lich로 끝나는 어기는 어차피 -st를 취할 수밖에 없고 따라서 이는 강세와 무관하기 때문이다. 이 때문에 Hall은 일부 방언에서 [ç]가 [ʃ]로 발음되는 예를 들어(67을 보라), -*lich* 접미사가 부강세를 갖지 않는다는 자신의 논지를 간접적으로 증명한다.

(67) freundli[ʃ]-st, mächtli[ʃ]-st

[ʃ]는 치경저해음이므로 (i)의 조건을 충족시키고 따라서 (65)가 *tugend-haft-est*와 다른 점은 오직 -*haft*와 -*lich*의 부강세 차이라는 설명이다. 그러나 여기서 제안한 분석에 따르면 -*lich* 접미사로 끝나는 어기가 -*st*를 취하는 이유가 일차적으로 어기의 말음이 치경저해음으로 끝나지 않기 때문이 아니며, 또 접미사 -*lich*가 -*haft*에 반해 부강세를 가지지 않기 때문도 아니다. *freundlich-est*가 비문법적인 이유는 위에서 (66a)의 예들과 마찬가지로 전체 단어가 강약약의 3음절로 이루어져 No-Lapse를 어기기 때문이며, 따라서 이것은 어간 말음의 분절음적 성질(치경음 vs. 경구개음)과는 무관하기 때문이다.

문제는 자음으로 시작하는 접미사들이 Hall의 주장과 반대로 부강세의 차이가 없다고 가정할 때, 왜 -*haft*와 -*los* 접미사 다음에는 이형태소 -*est*가 나타나는가 하는 점이다. 편의상 위의 (62)의 예들을 다음에 반복해서 제시하겠다.

(62) a. gewissenhaft-est-e
          tugendhaft-est-e
      b. schamlos-est-e
          hoffnungslos-est-e

(66b)의 *ge[wissen]-[haft-st]*에서 보았듯이 이 형태는 두 번째 음보가 1음절이므로 Fuß-Form을 위반한다. 그러나 -*haft* 접미사의 어기가 1음절인 경우(예 : *bild-haft, glück-haft*)인 경우는 *freundlichst*에서처럼 이형태소 -*st*가 기대된다. 왜냐하면 (68)에서 보듯이 이 형태들은 음보

의 구조에 관한 두 개의 제약들을 모두 충족시키기 때문이다.

(68)   Fuß-Form   No-Lapse
    [freundlichst]   √   √
    *[bildhaftst]   √   √
    *[glückhaftst]   √   √

비문법적인 형태인 *[bildhaftst]와 *[glückhaftst]가 문법적인 형태인 [freundlichst]와 음보구조상 아무런 차이를 보이지 않으므로 우리는 전자가 비문법적인 이유를 음보구조에 관한 제약이 아닌 다른 곳에서 찾아야 한다. 그 차이는 독일어에서 일반적으로 치경음인 어간말음과 치경음으로 시작하는 접미사(-t, -st)의 연결을 허락하지 않는 음소분포의 규칙과 관계있다. 예를 들어 독일어 동사 현재시제, 단수의 2인칭, 3인칭 형태에서 치경음의 연속은 허락되지 않음을 (69)에서 볼 수 있다(자세한 것은 Yu 2001a를 참조하라).

(69) a. (du) red-est (*red-st)
          (er/sie) red-et (*red-t)
      b. (du) streich-st (*streich-est)
          (er/sie) streich-t (*streich-et)

(69b)가 보여주듯이 어간말음인 경구개음 [ç]는 접미사의 첫 자음인 치경음과 조음장소가 다르므로 음소분포의 제약을 받지 않으며, 이것은 위의 *freundlichst*가 음소분포의 제약과 관계없는 것과 마찬가지임을 알 수 있다. 제약 (70)은 동일한 두 개의 자질의 연속(여기서는 치경음 + 치경음, 즉 [Koronal]이라는 조음장소자질)을 금지하기 위해 필요하며, (71)에서 보듯이 이 제약이 No-Lapse보다 상위에 있으므로 접미사 *-haft* 혹은 *-los*로 마친 어기는 최상급어미 *-est*를 취하게 된다.

(70) OCP(Obligatory Contour Principle)
      동일한 두 개의 자질 [F]의 연속은 허락되지 않는다.

(71)   OCP   ⟩⟩   No-Lapse
    a. [bildhaft-st]   *   ✓
    ☞ [bildhaf]t-est   ✓   *
    b. [schamlos-st]   *   ✓
    ☞ [schamlo]s-est   ✓   *

　이상의 논의를 요약하면 다음과 같다. Hall은 형용사 최상급의 이형태소 *-est/-st*의 분포가 어기 말 음절의 부강세에 민감한 것으로 보아 접미사 *-haft*와 *-los*는 부강세를 가짐에 반해 접미사 *-lich*는 부강세가 없는 것으로 설명하였다. 그러나 위에서 보았듯이 접미사 *-lich*는 최상급 접미사 *-est*와 결합하기 위한 두 개의 조건 중 단어 강세와 무관한 조건(즉, 두 개의 치경음이 연속될 때)을 충족시키지 못하기 때문에 *-st*를 취할 수밖에 없고 따라서 *-lich*에 부강세가 없다는 주장은 이론의 전제로부터 도출될 수 없다. 이에 반해 이 장에서 나는 이형태소 *-est/-st*의 분포가 Daktylus 음보를 피하기 위한 No-Lapse 제약과 밀접한 관계가 있음을 보였으며, 올바른 음보구조를 판단함에 있어 자음으로 시작하는 접미사들의 부강세 유무는 아무런 중요한 역할을 하지 않음을 보였다. 이 분석이 옳다면, 앞에서 분석한 음절화와 탈락현상과 함께 이형태소 *-est/-st*의 분포는 독일어에서 어간 + 접미사를 접미사의 분절음적 성격에 관계없이 한 개의 음운단어로 보아야 한다는 주장을 뒷받침할 것이다.

제3장 ▌어간 변이형태소와 운율적 무표구조

독일어에서 어간 변이형태소(Stammallomorph)는 파생이나 합성에서 중요한 역할을 함에도 불구하고, 기존의 연구는 파생과 합성에서 어떤 어간 변이형태소가 선택되고 있는지만 기술할 뿐(vgl. Eisenberg 1998) 어간변이형태소를 지배하는 일반적인 제약에 대해서는 거의 언급을 하지 않고 있다. 또한 접미사의 변이형태를 보이는 형태적 과정들에 대한 기존의 분석들은 해당하는 접미사가 정말 변이형태소인지, 아니면 여러 개의 형태소의 결합인지에 대해 통일적인 의견을 보이지 않고 있다. 예를 들어 *Seglerei*에서 나타나는 접미사 *-erei*와 *Helligkeit*에서 나타나는 접미사 *-igkeit*에 대한 기존의 분석들은 두 가지 대립된 견해를 보인다. 첫째는 이 접미사들을 각각 접미사의 변이형태소로 보는 견해이다. 이에 따르면 *-erei*는 접미사 *-ei*의 변이형태소이며, *-igkeit*는 접미사 *-keit*의 변이형태소이다(Fleischer 1982, Giegerich 1987, Hall 1989). 두 번째는 변이형태소 *-erei*나 *-igkeit*는 없으며 이 들은 각각 두 개의 독립적인 형태소의 결합으로 보아야 한다는 주장이다(Wiese 1996). 즉 *-erei*는 *-er*와 *-ei* 두 개의 접미사의 결합이며, *-igkeit*는 *-ig*와 *-keit*의 결합이다.

첫째 견해에 따르면 존재하지 않는 단어가 접사화의 어기가 될 수 없으니, 두 번째 견해는 이를 처리해야 한다. 예를 들어 *Schweinerei*와 같은 단어는 첫째 견해에 따를 때 존재하는 단어인 *Schwein*으로부터 파생되나, 두 번째 견해에 따르면 *Schwein*이 먼저 -*er*와 결합하고 이것이 다시 -*ei*와 결합하기 때문에 -*ei*의 어기는 존재하지 않는 단어 **Schweiner*가 된다. 마찬가지로 *Neuigkeit*는 첫째 견해에 따르면 -*igkeit* 접사화의 어기가 *neu*로서 존재하는 단어이나, 두 번째 견해에 따르면 존재하지 않는 단어인 **neuig*가 -*keit*의 어기가 된다. 이하에서 나는 이 두 개의 견해가 모두 옳지 않으며, 접미사의 변이형태나 두 개의 접미사의 결합이 사실은 어간 변이형태소라는 것을 보이고자 한다. 위에서 말한 파생어들에서 나타나는 규칙성이 어간 변이형태소라는 개념을 통해 기술될 때 비로소 단어전체에 나타나는 운율적 무표 구조(prosodisch unmarkierte Struktur)가 올바르게 설명될 수 있다. 이에 반해 기존의 분석들은 왜 어간 변이형태소가 운율적인 무표 구조로 실현되는지를 설명할 수 없을 뿐 아니라, 위의 파생어들을 접미사 변이형태소를 통해 설명하기 위해서 논쟁의 여지가 많은 또 다른 가정을 해야만 한다.

예를 들어 Wiese(1996 : 100-103)는 형태론의 연구 대상이 실지로 존재하는 단어에 국한되지 않고 가능한 단어(**Schweiner*나 **neuig* 같은 단어)도 포함되어야 한다고 주장한다. 이 점에서 Wiese는 Halle(1973)나 Kiparsky(1982)와 같은 입장을 취한다. 이에 반하여 Aronoff(1976)는 형태론의 목적이 실지로 존재하는 단어들 간의 관계를 설명하는 데 있다고 본다. 그러나 '가능한' 단어까지 과잉 생산하는 형태론이 구체적으로 어떤 형태적 규칙들을 포함해야 하며, 어떤 장치에 의해 이들이 '가능하지만 존재하지 않는 단어'로 걸러질지에 대해서 Wiese는 언급하지 않고 있다. **Schweiner*나 **neuig* 같은 단어를 만들기 위해선 명사 어기에 -*er*를 결합하는 형태적 규칙과 형용사 어기에 -*ig*를 결합하는 형태적 규칙이 존재해야 할 텐데, 이런 규칙들이 독일어에 존재한다고 보기는 어렵다. 이에 반해 제약에 기반한 최적성이론의 입장에서 보면 '가능하지만 존재하지 않는 단어'라는 개념은 이미 이론적인 가설 때문에 불가능하다. 왜냐하면 OT에서 문법/비문법성에 대한 판단은 오직 출력부(= 존재하는 단어)를 토대로 이루어지기 때문에, 출력부에 나타나지 않는 단어(= 존재하지 않는 단어)에 대해선 할 이야기가 아무것도 없기 때문이다. 따라서 단계적인 도출을 허용하는 규칙이론의 바탕에서 '가능한 단어'를 허용하는 Wiese의 입장은 OT에서 수용될 수 없다.

그렇다면 규칙이론의 다른 가설, 즉 위에서 말한 첫 번째 견해에 따라 접미사 변이형태소를 인정해야 할까? 이하에서 기술될 *-erei*와 *-igkeit*에 대한 분석(3.1장)은 이 견해 또한 올바르지 않다는 것을 보여 준다. *-erei*에서 *-er*와 *-igkeit*에서 *-ig*는 운율적인 요인에 의해 어간이 이 요소들과 결합되어 확대된 것으로 보아야 하며, 이 확대된 어간은 확대되기 이전의 어간과 서로 이형태소 관계에 있다고 보아야 한다. 따라서 접미사 이형태소가 아니라 어간 이형태소가 되어야 한다. 어간 이형태소의 개념은 어간형성소(stammbildendes Element)를 포함하는 단어들에서 보이는 어근(Wurzel)과 어간(Stamm)의 관계를 설명하는 데도 핵심적인 역할을 한다(3.2장).

3.1. 파생 접미사의 이형태소 관계

이 장에서는 독일어의 두 개의 접사화에서 나타나는 이형태소 관계를 살펴보겠다. 한 개는 *-ei/-erei*이며 다른 한 개는 *-heit/-keit* 접사화이다. 어떤 접미사 이형태소가 선택될지는 어기의 강세와 밀접한 관련이 있다. 규칙이론에 토대를 둔 분석들(Giegerich 1985, Wiese 1996)은 접미사의 하위범주화를 통해 이형태소 관계를 설명하고 있다. 예를 들어 *-heit* 접미사가 어기와 결합하기 위해서는 이 접미사가 가지고 있는 하위범주 요건, 즉 '어기가 형용사이며 마지막 음절이 강세를 지녀야 한다'는 요건이 충족되어야 한다. 어기인 *gesúnd*가 -*heit*와 결합할 때 어기는 -*heit*의 하위범주 요건을 충족시키므로 결합될 수 있다. 이에 반해 어기인 *éwig*는 마지막 음절에 강세가 없기 때문에 -*heit*의 하위범주 요건을 충족시키지 못하고, 따라서 -*heit*와 결합할 수 없다(*Éwig-heit*). -*heit*와 결합할 수 없으면 다른 이형태소인 -*keit*가 어기와 결합한다 (*Éwig-keit*). 이처럼 규칙이론에 토대를 둔 분석들은 올바른 이형태소의 선택을 어기에 직접 제한을 둠으로써 가능하게 하고 있다. 이때 물론 형태적인 규칙(접미화)과 음운규칙(강세 규칙)간에 순서를 정하는 것이 중요하다. 접미화에서 보이는 이형태소의 선택이 강세에 민감한 사실을 나타내기 위해서는 강세규칙이 접미화 이전에 적용되어야 할 것이다.

그러나 입력부에 아무런 제한을 두지 않는 OT에서는 규칙이론에서처럼 어기를 직접 제한하는 것이 불가능하다. 뿐만 아니라 중간 도출단계가 없는 OT에서는 규칙이론에서처럼 규칙 적용의 순서에 기반한 도출(serialism)도 없기 때문에 어기의 강세를 먼저 정할 수 있는 이론적 장치도 없다. OT에서는 입력부로부터 바로 출력부가 투사(mapping)되며, 제약들은 단계적으로 적용되는 게 아니라 동시에 적용된다(parallelism). 이하에서 설명되겠지만, OT는 위의 두 개의 접미화에서 나타나는 이형태소 관계를 전체 파생어의 운율구조를 통해 설명한다. 하위범주화를 통해 어기에 직접 제한을 두는 분석은 이형태소를 지배하고 있는 보다 본질적인 규칙성을 올바르게 표현할 수 없다.

3.1.1. -ei/-erei

접미사 -*ei*에는 형태가 같지만 기능이 다른 두 개의 접미사가 있다. 하나는 장소의 의미를 지니며 명사에서 명사를 파생한다(예 : *Pfarr-ei, Detek-ei, Auskunft-ei, Bäcker-ei, Sattler-ei*). 다른 하나는 비하하는 의미

(pejorative), 혹은 축소명사(diminutive)의 의미를 지니며, 어기인 동사나 명사에서 명사를 파생한다(예 : *Plauder-ei, Esel-ei*). 동사에서 파생된 명사는 독일어에서 매우 생산적이며, 이하에서 설명할 *-ei/-erei*의 교체와 관련된 규칙성은 주로 이 동사에서 파생된 비하형태(Pejorativ)에 관한 것이다. 명사에서 파생된 비하형태는 이에 반해 덜 생산적이다. 그러나 비하형태를 만들어 낼 때 적용되는 규칙은 본질적으로 동사 어기의 경우와 같다. 기본적인 데이터를 살펴보면 다음과 같다(Hall 1992 : 38에서 인용).

(1) 비하형태

  a. 동사어간   파생어(*-erei*)

동사어간	파생어(*-erei*)
sing- (singen)	Sing-erei
lauf- (laufen)	Lauf-erei
ess- (essen)	Ess-erei
back- (backen)	Back-erei
atm- (atmen)	Atm-erei
ordn- (ordnen)	Ordn-erei
lack-ier- (lackieren)	Lackier-erei
spion-ier- (spionieren)	Spionier-erei

  b. 동사어간   파생어(*-ei*)

동사어간	파생어(*-ei*)
segel- (segeln)	Segel-ei
trödel- (trödeln)	Trödel-ei
plauder- (plaudern)	Plauder-ei

  c. 명사어간   파생어(*-erei*와 *-ei*)

명사어간	파생어(*-erei*와 *-ei*)
Schwein	Schwein-erei
Dieb	Dieb-erei
Esel	Esel-ei

위의 데이터를 살펴보면 어간이 Schwa 음절로 마칠 때에는 *-ei* 접미사가 붙고(*Esel-ei, Segel-ei*), 그렇지 않을 경우에는 어간에 Schwa 음절을 추가한 *-erei*(*Schwein-erei, Sing-erei*)가 비하형태를 만듦을 알 수 있다. 따라서 전체적으로 볼 때 비하형태를 이루는 단어는 Schwa음절 +

*ei*로 마친다. 이로부터 다음과 같은 사실을 추론할 수 있다. *-ei* 접사화의 일반적인 형태는 어기(Basis, 이하에서 B로 약칭)를 이루는 동사, 혹은 명사 어간으로부터 추상적인 형태소인 비하형태(Pejorativ, 이하에서 P로 약칭)를 만든다. 이때 P는 독일어의 전형적인 음운단어인 2음절 강약 음보(Trochäus-Fuß)를 이룬다. 이 P와 *-ei*가 결합한 것이 비하형태를 이루는 전체 단어이다. 어기가 동사인 경우에는 입력부가 명사와 달리 어근이므로, 그것의 출력부, 곧 어기는 하나의 굴절형태가 되어야 한다. 동사에서 B와 P의 비교는 아래에서 설명되겠지만 B를 이루는 여러 개의 굴절형태가 동시에 비교되어야 한다. *-ei* 접사화를 *Schwein-erei*를 예로 도식화하면 다음과 같다.

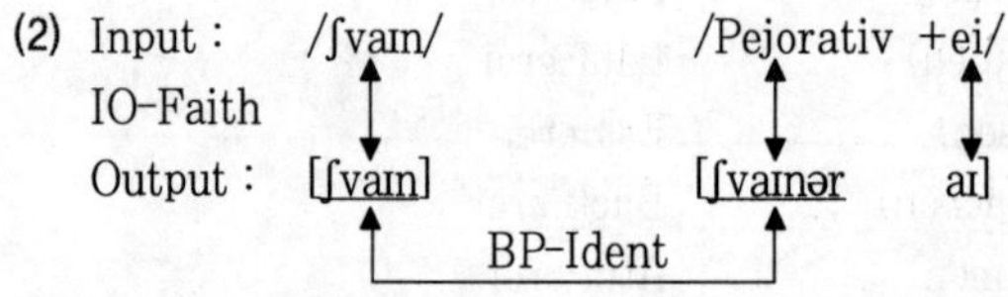

-ei 접사화에서 가장 핵심적인 역할을 하는 것은 추상적인 형태소인 P가 2음절 강약음보가 되어야 한다는 율격 제약(metrical constraint)이다. 이것은 독일어에서 가장 무표(unmarkiert)인 음운단어의 구조이다. 1음절 어기 *Schwein*으로부터 2음절 *Schweiner*로 확장되는 이유가 이 때문이다. 따라서 P를 만드는 과정에서 가장 무표인 운율구조가 나타나고 있다. 이것은 McCarthy/Prince(1995)가 주장한 무표구조의 출현(Emergence of the Unmarked)을 뒷받침해주는 현상이다.

**Schweiner*, **Dieber* 등은 존재하지 않는 단어들이다. 따라서 *Segler-ei*에서 *Segler*라는 단어가 존재하기 때문에 *-ei*의 접사화가 가능하다는 주장(vgl. Wiese 1996 : 86)은 *Schwein-erei*, *Dieb-erei* 등에서는 적용될 수 없다. 이에 반해 P가 2음절 음보가 되어야 한다는 요구는 *-ei* 접사화에서 *-erei*의 변이형태소가 생기는 이유가 형태적 과정들이 일정

한 순서로 적용(-*er* 접사화 다음에 -*ei* 접사화)되었기 때문이 아니라, 무표의
운율구조를 만들기 위함이라는 것을 설명할 수 있다. 이런 관점에서 볼
때 접미사 -*eréi*에서 -*er*는 합성어에서 삽입형태소(Fugenmorphem)의 역
할과 비슷하다. *Stern-en-glanz*에서 삽입형태소 -*en*이 복수 의미가 없
는 형태소로서 운율적인 기능(두 개의 강세 있는 음절의 충돌 **Schwéin-fléisch*
을 막기 위한 존재)을 가지고 있듯이 *Síng-eréi*에서 -*er*도 이와 비슷한 운
율적 기능을 가지고 있다. 필요한 것은 P는 음성적인 실체가 없는 추상
적인 형태소로서 음성적인 실체는 어기로부터 채워진다는 가정뿐이다.
이 P는 독일어에서 무표인 음보 구조를 만들기 때문에 다음과 같은 제약
이 필요하다.

(3) Fσ σ

　　음보는 강약 2음절로 이루어져야 한다(bisyllabic trochee)

　물론 무표의 율격구조가 언제나 지켜지는 것은 아니다. *Schwein,*
*Dieb*에서처럼 비하형태가 아닌 단어들에서 독일어는 1음절을 허용하고
있다. 이들이 1음절로 실현되는 이유는 IO-Faith, 보다 정확히 말하면
Dep-IO가 율격에 관한 제약들보다 상위에 있기 때문에 **Schwein-er,*
**Dieb-er* 등과 같은 분절음 삽입에 의한 2음절 강약음보가 생겨날 수
없다. 이에 반해 BP-Ident는 율격 제약보다 하위에 있으므로 어기인
*Schwein*에서 분절음이 추가된 P가 생길 수 있다. 이것은 운율구조에 관
한 적형 제약과 출력부대 출력부의 제약(OO-Ident)이 보이는 상호작용이
보여주는 예로, 여기서 나타나는 전형적인 제약랭킹 도식은 다음과 같
다.

(4) IO-Faith　　》 적형제약(wellformdedness constraint) 》 BP-Ident
　　Dep-IO, Max-IO　　　　Fσ σ

　(5)는 위의 제약랭킹을 보여준다.

(5)

Base : [ʃvaɪn] Input : /Pejorativ + ei/	Max-IO	Fσσ	Dep-BP
a. ⟨ʃvaɪn⟩ aɪ		*!	
☞ b. ⟨ʃvaɪnər⟩ aɪ			**
c. ⟨ʃvaɪnər⟩	**!		**

위의 표에서 '⟨ ⟩'으로 표시되어 있는 부분은 P를 나타낸다. 입력부는
음성적인 실체가 없는 추상적인 형태소 P와 -ei로 구성되어 있으므로,
입력부에 대한 충실성 여부를 따질 때 오직 접미사 -ei의 실현만 계산된
다. P는 어기의 음성형태를 최대한 보존하면서 무표인 음보구조를 만들
어야 한다. 어기와 동일한 어간형태를 보이는 (5a)는 P가 2음절 음보가
아니기 때문에 Fσσ을 위반한다. 이에 반해 P가 2음절 음보인 (5c)는
입력부의 접미사 -ei가 실현되지 않기 때문에 Max-IO를 위반한다. 따라
서 이 두 개의 제약을 모두 충족시키는 (5b)가 최적형태가 된다.

비하형태가 아닌 형태들이 무표인 2음절 음보가 아니어도 괜찮은 이
유는 IO-Faith가 Fσσ 제약보다 상위에 있기 때문이다. (6)은 -ei에
의해 파생되지 않은 단어 *Schwein*을 보여준다. 형태적으로 단순한 단어
이므로 여기서 BP-Ident는 아무런 역할을 하지 않는다.

(6)

Input : /ʃvaɪn/	Dep-IO	Fσσ
☞ a. ⟨ʃvaɪn⟩		*
b. ⟨ʃvaɪnər⟩	**!	

(5)는 P가 최대한 어기에 충실하면서 무표인 운율구조가 되어야 함을
보였다. 무표의 율격구조는 2음절 음보 제약을 지키는 구조이다. 그러나
최적형태는 P뿐만 아니라 접미사 -ei까지를 포함한 전체 단어의 운율구
조를 근거로 결정되어야 하므로 이런 의미에서 (5)는 불완전하다. 전체
단어의 운율 구조를 비교하기 위해서는 (5)에서 기술된 제약들 외에 다
음과 같은 제약들이 필요하다.

(7) a. No-Clash

　　두 개의 강세 있는 음절의 연속은 허락되지 않는다.

　　b. No-Lapse

　　두 개의 강세 없는 음절의 연속은 허락되지 않는다.

　　c. Weight-to-Stress(= WTS)

　　무거운 음절은 강세를 받는다.

제약 (7a)와 (7b)는 *-ei/-erei* 접사화를 통해 파생된 전체 단어의 운율구조에서 강세 있는 음절과 강세 없는 음절이 교대로 나올 것을 요구한다. 제약 (7c)는 무거운 음절(음절핵이 장모음이거나 이중모음인 음절, 혹은 운모(Reim)가 VCC의 구조로 된 음절)에 강세를 주어야 할 것을 요구한다. 이제 표 (5)의 후보들에서 최 상위 제약인 Max-IO가 모두 충족되었다고 가정하면(즉 모든 후보에서 입력부의 접미사 *-ei*가 실현되었다고 가정하면), 최적후보는 (7)의 운율구조에 관한 제약들에 의해 결정된다.

(8) 운율구조의 적형성

	No-Clash	WTS	F σ σ
a. (ʃváɪ) (náɪ)	*!		**
☞ b. (ʃvámnə) (ráɪ)			*
c. (ʃváɪ naɪ)		*!	
d. (ʃvaɪ náɪ)		*!	*

표에서 괄호는 음보를 나타낸다. (8a)는 두 개의 강세 있는 음절이 인접함으로써 No-Clash를 위반한다. 또 두 개의 음보가 모두 1음절이므로 F σ σ 제약을 두 번 위반한다. (8d)는 약강 2음절 음보이므로 마찬가지로 F σ σ 제약을 위반한다. 뿐만 아니라 강한 음절인 [ʃvaɪ]에 강세가 없으므로 WTS 제약을 위반한다. (8c)에서는 두 번째 음절인 [naɪ]가 강한 음절인데 강세를 받지 않으므로 WTS를 위반한다. (8b)는 두 번째 음보가 1음절이므로 F σ σ 제약을 어기나 No-Clash와 WSP를 충족시키고 있다. 제약 랭킹 No-Clash, WTS 〉〉 F σ σ 로부터 후보 (8b)가

최적형태가 된다.

3.1.1.1. No-Clash와 No-Lapse

위에서 보았듯이, *-ei*와 *-erei* 두 개의 이형태소 중에 어떤 것이 선택되는지는 단어의 강세와 관련된다. 이하에서는 설명의 편의상 강세 있는 음절을 강음절, 강세 없는 음절을 약음절로 칭하겠다. 어기가 강약 2음절일 때는 강한 1음절 접미사 (*-éi*)가 붙어 전체 파생어는 강약강 3음절이 되고, 어기가 강한 1음절일 때는 약강 2음절 접미사 (*-eréi*)가 붙어 전체 파생어는 강약강 3음절이 된다. 어기가 강약 2음절일 때나 강한 1음절일 때나 파생된 전체 단어는 언제나 강약강 3음절로 됨에 유의하라.

(9) 어기 + 접미사 → 전체단어
  a. síng (강) -eréi (약강) Síng-eréi (강약강)
  b. ségel (강약) -éi (강) Ségel-éi (강약강)

따라서 교체를 보이는 두 개의 이형태소는 다음과 같은 규칙으로 설명될 수 있다. 파생된 단어 전체의 음보형태가 강약강이 되는 쪽으로 접미사의 이형태소가 결정된다. 만약 위의 접미사의 분포가 반대로 된다면 (10)과 같이 틀린 형태가 될 것이다.

(10) a. síng (강) -éi (강) *Síng-éi (강강)
  b. ségel (강약) -eréi (약강) *Ségel-eréi (강약약강)

(10)의 형태들은 전체 단어가 강약강으로 되지 않아 틀린 형태이다. 이들은 No-Clash 혹은 No-Lapse를 어기므로 운율적으로 볼 때 강약강보다 나쁘다. 이에 반해 입력부를 기준으로 하는 규칙이론의 틀 속에서 이형태소 관계를 보이는 접사들의 올바른 선택은 접미사가 어기의 형태를 직접 제한하는 하위범주화에 의해 설명된다. 예를 들어 Wiese(1996 : 87)는 접미사 *-ei*의 어휘 항목이 다음과 같다고 가정한다.

(11)   어휘항목 –ei
  a. 음운정보 : F
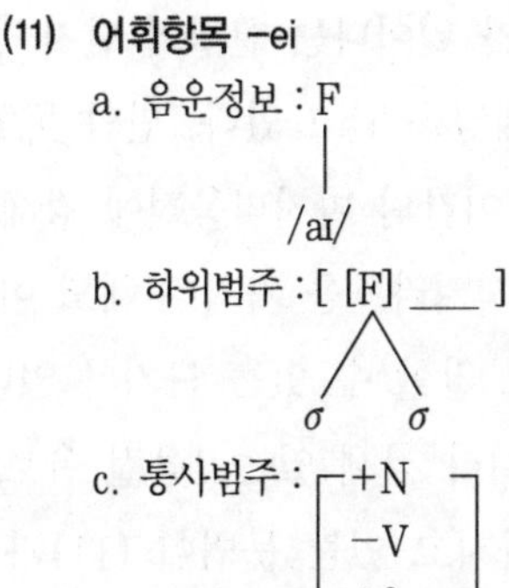
  b. 하위범주 : [[F] ___]

  c. 통사범주 :
$$\begin{bmatrix} +N \\ -V \\ +fem \end{bmatrix}$$

이에 따르면 접미사 *–ei*는 독자적인 한 개의 음보(Fuß = F)를 가지며 (음운정보), *–ei*가 어기와 결합하기 위해서는 어기가 2음절 음보(보다 정확히 말하면 이때 두 번째 음절은 Schwa 음절이어야 한다)로 마쳐야 한다(하위범주에 관한 정보). *–ei*에 의해 파생된 단어는 여성명사이다(통사범주). 현재의 논의와 관련해서 중요한 것은 물론 (11b)의 하위범주에 관한 정보이다. 접미사 *–ei*가 가지고 있는 이 어휘적 성질 때문에 *Segel*[zéːgəl]은 가능한 어기로서 *–ei*와 결합할 수 있으나 (*Segel-ei*), *Schwein*[ʃváin]은 가능한 어기가 될 수 없다(*Schwein-ei*). 그러나 이런 하위범주화는 위에서 설명한 파생된 단어 전체에 나타나는 일반적인 강세 패턴을 설명할 수 없다. 왜냐하면 강한 1음절 접미사가 어기와 결합할 때 어기가 가능하면 강약 2음절이어야 한다는 것은 독일어 단어 전체에 나타나는 일반적인 운율 속성이기 때문이다. 한 개의 개별 접미사의 어휘적인 속성에 기반한 (11)과 같은 설명은 독일어 단어 전체에 나타나는 이런 일반적인 규칙성을 표현할 수 없다.

하위범주화 대신 Hall(1992 : 38)은 *–ei/–erei*의 선택을 다음과 같은 규칙에 의해 설명한다.

(12)   어간이 강세 있는 음절로 마치면 *–erei*가 붙고, 그 밖의 경우는 *–ei*가 붙는다.

그러나 이런 분석은 *-erei/-ei*의 교체가 일어나는 환경이 단지 우연의 일치에 지나지 않는다고 볼 수 있는 문제점을 안고 있다. 만약 독일어가 규칙 (12)가 아니라 정반대의 규칙—즉 어간의 마지막음절에 강세가 있으면 *-ei*를, 그렇지 않으면 *-erei*를 결합시켜라—을 가진다 해도 이 문법이 규칙 (12)를 가진 문법보다 나쁘다고 말할 수 있는 근거가 없다. 마찬가지로 *-ei*의 하위범주가 (11b)가 아니라 강세 있는 1음절 음보로 되어 있다고 가정해도 이런 어휘항목을 가지고 있는 문법이 (11)과 같은 어휘항목을 가지고 있는 문법보다 나쁘다고 할 수 없을 것이다. 왜냐하면 *-ei*의 하위범주화 정보가 어떻게 되든 간에 그것은 오직 개별 어휘항목이 가지고 있는 예측할 수 없는 정보이기 때문이다. 이 점에서 입력부 위주의 규칙이론이 제시한 분석은 *-ei/-erei*의 교체에서 보이는 독일어 단어의 본질적인 운율 속성(강음절의 연속과 약음절의 연속 회피)을 설명하는 데 실패한다.

3.1.1.2. Schwa 삽입 규칙

규칙이론을 바탕으로 한 분석에서는 대부분 *-ei/-erei*가 이형태소 관계에 있다고 가정한다(Giegerich 1987, Hall 1992, Gamon 1996). 이에 반해 Wiese(1996 : 86)는 이형태소 *-erei*란 없으며, 이것은 두 개의 접미사 *-er*와 *-ei*가 결합한 것이라고 주장한다. 이런 가정 하에서 다음 데이터가 어떻게 설명될 수 있는지 살펴보자.

    (13) a. Segl-er-ei (Segel + ei)
                 Plaud-er-ei
                 Dieb-er-ei
                 Schwein-er-ei
                 Segn-er-ei
                 Atm-er-ei

    b. *Segn-ei
        *Atm-ei
    c. *Segen-ei
        *Atem-ei

  -erei를 두 개의 형태소가 결합했다고 보면, *Segl-er-ei*에서는 문제가
없다. 왜냐하면 *Segler*라는 단어가 존재하므로 이것이 접미사 *-ei*가 결
합할 수 있는 어기가 될 수 있기 때문이다. 그러나 두 개의 접미사로 보
는 가정은 앞에서 지적했듯이 *Dieber*와 *Schweiner*에서는 문제가 된다.
왜냐하면 이런 단어는 존재하지 않기 때문이다. (13b)의 형태가 될 수
없는 이유는 이미 살펴 본대로 두 개의 강음절이 충돌하기 때문이다. 문
제는 (13c)의 형태가 왜 비문법적인가이다. 여기서는 *No-Clash*의 위반
이 없다. 또한 (13a)에서 동사에서 파생된 명사 *Segl-er-ei*와 *Segel-ei*
가 동시에 모두 가능하다면 동일하게 동사 어기에서 파생된 명사인
*Segn-erei*와 *Segen-ei*, *Atm-erei*와 *Atem-ei*가 모두 가능해야 할 것
이다. 그러나 오직 *Segel-ei*만 가능하고 *Segen-ei*, *Atem-ei*는 불가능
하다. 두 개의 형태를 비교하면 전자는 동사어간이 /l/로 끝나고 후자는
비음 /m, n/으로 끝나는 차이뿐이다.

  Wiese(1996 : 89)는 이 문제를 해결하기 위해 Schwa-삽입규칙을 두
개로 나누고, 이 두 개의 규칙이 *-ei*를 결합시키는 형태적 규칙과 일정
한 순서로 배열되어 있다고 가정한다. 이 제안의 요지를 살펴보면 다음
과 같다. *atm-en*, *segn-en*과 같이 동사 어근이 비음으로 마치면 비음
다음에 Schwa가 나타나고, *ruder-n*, *segel-n*과 같이 어근이 유음으로
마치면 유음 앞에 Schwa가 나타난다. 이 차이는 Schwa 삽입규칙을
(14)에서처럼 둘로 나누고 부정형 접미사 *-n*을 결합시키는 형태규칙과
의 순서를 (15)에서처럼 정하면 설명된다.

  (14) a. Schwa-삽입규칙(유음) : 형태소 끝의 유음 /l, r/이 음절화되지 않으
             면 Schwa를 삽입하라.

    b. Schwa-삽입규칙(비음) : 형태소 끝의 비음 /m, n/이 음절화되지 않
       으면 Schwa를 삽입하라.

(15) 기본형   :   /atm/   /segl/

Schwa-삽입(유음) :   _____   segel

-n 접미화   :   atm-n   segel-n

Schwa-삽입(비음) :   atmen   _____

    (15)에서 *-n* 접미화가 서로 다른 두 개의 Schwa-삽입규칙 가운데 끼
어 있음으로써 올바른 결과가 도출된다. 마찬가지로 *Segel-ei*와
**Segen-ei*, **Atem-ei*의 차이에 관한 설명도 *-ei* 접미화 규칙을 두 개의
Schwa-삽입 규칙의 중간에 둠으로써 가능해진다. (16)을 보라.

(16) 기본형   :   /segl/   /segn/   /atm/

Schwa 삽입(유음) :   segel   _____   _____

-ei 접미화   :   segel-ei   (실패)   (실패)

Schwa 삽입(비음) :   _____   segen   atem

출력부   :   Segel-ei   *Segen   *Atem

    (16)에서 *-ei* 접미화가 일어나는 순간 *segel*은 *-ei*의 하위범주의 요건
(강약 2음절로 된 음보)을 충족시키나 *segn*과 *atm*은 이 요건을 충족시키지
못하므로 *-ei* 접미화가 일어날 수 없다. 뒤에 적용되는 Schwa 삽입(비
음) 규칙은 *-ei* 접미화가 일어날 수 있는 환경을 만들어 주나 이미 때가
너무 늦었다. 따라서 *-ei* 접미화와 Schwa 삽입(비음)규칙은 전형적인 환
경조성 반대(counterfeeding)의 예를 보여 준다(counterfeeding에 대한 자세
한 설명은 4.1장을 참조하라).

    올바른 형태인 *Segn-erei*와 *Atm-erei*를 얻기 위해서는 *-er* 접미화가
먼저 일어나고(이로써 *-ei*의 하위범주의 요건을 충족시키게 되고), 그 다음 *-ei*
접미화가 일어나야 한다. 그러나 두 개의 형태적 규칙 순서를 이렇게 정
하는 것은 어휘음운론의 단계 순서(level ordering)와 마찰을 일으킨다.
자신이 스스로 강세를 받는 접미사는(대부분 비토착어에서 유래된 접미사) 대

개 어휘음운론에서 1단계(Level 1)에서 어기와 결합하고(Klasse I-Suffix),
단어 강세 규칙이 적용되어 접미사가 강세를 받는다. 이에 반해 강세를
받지 않는 접미사는 2단계에서 어기와 결합하기 때문에, 단어 강세 규칙
의 적용을 받지 않게 된다. 이렇게 볼 때 강세를 받는 접미사 *-ei*는 1단
계에서 어기와 결합해야 되고, 강세를 받지 않는 접미사 *-er*는 2단계에
서 어기와 결합해야 한다. 이것은 위에서 *Segn-erei*와 *Atm-erei*의 올바
른 형태를 얻기 위한 규칙의 순서와 모순 된다. 강세가 규칙의 순서에
미치는 영향에 대해서는 아래에서 다시 언급하겠다. Wiese가 제안한
(16)의 도출을 유지하기 위해서는 *Segl-erei*의 도출은 다음과 같은 과정
을 겪어야 할 것이다.

(17) 기본형   : /segl/
　　 -er 접미화   : segl-er
　　 Schwa 삽입(유음)   : _____
　　 -ei 접미화   : segl-er-ei
　　 출력부   : [segl-erei]

　Schwa 삽입(유음)규칙은 (16)에서 보았듯이 *-ei* 접미화에 선행해야
한다. 또 Schwa 삽입(유음)규칙은 *-er* 접미화 뒤에 적용되어야 한다. 만
약 반대로 되면 Schwa가 삽입된 형태인 *segel*에 *-er*가 붙고, 여기에 다
시 *-ei*가 붙으면 *Segel-er-ei라는 틀린 형태가 생긴다. 따라서 전체적
으로 규칙순서는 (17)에서처럼 *-er* 접미화 → Schwa 삽입(유음) → *-ei*
접미화의 순으로 되어야 한다. 그러나 이 규칙 순서는 *Plaud-erei*에서
는 틀린 형태를 도출한다.

(18) 기본형   : /plaudr/
　　 -er 접미화   : plaudr-er
　　 Schwa 삽입(유음)   : _____
　　 -ei 접미화   : plaudr-er-ei
　　 출력부   : *[plaudr-erei]

위에서 말했듯이, Wiese는 -erei라는 이형태소는 없으며, -erei는 두 개의 접미사 -er와 -ei의 결합이라고 주장했다. 따라서 Segl-er-ei가 가능한 이유는 Segl-er라는 단어가 독립적으로 존재하고 이것이 -ei 접미사의 어기가 되기 때문이다. 그렇다면 *Plaudr-er도 가능해야 할 것이고, 이것이 어기가 되어 *Plaudr-er-ei도 가능해야 할 것이다. 그러나 올바른 형태는 각각 Plaud-er와 Plauder-ei이다. Plauder-ei를 얻기 위해서는 Schwa 삽입(유음) 규칙이 -ei 접미화보다 먼저 적용되어 -ei 접미화가 일어날 수 있는 음운환경을 만들어 주어야 한다. 즉 두 규칙은 환경조성(feeding) 관계에 있어야 한다.

한편 Plaud-er를 얻기 위해서는 Schwa 삽입(유음)규칙이 -er 접미화보다 후에 적용되어야 할 것처럼 보인다. 왜냐하면 여기서 Schwa 삽입(유음)규칙이 먼저 적용된다면 /plaudr/ → plaudər → *plaudərər에서처럼 틀린 형태가 생겨나기 때문이다. 그러나 사실은 이 규칙순서가 맞다. [plaudərər]는 다시 반복음탈락(hapolology) 규칙의 적용을 받아 반복되는 [ər]가 탈락되어 [plaudər]가 되기 때문이다. Segl-er-ei가 가능한 이유가 -ei의 어기인 Segl-er가 독립적인 단어로 존재하기 때문이라면, Plauder-ei에서도 -ei의 어기인 Plaud-er가 독립적인 단어로 존재해야 하고, 이것은 다음과 같은 도출과정을 요구한다.

(19) 기본형	: /plaudr/
Schwa 삽입(유음)	: plaudər
-er 접미화	: plaudər-ər
반복음탈락	: plaudər
-ei 접미화	: plaudər-aɪ
출력부	: [plaudəraɪ]

이것을 (17)과 비교해 보라. Schwa 삽입(유음)규칙은 한편으로는 -er 접미화 후에 적용되어야 하고(Segl-er의 경우), 한편으로는 -er 접미화 이전에 적용되어야 한다(Plaud-er의 경우). 결론적으로 -erei를 한 개의 이

형태소로 보지 않고 두 개의 접미사 *-er*와 *-ei*가 결합한 것으로 보아야 한다는 Wiese의 주장은 *Segl-er-ei*와 *Plauder-ei*를 도출할 때 서로 모순된 규칙순서를 가정해야 하는 결과를 가져오므로 Wiese 자신이 제안한 규칙순서를 따를 때에도 올바른 결과를 가져올 수 없다.

이것은 또한 (16)에서 보여준 *Segel-ei*와 **Segen-ei*, **Atem-ei*의 차이에 관한 Wiese의 분석의 타당성을 의심하게 만든다. 앞에서 보았듯이 Wiese는 이 차이를 다음 두 가지 가정을 토대로 설명하고 있다. 첫째, Schwa 삽입규칙은 동사어간 말음의 성질에 따라 두 가지 규칙을 가정해야 한다(어간 말음이 유음 /l, r/인 경우와 어간 말음이 비음 /m, n/인 경우). 둘째, 어간 말음이 유음일 때 Schwa를 삽입하는 규칙은 형태규칙 *-ei* 파생화와 어간 말음이 비음일때 Schwa를 삽입하는 규칙과 일정한 순서를 보인다. 이 두 가지 가정 중에서 두 번째 가정은 타당하지 않음을 이미 위에서 보았으므로 여기서는 첫째 가정이 타당한지를 살펴보겠다. 두 개의 Schwa 삽입규칙은 모두 다음과 같이 형태소 경계가 있는 자음 왼쪽에 Schwa를 삽입한다.

> **(20)** $\phi \rightarrow$ [ə] / ___ C]
> (C = Consonant, 만약 C로 끝나는 분절음연속체가 음절화될 수 없을 경우)

규칙 (20)에서 표시 ']'은 오른쪽 형태소 경계를 나타낸다. 예를 들어 부정형 동사 segel]n에서 어간말음 /l/ 앞에 Schwa가 삽입되는 것은 /ze:gl/이 음절화되지 못하기 때문이다. 그러나 Raffelsiefen(1995 : 4)이 지적하듯이, 규칙 (20)은 Schwa 삽입현상을 일반화하기에 부적합하다. 왜냐하면 Schwa 삽입은 자음의 연속이 공명도 때문에 동일한 음절 내에 음절화될 수 없을 때 일어나며, 이때 음절화될 수 없는 두 개의 자음군 C_iC_j에서 C_j가 접미사이든 아니든 Schwa 삽입이 일어나기 때문이다. (21)을 보라.

(21) Ab[ə]nd, Geg[ə]nd, hund[ə]rt, taus[ə]nd, Jug[ə]nd, buss[ə]rln

위의 예들에서 자음군 /bnd/ (*Abend*), /gnd/ (*Gegend*) 등은 모두 1 음절로 음절화될 수 없고, Schwa가 삽입된 환경인 /bn/이나 /gn/에서 자음 /n/은 접미사가 아니다. 여기서 Schwa 삽입은 모두 해당하는 자음군을 음절화하기 위한 기능을 가지고 있으며, 이때 자음군 중의 어떤 자음이 (20)이 암시하는 것처럼 접미사에 해당하는가는 중요하지 않다. 결국 *Segel-ei*와 *Segen-ei*, *Atem-ei*의 차이에 관해 Wiese의 분석이 토대를 두고 있는 두 가지 가정 모두 도출된 단어 전체에 나타나는 Schwa의 분포를 올바르게 설명할 수 없음을 알 수 있다.

그렇다면 이 차이를 어떻게 설명할 수 있을까? 세 개의 단어는 음운적으로 볼 때 모두 강약강의 형태를 취하고 있어 위에서 말한 No-Lapse와 No-Clash 제약을 모두 충족시키고 있다. 따라서 음운적으로 볼 때 세 개의 단어는 차이가 없다. 주목할 것은 이 세 개의 단어들에서 어기는 모두 동사어간이라는 점이다. 이 동사 어간의 굴절형태를 살펴보면 *segel-*은 가능하나, *segen-*이나 *atem-*과 같은 어간형태는 불가능하다. 다음은 동사의 굴절형태에서 나타나는 모든 접미사를 열거하고 있다. 여기서 각 굴절형태가 가지는 형태, 통사적인 정보는 중요하지 않으므로 무시하기로 한다.

(22) **동사의 굴절형태**

segel-n	segne-n	atme-n
segele(segle)	segne	atme
segel-st	segne-st	atme-st
segel-t	segne-t	atme-t

동사의 굴절형태에 나타나는 접미사는 단수, 1인칭의 *-e*를 제외하고는 모두 자음으로 시작하는 접미사들(*-st*, *-t*, *-n*)뿐이다. 위의 굴절형태들을 살펴보면 동일한 계열(Paradigma)에 속하는 모든 굴절형태들에서

자음으로 시작하는 접미사를 제외한 나머지 부분이 음운적으로 동일함을 알 수 있다. 특히 Schwa의 위치와 관련해서 동일한 계열에 속하는 단어들 중에서 Schwa의 위치가 달리 나타나는 단어는 한 개도 없다. 예를 들어 현재 복수 1, 3인칭 형태는 *segne-n*인데 현재 단수 3인칭 형태는 **segen-t*일 수 없다. *segne-n*과 *atme-n*에서는 자음으로 시작하는 접미사를 제외한 나머지 부분은 모두 동일하다. 즉 동일한 부분은 단수 1인칭 *-e*를 포함한 형태(*segne*)이다.

이에 반해 *segel-n*에서 단수 1인칭 형태는 *segl-e*이고 나머지 굴절형태들에서 자음을 제외한 동일한 부분은 *segel-*이다. 따라서 여기서는 단수 1인칭 형태와 나머지 굴절형태들에서 Schwa의 위치가 다르다. 그 이유는 1인칭 어간 *segel-* 다음에 접미사 *-e*가 올 경우 두 개의 Schwa가 연이어 나오므로 No- Lapse를 위반한다. 따라서 이때는 앞의 Schwa가 생략된다. *segel-n*에서 1인칭 단수 형태가 다름에도 불구하고 (22)에서 확인할 수 있는 것은 *segel-n*과 *segne-n, atme-n*에서 Schwa의 위치가 다른 이유는 계열을 이루는 굴절형태의 동일성(즉 자음 접미사를 제외한 나머지 부분은 모두 동일한 형태) 때문이라는 것이다. 이것은 음운적인 요인으로는 설명될 수 없다. 왜냐하면 틀린 형태인 *segen-st*나 *segen-t*가 음운적으로 볼 때 결함이 있는 것이 아니기 때문이다. 따라서 음운적인 요인이 아닌, 계열을 이루는 굴절형태들 간의 동일성 때문에 Schwa의 위치가 정해지는 사실을 표현하기 위해서는 다음과 같은 제약이 필요하다.

(23) **계열 동일성**
동일 계열에 속하는 모든 굴절형태들은 자음으로 시작하는 접미사를 제외하고 동일한 음성형태를 가져야 한다.

**Segen-ei*와 **Atem-ei*가 될 수 없는 이유는 동사어간인 *segen-*과 *atem-*이 계열 동일성 제약을 어기기 때문이다. 동사 *atmen*에 관한 다음 네 개의 계열을 비교해 보라.

(24) (A)   (B)   (C)   (D)

atme-n   ateme-n   *atem-n   atme-n

atme-st   ateme-st   atem-st   atem-st

atme-t   ateme-t   atem-t   atem-t

이 중에서 계열 (D)를 제외한 나머지 계열들은 모두 계열 동일성 제약을 지키고 있다. 따라서 이 세 개의 계열들 중에서 어떤 것이 최적 형태가 되는가는 다른 제약들에 의해 결정된다. 계열 (C)의 굴절형태 *atem-n*은 음절화될 수 없는 자음군 때문에 공명도 제약을 어긴다(계열 (C)에서 '*' 표시는 이 굴절형이 위반하는 제약이 치명적임을 나타냄). 따라서 2.2.1장에서 설명된 공명도에 관한 제약이 필요하다.

(25) **공명도 원칙(Sonority Sequencing Principle = SSP)**
두운(Onset)과 말음(Koda)의 자음들은 음절 핵에서 양쪽 가장자리로 갈수록 공명도가 낮아져야 한다.

이 제약은 독일어에서 위반될 수 없는 제약이다. 공명도 원칙을 충족시키고 동사 어간이 *atem*-의 형태가 되기 위해서는 계열 (B)에서처럼 *atem-en*이 되어야 한다. 이 형태에서 자음 접미사 *-n*을 제외한 부분은 *ateme*로서 두 개의 Schwa가 나타난다. 계열 동일성 제약은 Schwa의 위치뿐만 아니라, Schwa의 수까지 동일할 것을 요구하므로, 이 제약을 충족시키기 위해선 모든 굴절형태가 두 개의 Schwa를 포함해야 한다. 계열 (A)는 공명도 제약과 계열 동일성 제약을 충족시키는 점에서 (B)와 같으나 모든 굴절형태에서 한 개의 Schwa만 나타난다. (A)가 최적 형태이므로 다음과 같은 제약이 필요하다.

(26) **Dep-IO(= 삽입금지)**
출력부의 모든 분절음은 상응하는 입력부의 분절음이 있어야 한다.

이 제약은 Schwa 삽입을 금지한다. (B)는 (A)보다 Dep-IO를 더 많이 위반한다. 끝으로 계열 (D)는 Dep-IO에서 최적형태인 계열 (A)와

동일하나, 계열 동일성 제약을 위반하므로 최적형태가 될 수 없다. 이상
의 논의를 요약하면 (표 27)과 같이 나타낼 수 있다.

(27) 동사 *atmen*의 계열 비교

	SSP	계열 동일성	Dep-IO
☞ a. 계열 A			***
b. 계열 B			****!**
c. 계열 C	*!		***
d. 계열 D		*!	***

계열 A, C, D는 Schwa 삽입의 수에서 모두 동일하다(Dep-IO를 3번 위
반). 그러나 계열 C와 D는 각각 공명도 원칙과 계열 동일성 제약을 위반
하고 있다. 이 두 개의 제약들은 모두 독일어에서 위반될 수 없는 제약
이다. 계열 A와 B는 Dep-IO의 위반의 정도에서 차이를 보인다. Schwa
삽입 금지제약의 위반은 가능한 한 최소한에 머물러야 하므로(minimal
violation) A가 최적형태가 된다.

이제 올바른 형태인 *Segel-ei*와 틀린 형태인 *Segen-ei*, *Atem-ei*가 앞
에서 말한 BP-Ident에 의해 어떻게 설명될 수 있는지 살펴보자. 어기(B)
가 계열형태에서 보이는 동사 어간이라고 가정하면, B는 (27)에서 보인
최적계열의 형태를 이루는 동사 어간이 된다. 즉 *segel, segn, atm* 등이
각각 *-ei* 접사화의 어기가 된다. 이로부터 비하형태가 생기는 것은 위에서
설명한대로이다. *Atem-erei*, *Atem-ei*, *Segen-erei*, *Segen-ei* 등이
틀린 형태가 되는 이유는 이들이 모두 계열 동일성 제약을 위반하기 때
문이다. 이에 대한 유일한 예외는 *Segl-erei*이다. 어기가 *segel*이기 때
문에 *segl*은 계열 동일성 제약을 위반하고 있다. 그럼에도 불구하고
*Seglerei*가 가능한 이유를 이 동사의 활용형태에서 찾아볼 수 있다.
*segeln*에서는 1인칭, 단수, 현재 형태가 *segele*와 함께 *segle*가 쓰인다.
이에 반해 *atmen*과 *segnen*에서 1인칭, 단수, 현재 형태는 언제나 *atme*

와 *segne*이지 **ateme*, **segene*는 사용되지 않는다. 이로부터 *segeln*에시는 동사 이기로 *segel*과 함께 *segl*이 가능하다고 가정할 수 있다. 그러나 *segl*을 어기로 가정하면 3인칭, 단수, 현재 형태인 *segel-t* (**segl-t*)와 형태가 다르기 때문에 계열 동일성 제약을 위반한다. 따라서 올바른 결과를 가져올 수 없다. 여기서는 이것을 풀리지 않은 문제로 남겨둔다.

3.1.2. -keit/-igkeit

접미사 *-ei*와 *-erei*의 교체에서 어기와 접미사가 결합한 전체 단어가 강약강음절이 됨으로써 No-Lapse와 No-Clash 제약을 준수하게 되는 것은 접미사 *-keit/-igkeit*의 경우에도 마찬가지이다. 또한 접미사 *-erei* 의 경우 *-ei*의 어기가 되는 부분이 독립적인 단어가 아니기 때문에(예: *Dieb-er, Schwein-er*), 어간 변이형을 가정할 필요가 있듯이, *-keit*의 경우도 이와 이형태소 관계에 있는 것처럼 보이는 *-igkeit*가 사실은 접미사 변이형태소가 아니라 *-ig*가 붙은 어간 변이형태소라는 사실에 주목할 필요가 있다. 왜냐하면 (28)의 *-igkeit*와 결합한 단어들에서 *-keit*를 제외한 부분들, 즉 *hellig*나 *genauig* 등은 독립적인 단어가 아니기 때문이다. 따라서 여기서도 *-erei*의 경우와 마찬가지로 *-ig*와 *-keit* 두 개의 접미사가 순서대로 결합한 것이 아니라, *-keit*의 어간변이형(*hell-ig, genau-ig*)을 가정해야 할 것이다.

(28) hell   → hell-igkeit (**hell-ig*)
      genau → genau-igkeit (**genau-ig*)
      Eitel → Eitel-keit
      tapfer → Tapfer-keit

다만 어떤 경우에 *-ig*가 붙은 어간 변이형이 가능한지는 음운적으로 예측할 수 있다. 접미사 *-keit*는 강음절이므로 어기는 강약 2음절이 되

어야 전체 단어는 강약강이 된다. 따라서 *héll*의 경우 *-keit*와 결합하는
어간 변이형은 *héllig*가 되어야만 No-Clash를 위반하지 않는다. 그러나
*Éitel*에서는 *-keit*가 결합해야 No-Lapse를 위반하지 않는다. (29)의 예
들은 다른 어간 변이형을 선택할 경우 No-Clash나 No-Lapse를 위반하
기 때문에 비문법적인 형태가 됨을 보여준다.

>(29) hell   → *Héllkèit   (*No-Clash)
>   genau   → *Genáukèit   (*No-Clash)
>   Eitel   → *Éiteligkeit   (*No-Lapse)
>   tapfer → *Tápferigkeit (*No-Lapse)

*-ei/-erei*의 경우와 마찬가지로, *-keit/-igkeit*를 접미사의 변이형태
소로 보아 (30)과 같은 규칙(vgl. Giegerich 1985, Gamon 1996)으로 설명
하면, 이런 규칙을 가지고 있는 문법이 *-keit*와 *-igkeit*가 결합하는 조건
이 반대로 된 규칙을 가지고 있는 문법보다 더 간단할 게 없다는 비판을
면하지 못하게 된다.

>(30) *-igkeit*는 마지막 음절이 강세를 가지는 형용사 어기와, *-keit*는 마지막
>   음절이 강세를 갖지 않는 형용사 어기와 결합한다.

올바른 일반화는 오직 *-igkeit*와 *-keit*가 결합한 전체 단어의 운율구
조(강약강 3음절)를 통해서만 가능하며, 이것은 *-igkeit*를 *-keit*의 접미사
이형태소로 보는 (30)과 같은 설명에서는 불가능하다.

3.2. 어근과 어간

이 장에서는 앞에서 *-erei*와 *-igkeit*를 통해 살펴본 어간이형태소의
개념이 어간형성소(stammbildendes Element, 이하에서 SE로 약칭)를 포함하
는 단어들에서 보이는 어근(Wurzel)과 어간(Stamm)의 관계를 설명하는

데도 핵심적인 역할을 하고 있음을 보이고자 한다. 어간형성소가 어근과 결합하여 어간이 될 때 *-oroi*와 *-igkeit*에서 본 출력부대 출력부가의 대응관계가 여기서도 적용된다. (31)은 전통문법에서 어간형성소 혹은 가짜접미사(Pseudosuffix)라고 불리는 형태소 *-e*가 포함된 단어들이 파생접사와 결합할 때의 교체를 보여주고 있다. 파생접사가 없는 경우 어간형성소(= Schwa 모음)로 끝나며, 파생접사가 있는 경우에 어간형성소는 사라진다.

(31) a. Schwa로 끝나는 명사
   End-e ~ end-lich
   Lieb-e ~ Lieb-ling
   Ros-e ~ Rös-chen
   Glaub-e ~ glaub-würdig
  b. Schwa로 끝나는 형용사
   träg-e ~ Träg-heit
   bös-e ~ bos-haft, bös-artig
   feig-e ~ Feig-ling
   trüb-e ~ Trüb-heit, Trüb-nis, Trüb-sal
   müd-e ~ Müd-igkeit

전통문법에서 어근은 어간형성소와 결합하여 어간이 된다(예 : *End*(어근) + *e*(SE) → *Ende*(어간)). 어근(*End*)은 독립적인 단어가 될 수 없음에 반해, 어간(*Ende*)은 독립적인 단어를 이룬다. 그러나 *Ende* ~ *end-lich*를 비교하면 파생접미사 *-lich*의 어기는 어간이어야 하는데 *End*는 어간이 아니다. 따라서 *end-lich* 파생어를 설명하기 위해서 어기를 어간인 *Ende*로 삼는다면 규칙이론에서는 Schwa-탈락 규칙을 가정해야 할 것이다. 그러나 일반적인 견해에 따르면 독일어에서 Schwa 삽입규칙은 있어도 Schwa 탈락 규칙은 없다(vgl. Giegerich 1985, Hall 1992, Wiese 1996). 따라서 *End*를 어기로 삼는다면 *Ende*는 두 개의 형태소 *End-e*로 나누어지고 *-e*는 어간형성소를 이루게 된다. 이것이 맞다면 *end-lich*는

Schwa-탈락 규칙이 필요 없이 두 개의 형태소가 결합한 것이라고 볼 수 있으나, 문제는 앞에서 말했듯이 *-lich* 파생어의 어기가 어간이어야 하는데 어근이라는 점이다. 결국 입력부 위주의 규칙이론에서는 *endlich* 의 어기를 *End*로 정하든, *Ende*로 정하든 어떤 경우에나 규칙이론의 다른 가정들과 충돌을 일으키지 않을 수가 없음을 알 수 있다.

그러나 어간이형태소를 인정하면 *End*와 *Ende*는 단순히 2개의 어간 이형태소일 뿐이다. 이것은 전통적인 문법에서 어근 + SE → 어간이라는 공식 대신 어근 스스로가 하나의 어간(Stamm1 = S1)을 이루고 이 어간과 SE가 합친 것이 또 하나의 어간(S2)을 이루어 두 개의 어간 S1와 S2 간 에 출력부대 출력부의 대응관계가 있다고 봄으로써 가능해진다. (32a) 는 전통적인 문법에서 보는 어간 형성소가 있는 단어의 형태적 구조를 나타낸다. 여기서는 어근이 어간형성소와 결합함으로써 바로 어간이 된 다(어근에서 직접 어간으로 투사). 이에 반해 (32b)는 이 책에서 가정하는 형태적 구조를 나타내고 있다. 어근 스스로가 하나의 어간(S1)으로 투 사되며 이 S1은 SE와 결합하여 또 다른 어간(S2)으로 투사된다.

(32)　a. 전통적인 문법에서의 형태적 구조

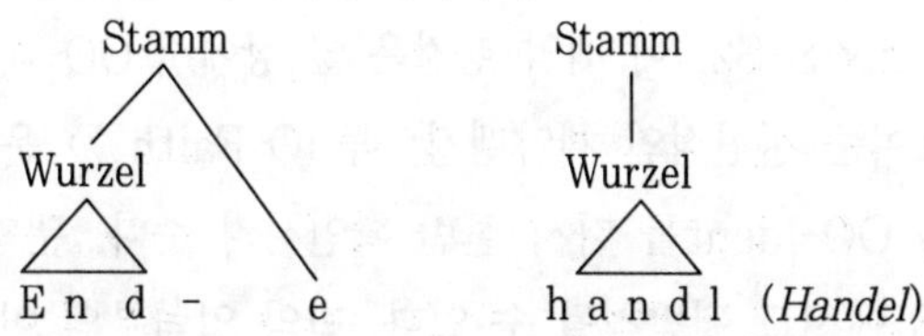

　　b. 어간이형태소를 인정하는 관점에서의 형태적 구조

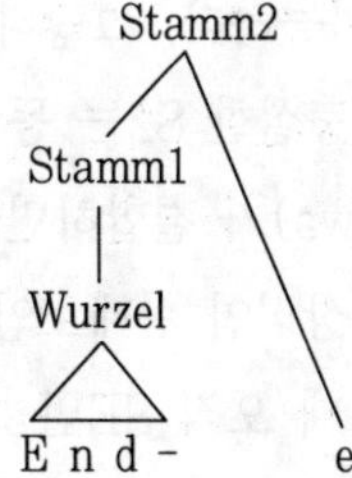

S1과 S2간의 대응관계를 도식으로 나타내면 다음과 같다:

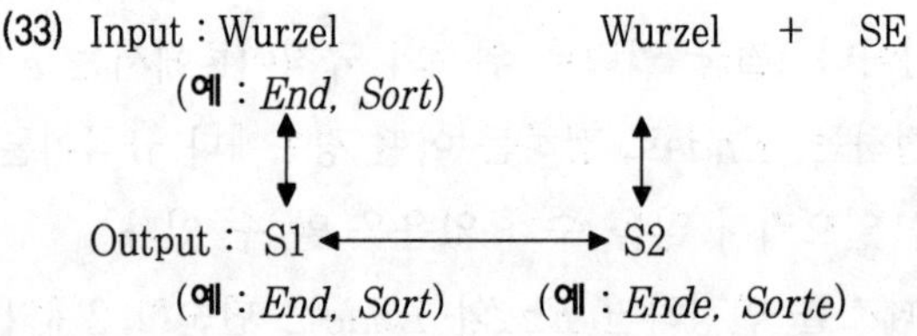

여기서는 S1-S2-Ident가 별로 중요하지 않은 것처럼 보인다. 왜냐면 S1-S2의 동일성을 파괴할 다른 이유가 있지 않기 때문이다. 그러나 입력부의 어근이 Schwa가 없는 /handl/(*Handel*)의 경우를 보라. 형태적으로 단순어인 *Handel*에서는 출력부인 S1이 Schwa가 삽입된 형태가 되어야 한다. 그 이유는 SSP 〉〉 IO-Faith의 제약랭킹 때문이다. 그러나 파생어인 *Handl-ung*에서는 Schwa가 없는 /handl/이 *-ung* 파생어의 어기가 된다. 그 이유는 S1-S2-Ident보다 운율구조에 관한 제약인 No-Lapse를 지키는 것이 보다 중요하기 때문이다. 즉 No-Lapse 〉〉 Max-S1S2 (*Handlung* 〉〉 *Handelung).

전체적으로 다음과 같은 제약 랭킹이 적용된다. SSP 〉〉 IO-Faith 〉〉 No-Lapse 〉〉 Max-S1S2. 이 제약 랭킹은 앞 장에서 OO-대응관계에 있는 단어들이 보여준 전형적인 제약랭킹, 즉 IO-Faith 〉〉 운율구조에 관한 적형제약 〉〉 OO-Ident를 다시 한번 확인시켜 준다. 뿐만 아니라 이 제약랭킹은 (33)에서도 뒷받침될 수 있다. 만약 입력부의 어근이 *End*가 아니라 *Ende*라고 가정해 보라. OT에서는 원칙적으로 입력부에 어떤 제한도 두지 않으므로 이런 가정이 얼마든지 가능하다. 그렇다면 S1은 입력부에 충실한 *Ende*가 될 것이다. 이 S1에 충실한 S2는 동일한 형태인 *Ende*가 될 것이며 여기에 입력부의 SE(Schwa)가 결합하면 *Ende-e가 될 것이다. SE와 결합한 단어의 입력부는 추상적인 형태소인 Wurzel + SE이므로 이 입력부의 충실성 여부를 따질 때 오직 SE만 계산되는 것에 유의하라(앞에서 *-erei*의 경우와 마찬가지로). 또 IO-Faith는 OO-Ident 보다 랭킹이 높으므로 SE는 반드시 실현되어야 한다. *Ende-e*는 SE를 실현시키나 *No-Lapse*를 위반한다. 이 형태와 *Ende*를 비교해 보라. *Ende*는 SE를 실현시키면서 No-Lapse도 위반하지 않는다. 그 대신 S1 의 마지막 Schwa가 탈락되었으므로 Max-S1S2를 위반한다. 결국 어근 을 *Ende*라고 가정하여도 제약랭킹에 의해 동일한 결과를 얻음을 알 수 있다. 이것은 파생어의 어기를 SE가 있는 형태로 가정할 때도 동일한 효과를 가져온다(예 : *end-lich* 대신 **ende-lich*, *Feig-ling* 대신 **Feige-ling*).

3.3. 결론

위에서 우리는 기존의 연구에서 접미사 이형태소로 분석된 파생어들 이 사실은 어간 이형태소로 파악되어야 함을 보았다. 접미사 이형태소에 의한 분석은 어기가 일정한 운율 조건을 충족시켜야만 해당 접미사가 어 기와 결합할 수 있다고 주장함으로써, 파생된 단어 전체가 운율적인 무 표 구조를 가지게 되는 것을 설명하지 못한다. 뿐만 아니라 어기를 직접 제한함으로써 접미사의 이형태소 관계를 설명하게 되면 어기가 충족시 켜야 할 요건이 여러 가지 형태적 과정에서 동일하게 반복되는 것이 우 연의 일치로 될 수밖에 없다. 이에 반해 어간 이형태소에 의한 분석은 겉으로 보기에 접미사 이형태소로 보이는 형태소들이 사실은 운율적인 무표 구조를 만들기 위한 어간 확대의 수단이라는 것을 설명할 수 있다. 이 무표 구조에 적용되는 제약들은 파생어뿐만 아니라 형태적인 단순어 에도 적용되는 일반적인 제약들이므로, 접미사 이형태소로 보는 분석이 갖는 우연의 일치 문제를 제거할 수 있다. 뿐만 아니라 어간 이형태소의 개념은 어근과 어간의 관계를 설명하는 데도 결정적인 역할을 한다. 파 생에서와 마찬가지로 여기서도 어간 확대의 수단이 운율적 무표 구조를 만들기 위함을 알 수 있다. 이로써 전통문법에서 어간 형성소라는 형태소가 가지는 모호한 문법적 기능은 어간과 확대된 어간과의 관계를 지배하는 일반적인 제약랭킹으로부터 도출된다.

제4장 ▌단축현상 : *i*-조어

4.1. 음운적 불투명(phonological opacity)

이 장에서는 음운적 불투명과 관련된 독일어의 음운현상이 규칙이론과 OT에서 각각 어떻게 설명될 수 있는지를 살펴보고자 한다. 음운적 불투명은 무엇을 의미하는가? 어떤 단어에서 이 단어의 음성 형태(= 표층형태)만 볼 때 음운적인 규칙(R)이 적용되었다고 볼 수 있는 환경이 존재하지 않으나, 그럼에도 불구하고 이 단어가 R이 적용된 결과로 보아야 이 단어의 음성형태가 설명될 수 있을 때 이 단어는 음운적으로 불투명하다고 한다. 음운적 불투명은 입력부에 기반한 규칙이론과 출력부에 기반한 OT를 비교하는 데 좋은 실마리가 된다. 규칙이론은 입력부와 출력부 사이에 여러 단계의 중간 도출과정을 인정한다. 이 여러 중간 단계는 각각의 독립적인 음운표기 형태를 나타내기 때문에, 음운적인 일반화는 각 단계의 음운표기 형태에만 구속력을 가진다. 이렇게 볼 때 음운적 불투명은 별로 문제가 될 게 없다. 그것은 규칙의 순서에 따라 도출된 결과일 뿐이다. 그러나 추상적인 중간 도출단계가 단어 전체의 음성형태를 결정짓는 일반적인 규칙성을 제대로 표현하지 못하는 점에서 규칙에 기반한 이론은 비판을 받았고, 오직 출력부에 의해 음운현상을 설명하고

차 하는 OT의 시도는 규칙이론에 내재한 이런 결함 때문이었다. 동시에 중간 도출단계가 없는 OT에서는 바로 이 때문에 음운적 불투명을 설명해야 하는 새로운 부담을 안게 되었다.

이 문제를 보다 정확히 이해하기 위해서는 먼저 음운적 불투명이 나타나는 현상이 규칙이론에서 어떻게 설명되고 있는지 살펴볼 필요가 있다. 음운적 불투명은 크게 두 가지 타입으로 구분된다. 첫째는 단어의 표층형태(surface form)에는 음운규칙이 적용될 수 있는 환경이 존재하지 않음에도 음운규칙이 적용되는 경우로서, McCarthy(1998)는 이것을 표층형태에 음운환경이 보이지 않는 경우(non-surface-apparent)라고 부른다. 다음 Tunica어의 경우를 보라(예는 Kager 1999 : 375에서 인용된 것임).

(1) Tunica어에서 모음조화의 불투명

    a. 모음 조화

      /pó-ʔaki/   póʔɔki   '그녀가 본다'

      /pí-ʔaki/   píʔɛki   '그녀가 나타나다'

    b. 모음탈락(syncope)

      /hipu-ʔuhki/   hipʔuhki   '그가 춤추다'

      /náʃi-ʔuhki/   náʃʔuhki   '그가 이끌다'

    c. 두 규칙의 상호작용

      /hípu-ʔaki/   hípʔɔki   '그녀가 춤추다'

      /náʃi-ʔaki/   náʃʔɛki   '그녀가 이끌다'

이 언어의 모음조화 규칙은 어간의 가장 오른쪽 모음의 두 가지 자질(후설성과 원순모음)을 3인칭 여성 접미사인 /-ʔaki/에 복사한다. 또 모음탈락 규칙(syncope)은 /ʔ/ 바로 앞에 있는 강세 받지 않는 모음을 탈락시킨다. 출력부 [hípʔɔki]은 모음조화에 관해 불투명을 보인다. 왜냐하면 접미사 모음의 모음조화를 일으킨 원인이 되는 어간 모음 /u/가 출력부에 존재하지 않기 때문이다.

두 번째 경우의 음운적 불투명은 첫째 경우와 반대이다. 여기서는 표층형태가 음운규칙이 적용될 수 있는 환경을 가지고 있음에도 불구하고

규칙이 적용되지 않는다. McCarthy는 이것을 표층형태의 일반화가 지켜
지지 않는 경우(non-surface-true)라고 한다. Kager(1999 : 374)는 Isthmus
Nahuat어에서 그 예를 보여주고 있다. 이 언어에서 단어 끝의 강세 받
지 않는 모음은 탈락된다. 또 근접음 /l, w, j/은 단어 끝에서 무성음으
로 변한다.

(2) Isthmus Nahuat어에서 근접음 무성음화가 보이는 불투명
    a. 모음탈락(Apocope)
       támi ~ tám   '끝나다'
    b. 근접음 무성음화
       tájo:l̥   '껍질벗긴 옥수수'
    c. 두 규칙의 상호작용
       ʃikakıli ~ ʃikakıl   '속에 넣다'

(2c)의 표층형태를 보면 단어 끝 /l/은 (2b)에서처럼 무성음화 되어야
하는데(l̥은 무성음화된 [l]을 나타냄) 그렇지 않다. 따라서 이때는 적용되어
야 할 근접음 무성음화 규칙이 적용되지 않은 경우(underapplication of
rule)이다. 이런 음운적 불투명을 보이는 경우와 진짜 음운규칙의 예외와
의 차이점은 전자가 체계적으로 일어남에 반해, 후자는 그렇지 않다는
점이다.

규칙에 기반한 이론에서는 입력부와 출력부 사이에 여러 단계의 도출
과정을 둠으로써 이런 불투명이 중간 도출 단계에 체계적으로 적용되고
있음을 보인다. 규칙이론에서 불투명을 보이는 두 규칙간의 상호작용은
'反 bleeding'(counterbleeding) 경우와 '反 feeding'(counterfeeding) 경우로
설명된다. 反 bleeding 관계는 먼저 적용된 어떤 규칙이 다른 규칙이 적
용될 음운환경을 파괴할 때 생긴다. 그러나 두 개의 규칙간의 적용 순서
는 두 규칙이 모두 적용될 수 있도록 정해진다. 따라서 두 번째로 적용
되는 규칙은 만약 이 규칙이 먼저 적용되었다면 다른 규칙의 적용 환경
을 파괴했을 것이나, 너무 늦게 적용되었기 때문에 적용 환경의 파괴는

일어나지 않는다. 위에서 말한 Tunica어의 경우는 두 규칙이 서로 해치는 관계에 있음을 보여준다.

    (3) 反 bleeding 관계(Tunica어)
       기저형태 : /hípu-ʔaki/
       모음조화 : hípuʔɔki
       모음탈락 : hípʔɔki
       출 력 부 : [hípʔɔki]

    모음탈락 규칙은 모음조화규칙이 적용될 환경을 파괴한다. 그러나 모음탈락이 너무 늦게 적용되기 때문에 모음조화를 파괴할 기회를 놓치게 되고, 결과적으로 두 개의 규칙이 모두 적용된다. 反 feeding 관계는 논리적으로 反 bleeding과 반대의 경우이다. 두 개의 규칙 R1과 R2가 있을 때, R2가 적용된다면 R1이 적용될 수 있는 음운환경을 만든다. 즉 R2는 잠재적으로 R1이 적용될 환경을 제공(feed)할 수 있다. 그러나 R1이 너무 일찍 적용되기 때문에 실지로는 R2가 R1의 환경을 제공할 수 없게 된다. 따라서 이 경우에는 두 개의 규칙 중에서 한 개의 규칙, 즉 R2만 적용된다. 위에서 말한 Isthmus Nahuat어에서 근접음 무성음화는 反 feeding 관계를 보여준다.

    (4) 反 feeding 관계(Isthmus Nahuat어)
       기저형태 : /ʃikakíli/
       무성음화 : ＿＿＿＿＿＿(적용될 수 없음)
       모음탈락 : ʃikakíl
       출 력 부 : [ʃikakíl]

    모음탈락은 무성음화의 환경을 만들어 줄 수 있음에도 불구하고, 무성음화가 너무 일찍 적용되었기 때문에 그 환경을 만들어 줄 수 없다. 결과적으로 무성음화는 적용될 수 없게 된다. 反 bleeding이나 反 feeding과 같은 규칙간의 상호작용은 입력부와 출력부 간에 여러 가지 추상적인 표기층(level of representation)이 있다고 가정하는 규칙이론의 가설에 힘을 실어준다. 이에 반해 OT에서는 입력부와 출력부 간에 어떤 중간 표기층도 존재하지 않는다. OT에서는 입력부(Lexical Representation)로부터 출력부(Phonetic Representation)가 바로 투사되며, 적형제약은 오직 출력부에만 적용된다. 중간 표기층을 인정하지 않기 때문에 OT에서는 규칙이론에서의 음운적 불투명이 제대로 설명될 수 없을 것이 예상된다. 실지로 출력부에만 적용되는 제약간의 상호작용은 틀린 형태를 도출하게 된다. 다시 한번 위의 Isthmus Nahuat어의 경우를 보자. Kager(1999 : 377)가 설명하듯이, 모음탈락이나 무성음화 현상은 모두 다음과 같이 적형성제약(well-formedness constraint)이 충실제약(faithfulness constraint)보다 상위 제약임을 보여준다.

(5) a. 모음탈락 : Final-C ('어간은 자음으로 마친다') 〉〉 Max-IO
    b. 무성음화 : *Voiced-Coda 〉〉 *Ident-IO(voice)

(5a)와 (5b)에 있는 제약간의 랭킹을 어떤 식으로 전체 랭킹에 포함시키든, 실지로 올바른 형태(음운적 불투명을 보이는 형태)인 (6b)는 결코 최적형태가 될 수 없다. 그 대신 무성음화 제약을 지키는 (6c)가 최적형태가 된다(표에서 ⊗은 제약간의 랭킹에 의해 최적형태로 선택되었으나 실지로는 틀린 형태를 나타냄).

(6) OT가 음운적 불투명을 보이는 후보를 찾아내는 데 실패한 예

입력부 : /ʃikakíli/	Final-C	Max-IO	*Voiced-Coda	Ident-IO (voice)
a. ʃikakíli	*!			
b. ʃikakíl		*	*!	
c. ⊗ ʃikakíl		*		*

음운적 불투명을 보이는 후보 (6b)와 최적형태이지만 실지로는 틀린 형태인 (6c)의 차이는 오직 *Voiced-Coda와 Ident-IO(voice)의 위반

여부에 있다. 이 두 개의 제약간의 랭킹은 표에서처럼 될 수밖에 없다. 왜냐하면 무성음화는 앞에서 (2b) [tájoːl]이 보여 주듯이 독자적인 근거를 갖고 있기 때문이다. 따라서 OT가 올바른 형태를 찾아내는 데 실패하는 이유는 바로 이 잘못된 랭킹 때문이다. 그렇다면 OT가 이 문제를 해결할 수 있는 방법은 무엇인가? 다음 장에서는 이 문제를 해결하기 위한 OT의 제안과, 이 제안에 기반하여 독일어의 단축현상이 어떻게 설명될 수 있는지를 살펴보겠다.

4.2. 호감이론(sympathy theory)

OT 내에서 음운적 불투명을 해결하기 위한 여러 가지 제안을 살펴보면 다음과 같다. 하나의 제안은 규칙이론에서처럼 입력부와 출력부 사이에 존재하는 중간 표기층(intermediate levels)을 인정하고, 각 층마다 후보를 생성하는 기능(Generator)과 최적형태를 고르는 기능(Evaluator)이 있다고 가정하는 것이다. 이 때 전 단계에서 최적형태로 선택된 후보는 다음 단계의 입력부가 된다. 이런 가정은 입력부로부터 출력부에 이르기까지의 중간 도출단계를 인정한다는 점에서 어휘음운론의 다층구조 모델(Multi-strata Model)과 닮아 있다(OT 내에서 이런 다층구조를 제안한 분석은 McCarthy/Prince(1993), Inkelas/Orgun(1995)을 보라). 다른 하나의 제안은 어휘부가 여러 개의 하위 어휘부(Sublexica)로 나누어져 있고, 각 하위 어휘부는 서로 다른 제약랭킹을 보인다는 것이다(Itô/Mester 1995). 앞의 제안과 이 제안이 다른 점은 전자가 규칙이론에서와 같은 도출 순서를 인정함에 반해, 후자는 도출순서를 인정하지 않는다는 점이다. 그러나 각 하위 부류가 서로 다른 제약랭킹을 가진다는 가정은 1.5장에서 이미 언급했듯이 개별 언어가 제약 랭킹에 의해 서로 다르다는 OT의 본질적인 가설을 위협할 가능성이 있다.

위의 두 개의 제안이 모두 OT의 두 가지 기본 가설(도출순서를 인정하지 않는다, 개별 언어는 오직 한 개의 제약랭킹을 가진다)을 약화시킴에 반해, McCarthy(1998)에 의해 제안된 호감이론(Sympathy Theory)은 OT의 기본 가설을 그대로 유지하면서 음운적 불투명을 설명하고 있는 점에서 보다 설득력이 있다고 할 수 있다. McCarthy는 앞 장에서 기술된 음운적 불투명이 생성부(generator)가 만들어 낸 후보들 간에 적용되는 새로운 타입의 대응관계에 관한 제약으로 설명될 수 있다고 주장하였다. 이 제안의 핵심적인 내용은 다음과 같다. 생성부가 생성해낸 후보들 중에 어떤 특정하위 제약을 위반해서 최적형태가 될 수 없는 후보가 호감이 가는 후보(sympathy candidate)가 되며, 이 호감이 가는 후보에 가장 충실한 형태가 최적형태가 된다. 호감이론은 이처럼 호감이 가는 후보와 최적 형태 간에 긴밀한 관계가 있음을 보여준다. 이 이론은 표준 OT 이론이 출력부 대 출력부와의 대응관계(output-output-correspondence)만 인정함에 반해, 이 대응관계가 후보들 간에도 존재한다(intercandidate correspondence)고 가정함으로써 기존의 표준이론의 대응관계를 확대시키고 있다. 호감이론이 위에서 말한 음운적 불투명 문제를 어떻게 구체적으로 해결하고 있는지는 다음 장에서 독일어의 단축현상을 통해 설명하겠다.

4.3. 단축현상

독일어에서 애칭(hypocoristics)이나 혹은 다른 종류의 축약어(Kurzwort, 영어 : shortenings)는 흔히 어기의 음성형태 중에서 어떤 특정 부분이 잘려 나감(truncation)으로써 생긴다. 이하에서는 이 현상을 단축현상으로, 그리고 단축현상의 결과물(예 : *Gabi, Waldi* etc.)을 단축어라고 칭하겠다. 이 조어 과정은 독일어에서 매우 생산적이며 (7)은 그 예들을 보여주고 있다(예들은 Itô/Mester(1997 : 3)에서 인용된 것임).

(7) a. 이름(Personal names)

Gabriele	Gabi
Eva	Evi
Waldemar	Waldi
Stefanie	Stefi

b. 성(Surnames)

Gorbatschow	Gorbi
Honecker	Honni
Schimansky	Schimmi
Klinsmann	Klinsi
Schlappner	Schlappi

c. 보통명사(대부분 사람을 칭함)

Alkoholiker	Alki
Amerikaner	Ami
Assistent	Assi
Chip	Chippi
Schatz	Schatzi
Oma	Omi
Mutter	Mutti
Proletarier	Proli

Itô/Mester(1997 : 4)에 따르면 (7)의 단축현상은 (8)과 같은 도식으로 표현될 수 있다. 단축어는 어기 단어의 첫 1음절과 뒤따르는 자음((8)의 왼쪽 그림에서 밑줄 친 부분) 다음에 접미사 $-i$를 붙임으로써 생긴다.

(8)

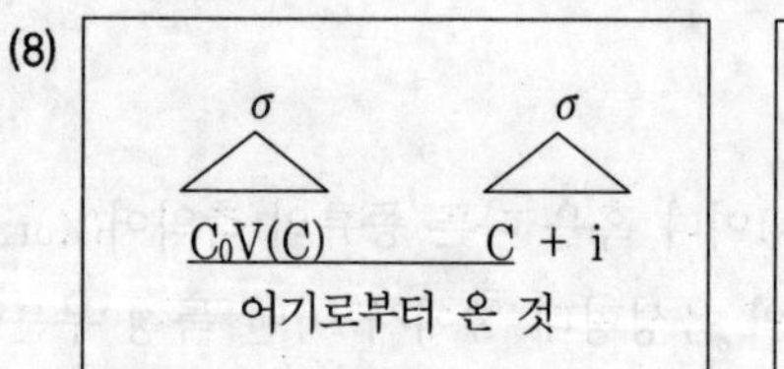

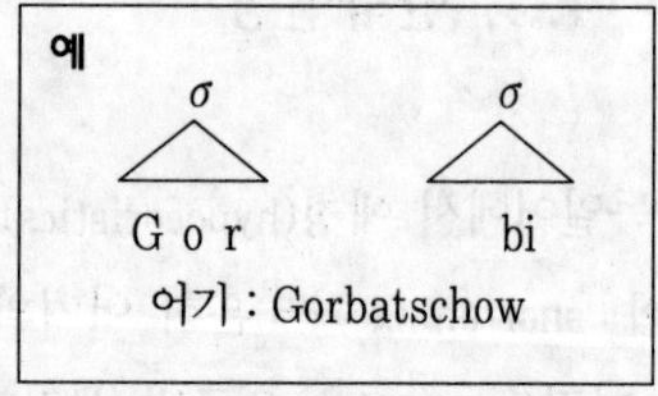

Itô/Mester는 독일어의 단축현상을 음운적 불투명이 나타나는 예라고 보고, 이것을 앞 장에서 기술한 호감이론을 바탕으로 분석하고 있다. 다음 장은 Itô/Mester의 분석을 요약하고 있다.

4.4. Itô/Mester(1997)의 분석

Itô/Mester는 먼저 Benua(1995)가 제안한 출력부대 출력부 대응 (Output-Output Correspondence)이 독일어의 단축현상을 설명하는 데 실패함을 지적한다. Benua는 표준 OT 이론의 입력부대 출력부간의 대응관계가 출력부대 출력부간에도 존재한다고 주장하였다. Benua의 이런 주장을 받아들여 독일어의 단축현상을 설명하면, 다음과 같은 세 가지 타입의 제약들이 중요한 역할을 함을 알 수 있다.

(9) 일반적인 입력부와   단축어의 크기를   단축어에만 특별히
    출력부간의 충실제약   제한하는 제약   적용되는 충실제약
    Max-IO   》 All-Ft-L,   》 Max-BT
                     Parse-σ, etc.

이 제약 랭킹에서 알 수 있듯이 운율구조에 관한 유표제약들(structural markedness constraints)은 일반적인 충실제약(Max-IO)과 단축어(Truncatum, 위에서 'T'로 표시)와 어기(Base, 위에서 'B'로 표시) 사이에 적용되는 충실제약의 중간에 위치한다. 여기서 특히 중요한 역할을 하는 것이 바로 출력부와 출력부의 대응관계를 나타내는 Max-BT 제약이다. 표 (10)은 위의 제약랭킹에 의해 *Gorbatschow* → *Gorbi*에서 올바른 결과가 생겨남을 보여준다.

(10)

Base : [(.gór.ba).(čòf.)] Input : /Trunc + i/	Max-IO	All-Ft-Left	Parse-σ	Max-BT
a. (.gór.ba).(čòf-i.)		*!		
b. (.gór.ba). č-i.			*!	of
☞ c. (.gór.b-i.)				ačof
d. (.gór-i.)				bačof
e. (.gór.ba.)	i!			čof
f. (.górb.)	i!			ačof
g. (.gór.)	i!			bačof

여기서 주의할 것은 입력부에 대한 충실을 따질 때(즉 Max-IO 제약의 준수 여부를 따질 때) 계산되는 것은 오직 접미사 -i라는 점이다. 접미사 -i가 실현되지 않은 후보 (e), (f), (g)는 모두 Max-IO 제약을 어긴다. 이에 반해 추상적인 형태소 TRUNC의 실현은 출력부대 출력부간의 충실성에 의해 결정된다. TRUNC가 어기에 가장 충실하게 실현된(즉 어기의 모든 분절음이 실현된) 후보 (a)는 두 번째 음보가 가장 왼쪽에 있지 않으므로 All-Ft-Left를 어긴다. 그리고 후보 (b)는 두 번째 음절이 음보에 편입되지 않았으므로 Parse-σ를 어긴다. 두 개의 운율구조에 관한 제약, 즉 All-Ft-Left와 Parse-σ를 지키는 후보들 중에서 어떤 것이 최적형태가 될지는 Max-BT에 의해 결정된다. Max-BT를 가장 덜 어기는 후보 (c)가 최적형태가 된다. (10)이 올바를 결과를 얻어냄에 반해 또 다른 종류의 단축어 *Gabriele → Gabi*에서는 틀린 결과를 가져온다. 여기서는 올바른 형태인 *Gabi* 대신 *Gabri가 최적형태가 된다.

(11)

Base : [(.gà.bri).(é.le.)] Input : /Trunc + i/	Max-IO	All-Ft-Left	Parse-σ	Max-BT
a. (.gà.bri).(é.le).-i.		*!	*	
b. (.gà.bri).(é.l-i.)		*!	*!	e
☞ c. (.gá.br-i.)				iele
d. (.gá.b-i.)				riele!
e. (.gá.b.)	i!			riele

Max-BT는 두 번째 음절의 자음군을 최대한 보존할 것을 요구한다. 그러나 이것이 *Gorbi*에서는 올바른 결과를 가져오나, *Gabri에서는 틀린 결과를 가져온다(후보 (11c)의 '☞' 표시는 잘못된 최적형태를 나타낸다). 올바른 형태인 *Gab-i*(후보 11d)는 (11c)보다 Max-BT를 더 어기므로 최적형태가 되지 못하고 있다. 이 문제를 해결하기 위해 Neef(1996)와 Fery(1997)는 단축어의 두 번째 음절의 두운(Onset)이 자음군이 되어서

는 안 된다는 제약을 가정한다. 이 제약은 (12b)의 예들에서처럼 왜 *An.dri*가 틀린 형태이고 *An.di*가 올바른 형태인지를 설명해준다.

(12) a. Max-BT의 효과가 나타나는 단축어
   Hans → Hansi, *Hanni
   Gorbatschow → Gorbi, *Gorri
   Stoltenberg → Stolti, *Stolli
   Alkoholiker → Alki, *Alli
   Computer → Compi, *Commi
   Fundamentalist → Fundi, *Funni
  b. Max-BT의 효과가 나타나지 않는 단축어
   Andreas → Andi, *Andri
   Benjamin → Benni, *Benji
   Dagmar → Daggi, *Dagmi
   Edmund → Edi, *Edmi
   Gabriele → Gabi, *Gabri

그러나 Itô/Mester(1995 : 8)가 지적하듯이 이런 설명은 자음군이 포함되어 있지 않는 *Ulrich → Ulli*, *Ul.ri* 혹은 *Imker → Immi*, *Imki*와 같은 경우에 대해서는 아무런 할 말이 없다. 왜냐하면 *Imki*가 안 되는 이유가 *Andri*가 안 되는 것처럼 두 번째 음절의 자음군 때문이라고 말할 수 없기 때문이다. *Andri*에서 자음군 [dr]은 두 번째 음절의 두음 자음군(Onsetcluster)이 될 수 있으나, *Imki*에서 [mk]는 공명도 원칙 때문에 두 번째 음절의 두음 자음군이 될 수 없다. 따라서 *Ulli, Immi* 등에서 Max-BT 효과가 나타나지 않는 이유를 *An.dri*에서처럼 두운의 자음군 때문이라고 할 수 없다. Itô/Mester(1995 : 8)는 (12)에서 Max-BT의 효과가 서로 다르게 나타나는 이유가 단축어에서 접미사 *-i* 앞에 오는 분절음들이 음절을 이룰 수 있는가의 여부에 달려 있음에 주목하고 있다. (13)을 보라.

(13) Gorbatschow → .Gorb. (atschow)-i

Gabriele → *.Gabr. (iele)-i, .Gab. (riele)-i
Andreas → *.Andr. (eas)-i, .And. (reas)-i

[.gorb.], [.gab.], [.and.] 등은 가능한 음절이 될 수 있으나, [.gabr.],
[.andr.] 등은 가능한 음절이 될 수 없다. 따라서 단축어는 가능한 음절
다음에 –i가 결합하여 생겨나는 것을 알 수 있다. 단축어를 만드는 데 있
어 핵심적인 역할을 하는 [.gorb.], [.gab.], [.and.]는 음운적으로 볼 때
입력부의 어떤 구성성분(음절, 음보)과도 일치하지 않는다. 뿐만 아니라
이들은 출력부의 어떤 구성성분과도 일치하지 않는다. 이들은 입력부에
도 출력부에도 나타나지 않는 추상적인 구성성분으로서 출력부를 도출
하기 위한 징검다리 구실을 하는 점에서, 음운적 불투명을 보이는 현상
들을 설명하기 위해 규칙이론이 가정하는 중간도출단계에 나타나는 추
상적인 형태와 비슷하다(4.1장에서 Tunica어의 입력부도, 출력부도 아닌 추상적
인 형태 [hípuʔɔki]와 비교하라).

　Itô/Mester의 분석의 핵심은 독일어의 단축어가 바로 이 추상적인 형
태인 [.and.]를 기준으로 해야 하며, 이 점에서 단축현상을 음운적 불투
명을 보이는 현상 중의 하나라고 보는 데에 있다. 호감이론의 바탕에서
*Andreas → Andi*의 분석은 대략 다음과 같다 : 우선 여러 개의 후보들
중에서 [.and.]를 골라내는 것이 가장 중요하다. 이것이 소위 호감이 가
는 후보(sympathy candidate, 표에서 '✿-후보'로 표시)가 되며, 최적형태는
이 호감이 가는 후보에 가장 충실한 후보가 된다. 호감이 가는 후보를
고르는 데 중요한 것은 이것이 오직 1음절로 구성되어 있다는 사실이다.
이것을 표현하기 위해서는 다음과 같은 운율단위와 운율단위간의 정렬
제약(prosody-to-prosody alignment constraint)이 필요하다(C✿은 호감이 가
는 후보를 선택할 때 중요한 역할을 하는 제약(selector constraint)을 의미).

(14) C✿ = All-σ-Left : Align (σ, Left, PrWd, Left)

이 제약에 의하면 모든 음절은 음운 단어의 왼쪽 끝과 일치해야 하므로 2음절 이상인 모든 후보(예 : [a.ni], [an.di], [an.dri], [an.dre.a.si] 등)는 적어도 한 번 이상 이 제약을 어기게 되어, 호감이 가는 후보를 고르는 일에서 일차적으로 탈락된다. 이에 반해 1음절로 된 후보(예 : [.and.], [.an.], [.a.] 등)는 이 제약을 지키므로 호감이 가는 후보는 이들 중에서 그 밖의 제약들을 가장 잘 지키는 후보가 된다. 아래의 표 (16)을 보라. 호감이 가는 후보가 결정되면 이 후보에 가장 충실한 후보가 무엇인지를 결정한다. 여기서 중요한 역할을 하는 것은 후보들 간의 충실성제약이다. 이것은 후보들끼리의 대응관계로서, 입력부와 출력부간의 충실(IO-Faithfulness), 출력부와 출력부간의 충실(OO-Faithfulness) 이외에 또 다른 하나의 충실관계(✿O-Faithfulness)를 나타내는 제약이다. 독일어의 단축현상에서 중요한 역할을 하는 ✿O-충실제약은 다음의 삽입금약이다.

(15) Dep-✿O : 출력부의 모든 분절음은 ✿-후보에 대응되는 분절음을 가져야 한다.

표 (16)은 위에 소개된 제약들의 상호작용을 보여준다.

(16)

Base : an.dre.as. Input : /Trunc + i/	Max-IO	Dep-✿O	All-σ-Left	Max-BT
✿ a. .and.	i!			reas
b. .an.	i!			dreas
c. .a.	i!			ndreas
d. .a.n–i.		i	σ	dreas!
☞ e. .an.d–i.		i	σ	reas
f. .an.dr–i.		ri!	σ	eas
g. an.dre.a.s–i		re!asi	$\sigma\,\sigma\,\sigma$	dreas

후보 (d-g)는 호감이 가는 후보를 결정하는 제약인 All-σ-Left를 어

기므로, 일단 호감이 가는 후보에서 탈락된다. All-σ-Left 제약을 지키는 (a-c) 중에서 (a)가 Max-BT 제약을 가장 덜 어기므로 호감이 가는 후보가 된다. 남은 일은 이 호감이 가는 후보에 어떤 후보가 가장 충실한가를 따지는 것이다. Max-IO 제약은 일음절로 된 후보들(a-c)(호감이 가는 후보를 포함해서)을 제외시킨다. 표준 OT 이론에 따르면 최적형태가 되었어야 할 [an.dri]는 올바른 형태인 [an.di]에 비해 Dep-✿O를 더 어기므로, 즉 호감이 가는 후보에 덜 충실하기 때문에, 최적형태가 될 수 없다. 또한 [a.ni]가 [an.di]보다 나쁘다는 점에서 Max-BT가 여전히 중요한 역할을 하고 있음을 알 수 있다.

이상의 Itô/Mester의 분석을 요약하면 다음과 같다. 첫째, 독일어의 단축현상은 음운적 불투명을 보이는 예로서, 이것은 단순히 두운의 자음군을 허락하지 않는 제약만으로는 설명될 수 없다. 단축어는 어기의 어떤 형태적 단위나 음운적 단위와도 일치하지 않는 추상적인 형태(위의 분석에서 [.and.])를 참조해야만 올바르게 설명될 수 있다. 이 추상적인 형태의 참조는 호감이 가는 후보를 먼저 결정하고, 다음으로 이 후보에 가장 충실한 후보를 최적후보로 정함으로써 가능하다. 둘째, 추상적인 형태를 중요한 기준으로 삼아야 하는 점에서 입력부와 출력부간의 충실 및 출력부와 출력부간의 충실만 인정하는 표준 OT 이론은 부적합하다. 왜냐하면 추상적인 형태는 후보와 후보들 간의 충실성을 따질 때에만 가능하기 때문이다. 이로써 호감이론은 표준이론의 충실관계를 후보들 간의 관계로까지 확대하고 있다.

제5장 ▎Schwa와 독일어의 굴절형태

5.1. 규칙에 기반한 이론 vs. 제약에 기반한 이론

독일어 단어형태를 지배하는 운율적인 규칙성을 기술함에 있어 Schwa 모음의 분포는 결정적인 역할을 한다. 형태적으로 단순어이면서 주 어휘 부류인 명사, 동사, 형용사, 전치사에 속하는 거의 대부분의 토착어 어간은 1음절이거나(*Tisch, Tag, schön, auf, schreib-* etc.), 고작해야 2음절이다. 2음절 어간의 경우도 두 개의 음절이 모두 소위 완전음절(Vollsilbe)인 경우, 즉 음절핵이 완전모음으로 된 경우(예 : *Heimat*)는 적으며, 거의 대부분의 어간은 첫째 음절만 완전음절이고 둘째 음절은 불완전 음절, 혹은 축소음절(= Reduktionssilbe)이다. 축소음절이라 함은 Schwa 모음이 음절핵이거나 혹은 성절성 공명음(= silbischer Sonorant), 즉 /n/, /m/, /ŋ/, /l/, /r/ 중의 한 개가 음절핵인 음절을 말한다. Wiese(2001a)는 이런 어간을 두 개의 완전음절로 이루어진 어간보다 운율적 크기가 작다는 표시로 1과 2분의 1음절 어간으로 부른다(예 : *Atem, Segel, Regen, Ruder*). 3음절 이상의 어간은 대부분 외래어에서 들어온 것들이다(*Harmonika, Element* etc.).

형태적 단순어에 보이는 이와 같은 운율적인 제한은 이 단어들이 어기

(Basis)로 작용하는 독일어의 굴절체계에 직접적인 영향을 미친다. 독일어는 강약 2음절로 이루어진 음보(Trochäus-Fuß)를 선호하고 강약약 3음절로 이루어진 음보(Daktylus-Fuß)를 기피하기 때문에 1음절 단어들이 굴절의 어기로 작용할 때 굴절접사와 어기의 결합은 Trochäus 음보를 형성하므로 문제가 없으나(예 : *Fisch-e, Kind-er*와 같은 명사 복수형태), 2음절 어기가 굴절접미사와 결합할 때에는 Daktylus 음보를 피하는 쪽으로 굴절접미사의 형태가 결정된다. 예를 들어 여성명사의 복수형태를 나타내는 접미사 *-n/-en* 중 어떤 것을 취할 것인지는 Trochäus음보를 형성하는가의 여부에 달려 있다. 따라서 *Tür*의 복수형태인 *Tür-en*은 Trochäus로서 접미사 *-en*이 어기와 결합하나 *Farbe*의 복수형태인 *Farbe-n*은 접미사 *-n*이 어기와 결합한다. *Farbe-en의 경우는 Daktylus음보가 생겨나기 때문이다.

또한 Schwa 모음은 굴절접미사로서 핵심적인 기능을 담당하고 있다. 이것은 명사, 동사, 형용사에 나타나는 굴절접미사 중 Schwa 모음([ə], 철자 e에 해당하는 모음) 자체뿐만 아니라 거의 대부분의 자음 접미사들(명사 복수형을 나타내는 *-r, -n* ; 동사 2인칭 현재 단수 *-st*, 동사3인칭 현재 단수 *-t*, 복수 2인칭 현재 *-t*, 복수 1, 3인칭 현재 *-n* 등)은 각각 이에 대응하는 Schwa 음절(즉 철자상 *-er, -en, -est, -et* 등)과 이형태소 관계를 보이는 데서 알 수 있다. 이런 자음으로 시작하는 접미사들은 아래에서 보겠지만 거의 대부분 Schwa 음절로 실현되려는 경향을 보이고, 이것은 굴절형태의 운율구조에 직접적인 결과를 가져온다. 위에서 말했듯이 토착어의 명사, 형용사, 동사 어간들은 대부분 1음절 혹은 2음절(보다 정확히 1음절 + Schwa 음절)이다. 1음절 어간의 경우, 복수 접미사나 형용사의 굴절접사, 혹은 동사의 현재인칭어미와 같은 굴절접사가 어간과 결합하면 전체 단어는 2음절로 실현될 것이다(명사복수 : *Tisch-e*, 동사 부정형 *geh-en*, 형용사 굴절 : *schön-e*). 이 굴절형태는 독일어의 전형적인 강약음절의 음보를 형성하게 된다. 그러나 어기가 1음절 + Schwa 음절일 경우에는 굴절접사가 Schwa 음절로 실현되려는 경향(즉 굴절형태가 강약약 3음절로 이루어진 Daktylus 음보로 되려는 경향)과, 가능하면 Daktylus 음보를 피하려는 경향 간에 충돌이 생긴다. 앞에서 본 여성명사의 복수 접미사 *-n/-en*의 이형태소 관계는 이 두 개의 경향간의 충돌의 결과로 볼 수 있다. Daktylus 음보를 회피하려는 요구가 굴절접사를 Schwa 음절로 실현시키려는 요구보다 더 강하기 때문에 *Farbe*의 올바른 복수형태는 *Farbe-n*이지 *Farbe-en이 아니다. 이에 반해 여성 명사의 복수 접미사 *-n/-en*의 이형태소 관계를 규칙이론에서처럼 입력부 중심으로 설명한다면 다음과 같이 될 것이다.

(1) 여성 명사에서 단수 어간의 마지막 음절이 강세를 가지면 복수 접미사 *-en*을, 그 밖의 경우는 *-n*을 붙여라.

3.1장에서 *-ei/-erei*나 *-keit/-igkeit*의 이형태소 관계에서 지적했듯이 이런 분석은 올바른 설명이 될 수 없다. 왜냐하면, 복수 접미사 *-n*과 *-en*을 붙이는 관계가 (1)과 반대가 된다 하더라도, 이런 규칙을 갖는 문법이 (1)의 규칙을 갖는 문법보다 더 복잡하다고 말할 수 없기 때문이다. 우리가 말하고 싶은 것은 여성명사의 복수 형태는 어떤 일정한 조건(여기서는 음보에 관한 운율조건)을 충족시켜야 한다는 사실이다. 이것은 오직 출력부 중심으로, 즉 굴절되기 이전의 어간 형태가 아니라, 굴절된 후 단어 전체의 형태를 중심으로 살펴 볼 때에만 가능하다. 뿐만 아니라 음보의 적형성 요구 조건은 비단 여성명사의 복수형태에서 어떤 복수 접미사를 취하는가를 결정하는 데 중요할 뿐만 아니라, 독일어의 모든 굴절형태에서 중요한 역할을 한다. 오직 여성명사의 복수형태를 설명하기 위한 (1)과 같은 규칙은 독일어 굴절형태를 지배하는 일반적인 원칙을 표현할 수 없다. 굴절형태에 나타나는 Schwa 모음의 분포를 출력부 중심의 제약이론을 바탕으로 분석한다는 것은 다음 두 가지 점에서 입력부를 중심으로 한 규칙이론의 설명과 다르다 : (ⅰ) 독일어 굴절체계에서

결정적인 역할을 하는 Schwa 모음의 분포는 기존의 연구들에서 밝혀진 것보다 훨씬 더 규칙적이다. (ii) 굴절형태에서 중요한 것은 언제 Schwa 모음이 표층형태에 나타나는가가 아니라, 반대로 언제 Schwa 모음이 실현되지 않는가를 결정하는 것이다. 이하에서는 이 두 가지 점을 상술하도록 하겠다.

규칙에 기반을 둔 기존의 연구들(Giegerich 1987, Wiese 1996, Hall 1992)은 Schwa 모음의 분포가 예측 가능한 것으로 보아 규칙을 통해 Schwa 모음을 도출했다. 예를 들어 *dunkel*과 같은 단어의 입력부는 Schwa가 없는 형태이며, 이것은 Schwa 삽입규칙에 의해 Schwa가 있는 형태로 변한다.

(2) a. 입력부(= 기저형태) : /dʊŋkl/
   b. Schwa- 삽입 규칙 :
      $\phi \rightarrow \vartheta$ / ____ C] (C = Consonant가 음절화될 수 없을 때)
   c. 출력부 : [dʊŋkəl]

규칙 (2b)는 형태적으로 규정된 범위 내에서(규칙에서 괄호 표시 ']'는 형태소의 오른쪽 경계를 의미한다) 마지막 자음이 음절화될 수 없을 때 Schwa를 삽입한다. /dʊŋkl/의 마지막 자음 /l/은 음절화될 수 없고 형태소 마지막 자음이므로 규칙 (2b)의 환경을 충족시킨다. 규칙 (2b)가 여성명사 복수 *Fabrik-en*과 *Farbe-n*을 도출할 때 어떻게 적용되는지 살펴보자.

(3) fabrik-   farbe-   : 입력부
    fabrik-n]   farbe-n]   : n-접미화(여성명사 복수)
    fabrik[ə]n   ____   : Schwa-삽입규칙
    [fabrɪkən]   [faɐbən]   : 출력부

Schwa 삽입규칙이 적용되기 위해서는 어간에 복수 접미사 *-n*을 결합시키는 형태적 규칙이 먼저 적용되어야 한다. 만약에 이 두 개의 규칙순서가 반대라면 *Farbe-n*은 올바른 형태가 도출되나, *Fabrik-en*에

서는 *Fabrik-n이라는 틀린 형태가 도출된다. 주의할 것은 복수 접미사가 -en이 아니라 -n이 되어야 한다는 점이다. 왜냐하면 -en일 경우 Fabrik-en에서는 올바른 형태가 생기나, Fabe-n의 경우는 형태규칙에 의해 Farbe-en이 생기고, 여기서 Farbe-n을 도출하기 위해서는 Schwa-삽입규칙 외에도 Schwa-탈락 규칙을 별도로 가정해야 하기 때문이다. 따라서 규칙에 입각한 분석에서 독일어 단어에 나타나는 모든 Schwa의 분포는 규칙 (2b)에 의해 예측 가능하다고 주장할 때, 이 주장이 유지되기 위해서는 위의 여성명사 복수의 경우 다음 두 가지가 전제되어야 함을 알 수 있다 :

첫째, n-접미화 규칙(= 형태 규칙)은 Schwa-삽입규칙(= 음운규칙)에 선행되어야 한다.

둘째, 복수 접미사는 -en이 아니라, -n이어야 한다.

이 두 가지 전제는 규칙에 입각한 모든 이론들의 기본적인 가정과 직결되어 있다. 어휘 음운론(Lexikalische Phonologie)에 따르면 음운규칙들과 형태규칙들 간에 일정한 순서가 있다. 또한 규칙이론은 본질상 규칙 적용을 통해 입력부의 형태를 출력부의 형태로 바꾸는 도출 이론(derivationelle Theorie)이다. 이것은 입력부가 일정형태가 되어야 규칙이 적용될 수 있는 것(혹은 거꾸로 규칙이 적용되기 위해서는 입력부가 일정요건을 충족시켜야 하는 것)을 의미하기 때문에 입력부가 어떤 형태로든 제한되어야 하는 것을 의미한다. 그러나 위의 두 가지 전제가 지켜짐에도 불구하고 (3)과 같은 분석을 따를 때 여성명사 복수 Tür-en, Frau-en 등은 각각 틀린 형태 *Tür-n과 *Frau-n이 생겨난다.

(4) Tür-   Frau-   : 입력부
    Tür-n]   Frau-n]   : n-접미화(여성명사 복수)
    적용안됨   적용안됨   : Schwa-삽입규칙
    *[ty:rn]   *[fraʊn]   : 출력부

그 이유는 *Tür-n*과 *Frau-n*에서 마지막 자음 *-n*은 앞의 모음과 함께 음절화 되므로, Schwa-삽입규칙이 여기서 적용될 수 없기 때문이다. 결국 규칙에 기반한 분석은 *dunkel*과 같은 형태적 단순어에 나타나는 Schwa는 예측할 수 있으나, *Tür-en*, *Frau-en*과 같은 형태적 복합어에 나타나는 Schwa는 예측할 수 없음을 알 수 있다. 후자에 나타나는 Schwa를 설명하기 위해서는 (2b)의 Schwa 삽입규칙과는 별도로 복합어가 충족시켜야 하는 제약을 따로 가정해야 할 것이다. 그 한 예로 Wiese(1996 : 139)는 다음과 같은 제약을 제안하고 있다.

(5) [+N, -V, +pl] → ω[.... F [$\sigma 1$ $\sigma 2$]] (F = foot, $\sigma 2$ = Schwa-음절)

이 제약은 독일어의 명사 복수 형태가 2음절로 된 강약 음보(두 번째 음절은 Schwa가 음절핵인 음절)로 마치는 음운단어(기호 ω는 음운단어를 표시)가 되어야 할 것을 요구하고 있다. 그러나 이미 1장에서 말했듯이, 규칙과 함께 제약을 사용하게 되면, 경우에 따라서는 동일한 문법현상을 규칙과 제약이라는 두 개의 수단을 사용해 이중으로 표현하게 되므로 (Duplikationsproblem) 잉여적이라는 비난을 면할 수 없다. 뿐만 아니라 (5)와 유사한 제약은 명사의 복수형태에만 필요한 것이 아니다. 독일어에서 명사나 형용사에서 동사로 전환될 때 다음 데이터가 보여주듯이 동사 부정형 접미사는 *-n*과 *-en*의 교체를 보인다.

(6) 명사나 형용사에서 동사로의 전환(Konversion)

a. Topf → topf(en)	b. grün → grün(en)
Gras → gras(en)	weit → weit(en)
Schaufel → schaufel(n)	sicher → sicher(n)
Bagger → bagger(n)	lahm → lahm(en)
Gewicht → gewicht(en)	schön → schön(en)

(6a)는 명사에서 동사로의 전환을, (6b)는 형용사에서 동사로의 전환을 보인다. 명사나 형용사의 어간이 1음절일 때는 접미사 *-en*이 붙고

(예 : *gras-en, grün-en*), 어간이 2음절일 때는 접미사 *-n*이 붙는다(예 : *schaufel-n, sicher-n*). 어간이 2음절이라도 강세가 마지막 음절에 있을 때는 *-en*이 붙는다. *bágger-n*과 *gewícht-en*을 비교해 보라. 따라서 다음과 같은 제약이 필요하다.

(7) 명사나 형용사에서 전환된 동사는 2음절 강약음보로 마쳐야 한다.

(5)와 (7)에서처럼 형태, 통사적인 범주에 따른 제약들을 각각 따로 가정해야 하는 규칙이론에서는 이 제약들이 동일한 것이 우연의 일치일 뿐, 전체 문법을 지배하는 일반적인 원칙이라는 사실을 표현하지 못한다. 이에 반해 출력부 중심의 OT에서는 형태적인 단순어에 적용되는 운율구조에 관한 기본제약들이 굴절형태를 포함한 복합어에도 동일하게 적용되므로 형태범주에 따라 새로운 제약을 가정할 필요가 없을 뿐만 아니라 규칙이론에서와 같은 이중표현의 문제가 생기지 않는다.

규칙이론에 입각한 분석과 제약에 기반한 분석은 이밖에도 굴절형태에 나타나는 Schwa의 유무를 예측함에 있어서 서로 다르다. 위의 Schwa 삽입규칙을 통해 알 수 있듯이 규칙에 기반한 기존의 연구들은 어떤 환경에서 Schwa가 표층형태에 실현되는가를 예측하고 있다. 그러나 굴절형태에서 중요한 것은 언제 Schwa 모음이 표층형태에 나타나는가가 아니라, 반대로 언제 Schwa 모음이 실현되지 않는가를 결정하는 것이다. 추상적인 기저형태에서 Schwa 모음이 존재하지 않고 Schwa 삽입규칙을 통해 표층형태에서 Schwa 모음을 도출해내는 규칙이론의 틀 안에서는 많은 경우 Schwa 모음이 음소분포적으로(phonotaktisch) 설명이 되지 않는다(예 : *geh-en, bau-en*과 같은 동사 부정형에서 왜 음소분포상 아무런 문제가 없는 **geh-n, *bau-n*과 같은 형태들은 허락되지 않는가?). 그 결과 규칙이론에서는 개별 형태범주에 따라 서로 다른 운율제약을 설정하지 않을 수 없고, 이로써 제약을 일반화시키는 데 실패한다. 그러나 추상적인 입력부 대신 실지 음성형태인 출력부를 중심으로 단어형태를 설명하는 최적성이론의 관점에서 보면 굴절형태에서 Schwa 모음은 다른 중요한 제약들이 방해하지 않는 한 실현되는 것이 일반적이라는 사실을 알 수 있다(이에 대해 자세한 것은 6장을 참조하라).

5.2. 굴절형태를 지배하는 제약들

Wiese(2001a : 18)는 주 어휘부류인 명사, 동사, 형용사에 따라 굴절형태에 나타나는 Schwa 모음의 분포에 관한 규칙을 각각 다르게 설정해야 한다고 주장한다. 그 이유로서 Wiese는 독일어 동사 부정형(접미사 *-n*을 취하는 동사는 부정형뿐만 아니라 모든 시제에서 1, 3인칭 복수형태, 불규칙 과거분사형도 포함된다)에서 Schwa의 분포는 명사 복수형과 마찬가지로 (7)에 기술된 2음절 Trochäus 음보 제약을 충족시키는 점에서 일견 명사 복수형에서의 Schwa의 분포와 같은 것으로 보이나, 동사에서는 동사 어간의 마지막 자음이 무엇인가(비음 vs. 유음, 예 : *atm-en* vs. *segel-n*)에 따라 Schwa의 위치가 달라지므로 명사복수와는 달리 동사 부정형에서는 제약 (7) 외에도 동사어간 말음의 성격이 중요한 역할을 하고 있는 사실을 든다. (8)은 굴절접사 -n이 유음 /l, r/으로 마치는 어간과 결합할 때 명사와 동사의 굴절형태들에서 나타나는 Schwa 모음의 분포의 차이를 보여준다.

(8) a. 여성명사복수 : Frauen, Farben, Tafeln, Steuern
     b. 동사 부정형 : atmen, ordnen, fehlen, bohren, segeln, rudern

여성명사의 복수형태 *Tafeln, Steuern*이 보여주듯이 명사의 굴절형태에서는 어간이 Schwa 음절로 마칠 때 접미사 *-n*이 붙는다. 이때 어간 말음인 유음 /l, r/ 다음에 오는 복수 접미사 *-n*은 공명도상으로도 음절을 만드는 데 문제가 없다. 이에 반해 동사의 굴절형태에서는 *fehlen*, *bohren*에서 볼 수 있듯이 비록 접미사 -*n*이 공명도상으로 문제가 없는 음절(**fehln*, **bohrn*)을 만들 수 있음에도 불구하고 -*n* 대신 -*en*이 어간과 결합한다. 뿐만 아니라 동사의 어간이 비음으로 마치는 경우(*atm-en*, *ordn-en*)에는 Schwa 모음이 어간 다음에, 유음으로 마치는 경우(*segel-n*, *ruder-n*)에는 Schwa 모음이 어간 내부에 나타난다. 이런 이유로 Wiese 는 동사의 부정형이 2음절 Trochäus 음보가 되어야 하는 제약 외에도 어간 말음의 성격에 따라 Schwa 모음의 위치를 달리 도출해 낼 수 있는 규칙이 필요하다고 주장한다. 그러나 Wiese(2001a : 22) 스스로 인정하듯 이 이런 규칙은 실지로 이 분절음들이 다른 식으로는 음절화될 수 없다 는 중요한 사실을 표현하지 못하고 있다. 예를 들어 부정형 **atem-n*이 올바른 형태가 될 수 없는 이유는 어간이 비음으로 마친 동사는 접미사 -*en*을 취해야 한다는 규칙을 지키지 않았기 때문이 아니라, 접미사 -*n*을 취할 경우 전체 단어가 음절화될 수 없기 때문이다. 따라서 접미사 -*en*을 취하는 것은 전체 단어가 음절화가 되기 위한 불가피한 수단이지, 어간 말음이 비음으로 끝나기 때문이 아니다. 이에 반해 *segel-n*, *ruder-n*에 서처럼 어간 말음이 유음으로 끝나는 경우 음절화는 절대적인 기준이 될 수 없다. 왜냐하면 음절화만 생각하면 **seglen*, **rudren*과 같은 단어도 가능해야 하기 때문이다. 이 단어들이 비문법적인 이유는 Raffelsiefen (1995)이 설명하고 있듯이 동사의 모든 굴절형태들은 동사의 인칭과 수 를 나타내는 형태소를 제외한 나머지는 가능한 한 동일한 음성형태를 가 져야 하는데 **segl-en*, **rudr-en*과 같은 부정형 동사는 이 제약을 위반 하기 때문이다. 예를 들어 이 부정형 동사들은 2인칭 단수 현재 형태인 *segel-st*, *ruder-st*와 동사 어간이 다르다. Reffelsiefen은 동사굴절형 에서 요구되는 이 제약을 Level 제약이라고 부르고 있다(이 제약에 대해서 자세한 것은 7장을 참조하라). 중요한 것은 부정형동사어간의 말음이 보이는 분절음 성격이 아니라, 서로 충돌하는 제약들(Schwa-삽입금지 vs. Level 제

약)의 상호작용이 이 분절음들을 그렇게밖에 음절화할 수 없다는 사실이
다(vgl. Raffelsiefen1995, Yu 2003b).

한편 형용사 굴절형태에서 보이는 Schwa의 분포는 명사와 동사에서
나타나는 그것과 다르다. 형용사에서 Schwa 분포의 특징은 모든 형용사
의 굴절형태에서 굴절접미사에 포함된 Schwa가 의무적으로 첨가된다는
점이다. 모음으로 끝나는 형용사에서 음소분포규칙(Phonotaktik)의 측면
에서 볼 때 Schwa가 필요 없음에도 불구하고 나타나는 다음 예들을 보
라. *rohe, rohes, rohen, roher, rohe*m etc. 이런 이유로 Wiese(1996 :
108-113)는 (9)에서처럼 형태, 통사적 범주에 따라 각각 서로 다른 운율
제약들이 적용되어야 한다고 주장한다.

(9) 독일어 주 어휘범주의 운율제약들
    a. 명사복수 → ω[.... F[σ Schwa-음절]]
    b. 형용사 굴절형태 → ω[.... Schwa-음절]
    c. 동사 부정형, 1인칭과 3인칭 복수형태 → ω[.... Schwa-음절]

그러나 이 주장은 "제약은 위반될 수 없다"는 규칙이론의 이론적 가설
때문에 여러 가지 문제점을 가지고 있다. 무엇보다 첫째 (9)의 제약들은
서로 다른 형태, 통사범주에 적용되는 별개의 제약들로 보기에는 너무
서로 유사하다. 또한 이 제약들은 유사성에도 불구하고 위의 서로 다른
3개의 형태, 통사적 범주에 모두 공통적으로 적용되는 중요한 운율제약
을 포착하는 데는 실패하고 있다. 제약 (9a)는 명사복수가 강약 2음절
음보(Trochäus Fuß)로 마칠 것을 요구함에 반해, (9b)와 (9c)는 Schwa-
음절로 마칠 것을 요구하고 있어 마치 형용사와 동사에는 강약 2음절 음
보로 마치는 것이 중요하지 않은 것처럼 보인다. 그러나 동사 부정형에
서도 강약 2음절 음보가 중요한 역할을 하고 있음을 우리는 명사에서 동
사로의 전환(Konversion) 과정을 통해 볼 수 있다(전환에 대해서 자세한 것은
7장을 참조하라).

(10) a. topfen, grasen, schaufeln, baggern
      b. *gummien, *dramaen, *paprikaen, *kommandoen
      c. *segelen (vs. segeln), *atemen (vs. atmen)

(10a)는 각각 해당하는 명사(*Topf, Gras, Schaufel, Bagger*)에서 전환된 동사 부정형으로서 부정형 어미 *-en*이 어기와 결합하여 2음절 Trochäus 음보를 만든다. 이에 반해 (10b)는 해당명사(*Gummi, Drama, Paprika, Kommando*)가 동사로 전환될 수 없는 경우이다. 그 이유는(화용, 의미론적인 측면을 무시하고 오직 운율적인 측면에 국한할 때) 부정형 어미 *-en*이 이들 어기와 결합하면 강약 2음절음보가 아닌 강약약 3음절 음보(Daktylus Fuß)가 생기기 때문이다(vgl. Yu 2003b). 독일어의 굴절형태는 가능한 강약약 3음절 음보를 기피(Anti-Daktylus 현상)하기 때문에 (10b)와 같은 전환은 불가능하다. Anti-Daktylus 현상은 (10c)에서 볼 수 있는 것처럼 Schwa 모음의 위치를 결정하는 데도 중요한 역할을 한다. 앞에서 우리는 동사 부정형 *segeln*과 *atmen*에 나타나는 Schwa 모음의 위치가 어간말의 분절음(비음 vs. 유음)에 따라 결정된다고 보는 것이 불합리함을 지적하였다. 이 부정형들에서 Schwa 모음의 위치가 다른 이유는 동사어간 말음의 성격 때문이 아니라, 독일어 전체에 일반적으로 적용되는 제약들 간의 상호작용의 결과로 보아야 한다. 한편으로는 전환관계에 있는 명사 어기와 동사 부정형은 부정형을 표시하는 접미사(*-en* 혹은 *-n*)를 제외하곤 가능한 한 음성적으로 동일한 상태를 유지하려고 한다(Level 제약). 그러나 동일한 상태가 강약약 3음절 음보를 만들거나(No-Lapse 위반), 공명도 원칙(= SSP)에 위반되는 결과를 가져와서는 안 된다. (표 11b)는 No-Lapse와 공명도 원칙을 지키기 위해서 명사어기(*Atem*)와 부정형동사어간(*atm-en*에서 *atm*)의 음성형태가 다를 수 있음을 보여준다.

(11) a. 제약들
      SSP : 모음을 중심으로 음절 양쪽 끝으로 갈수록 공명도는 감소한다.
      Level : 명사 어기와 동사 부정형 어간은 부정형 어미 *-n* 혹은 *-en*을 제외하고 음성적으로 동일해야 한다.

b. (*Atem* ~ *atm-en*)

	No-Lapse	SSP	Level
a. atemen	*!		
b. atemn		*!	
☞ c. atmen			*

c. (*Segel* ~ *segel-n*)

	No-Lapse	SSP	Level
a. segelen	*!		
b. seglen			*!
☞ c. segeln			

또한 형용사 굴절형태에서도 강약 2음절 음보에 대한 요구가 어간 내부의 Schwa의 유무를 결정하는 데 중요한 역할을 하고 있음을 볼 수 있다.

(12) a. eitel eitle, eitles, eitlen, eitler, eitlem
b. sicher sichere, sicheres, sicheren, sicherer, sicherem

(12a)에서 *eitel*과 굴절 접미사가 결합할 때 *eitele, *eiteles, *eitelen etc 등의 강약약 3음절 음보가 허락되지 않는 이유는 (11b, c)에서와 같다. (12b)에서 보는 것처럼 강약 2음절 음보에 대한 요구가 형용사 어간 말음이 /r/인 경우에는 비록 엄격하게 적용되지 않지만, 적어도 이에 대한 변이형들(sichr-en, sichr-er etc.)이 허락되는 점에서 강약 2음절 음보가 형용사 굴절형태를 결정짓는 하나의 중요한 제약임을 확인할 수 있다.

이상의 논의에서 우리는 독일어 굴절형태가 강약 2음절 음보를 요구하는 것은 명사, 형용사, 동사라는 주 어휘 범주에 모두 일반적으로 적용된다는 것을 알 수 있으며, 이는 각 어휘범주에 따라 서로 다른 운율 제약을 가정하는 (9)의 분석으로서는 설명이 되지 않는다. 다만 형용사

의 굴절형태에서 Schwa가 음운적으로(공명도 원칙 때문에) 나타나야만 하
는 경우(예 : *gut-n → gut-en*)와 형태적인 조건에 의해 나타나는 경우(예 :
roh-en)는 분명히 구별되어야 한다. 후자에서는 Schwa가 아무런 음운적
동기가 없음에도 나타난다. 혹자는 *roh-en*과 같은 경우를 근거로 형용
사 굴절형태에 관한 제약 "형용사의 굴절어미는 언제나 Schwa를 포함해
야 한다"을 가정해야 하며, 이로써 형용사를 다른 2개의 어휘범주(명사와
동사)로부터 구분해야 한다고 주장할지 모른다. (13)은 굴절접미사 *-n*을
예로 3개의 어휘범주의 굴절형태들을 보여주고 있다. 명사와 동사에서
는 Schwa가 실현될 수도 있고 실현되지 않을 수도 있음에 반해(즉 *-n*과
*-en*이 원칙적으로 이형태소 관계에 있을 수 있음에 반해), 형용사에서는 Schwa
가 언제나 실현된다. 부가어적으로 쓰이는 형용사의 남성 단수 4격 혹은
복수 3격을 나타내는 접미사 *-en*은 결코 *-n*으로 실현되는 법이 없다(음
운적으로 볼 때 **roh-n*이 불가능할 이유가 없다. 이것을 이와 유사한 올바른 음운형
태인 *Lohn*과 비교해 보라).

   (13) a. 명사 복수 : Tür-en, Farbe-n
         b. 동사 부정형 : segel-n, geh-en
         c. 형용사 남성 단수 4격 혹은 복수 3격 : roh-en

그러나 굴절형태소가 되는 자음 *-n*, *-r*, *-m*의 실현형태를 보다 자세
히 관찰하면 이 형태들이 모두 성절성 분절음으로 실현되어야 하는 압박
을 받는 점에서 형용사와 다른 어휘범주들(명사, 동사) 간의 구별이 없다.
특히 형용사에서 강약 2음절 음보가 아닌 강약약 3음절 음보(No-Lapse
위반)가 생기는 것(예 : *schön-er-e*)은 형태적인 범주의 변화를 표시해야
하는 요구가 있을 때에만 가능하다. 그러나 형용사 범주에만 적용되는
(9b)와 같은 제약은 바로 형태 범주에 국한되어 있는 이 제약의 성질 때
문에(혹은 규칙이론에 내재한 이론적인 가설 때문에) 강약약 3음절 음보 회피
가 독일어의 굴절형태에 일반적으로 나타나는 현상이라는 사실을 포착

하지 못할 뿐 아니라, 이 음보가 정확히 어떤 경우에 허락되는지도 설명하지 못하고 있다. 따라서 (9)에서처럼 형태, 통사범주에 따라 각각 서로 다른 운율제약을 가정하는 대신 다음과 같은 2개의 일반적인 제약이 독일어의 굴절형태를 지배하고 있다고 보아야 한다. (ⅰ) 강약 2음절 음보제약, (ⅱ) Align-Schwa 음절 제약(Align-Right : 굴절형태, right : Schwa 음절, right). 두 번째 제약은 명사, 동사, 형용사의 굴절형태들이 Schwa 음절로 마쳐야 할 것을 요구한다. 이 2개의 제약과 위에 언급한 다른 제약들 간의 충돌을 인정하지 않으면 모든 굴절형태에 일반적으로 적용되는 강약약 3음절 음보 회피현상이나 굴절형태 내에서 Schwa의 정확한 위치 등을 제대로 설명할 수 없다.

제 6 장 ┃ 명사의 복수

6.1. 이론적인 배경

독일어 명사의 굴절 형태에 나타나는 규칙성을 설명하기 위한 기존의 연구는 크게 두 가지 타입으로 구분된다. 하나는 도출 이론에 토대를 둔 것으로서 이는 명사의 기본형(예를 들어 단수 1격)에서 출발해서 이와 관련된 굴절형태들에 나타나는 변화에 주목한다(vgl. Wiese 1996, Eisenberg 1998). 여기서 나타나는 변화는 대개 어형변화표로 표현된다. 다른 하나는 개개의 굴절형태들이 지키는 적형성 조건을 기술하는 것에 중점을 둔다. 이런 기술방식에 의하면 어형변화표란 적형성조건의 부수적인 결과일 뿐이다(vgl. Neef 1998, Wegener 1999). 전자가 굴절형태에 대한 기술을 규칙이론에서처럼 입력부로부터 출력부를 도출해 내는 동적인 과정으로 파악하고 있다면, 후자는 출력부의 적형성을 판단하는 것만이 굴절형태의 기술에서 중요한 것으로 파악하고 있다는 점에서 정적이라고 할 수 있다.

이 책은 후자의 입장에서 독일어 명사의 복수형에 나타나는 규칙성을 기술하고자 한다. 그 이유는 무엇보다 규칙이론에서 보이는 잉여성을 제거할 수 있기 때문이다. 5장에서 살펴보았듯이 규칙이론에 기반한 분석

들에서는 흔히 동일한 조건이 여러 가지 규칙들에 산재해 나타남을 볼
수 있다. 예를 들어 Wiese(1996)는 독일어 명사 복수 형태가 강약 2음절
음보로 마쳐야 하고, 이때 두 번째 음절은 Schwa 음절이 되어야 한다고
주장한다. 그러나 이 조건은 명사 복수 형태에 한정되지 않고, 형용사의
굴절 형태, 동사의 부정형 등 여러 가지 다른 형태, 통사적인 범주에도
동일하게 적용된다. 이 경우 규칙이론에 기반한 분석들은 다른 형태, 통
사적인 범주를 위해 각기 서로 다른 규칙을 설정할 수밖에 없고, 그 결
과 이 규칙들이 위에서 말한 동일한 조건을 포함하고 있음은 우연의 일
치로밖에 되지 않는다. 이에 반해 최적성이론과 같은 제약에 입각한 이
론의 관점에서 보면, 동일한 제약이 여러 가지 서로 다른 형태, 통사적
범주들에 동시에 적용되는 것은 우연의 일치가 아니라, 오히려 이 이론
의 바탕을 이루는 가설의 결과이다. 이에 따르면, 모든 제약들은 언어
보편적이고, 개별 언어의 차이는 보편적인 제약들 간의 랭킹의 차이에
기인한다. 따라서 최적성이론의 관점에서 볼 때 한 개의 언어 내에서 서
로 다른 형태, 통사적 범주들에 적용되는 제약들이 동일한 것은 당연한
사실이다.

　이에 반해 똑같이 제약에 기반한 이론이라도 선언문법(Deklarative
Grammatik)이 파악하는 제약의 성격은 최적성이론의 그것과 본질적으로
다르다. 최적성이론에서 모든 제약은 근본적으로 위반될 수 있음에 반
해, 선언문법에서 제약은 위반될 수 없다. 또한 최적성이론에서 모든 제
약은 언어 보편적임에 반해 선언문법에서 제약은 언어 개별적이다. 그
결과로 선언문법은 규칙이론에서처럼 특정 형태적 범주(예 : 명사 복수)에
따라 이 범주가 지켜야 할 제약들을 설정해야 한다. 이에 반해 최적성이
론에서 제약들은 모든 형태적 범주에 공통적으로 적용되며, 나아가 언어
보편적이다(선언문법에 대한 비판은 Yu2003b를 참조하라).

　최적성이론의 틀 속에서 명사 복수 형태가 지켜야 하는 제약들을 기술
한 연구로는 Wegener(1999)가 있다. 아래에 설명되겠지만 Wegener의

분석과 이 책에서 제시된 분석은 독일어의 운율 구조를 설명하는 점에서 근본적으로 다르다. Wegener는 독일어의 전형적인 음보로서 강약 2음절 음보(Trochäus) 이외에도 강약약 3음절 음보(Daktylus)를 인정하고 있다. 그러나 독일어에서 명사에서 동사로의 전환(Konversion)과 명사, 형용사, 동사의 굴절형태들에 관한 올바른 기술은 오직 강약 2음절 음보만 인정할 때 가능함을 알 수 있다(전환에 대해서는 7장을, 굴절형태에 관해서는 유시택 2004a을 참조하라). 전환이나 굴절과 같은 형태적 과정이 보여주는 것은 오히려 강약약 3음절 음보 회피(Anti-Daktylus)의 결과로 해석될 수 있다. 전환이나 굴절과 같은 형태적 과정들에서 보이는 Anti- Daktylus 현상이 명사 복수 형태를 설명하는 데는 적용되지 않는다면 이상할 것이다. 그러나 아래에서 상술되겠지만, 독일어의 전형적인 음보로서 강약 2음절 음보만 인정해야 한다는 가정은 명사 복수 형태에서 보이는 복수 접미사들 간의 이형태소 관계에 의해서도 뒷받침된다.

6.2. 복수 접미사들

독일어 명사에서 복수 1격은 여러 가지 방식으로 실현된다. 거의 대부분은 단수형태의 변화를 통해 이루어지나 (1a)에서 보듯이 복수형태와 단수형태가 동일한 경우도 있다. 명시적인 복수 접미사가 없는 이런 경우를 여기서는 편의상 영형태소(NullMorphem, 기호 $\emptyset$)를 통해 나타낸다. 그러나 이것은 어디까지나 '해당되는 복수 접미사가 음성적으로 존재하지 않음'을 의미하지 영형태소를 이론적으로 주장하는 입장을 지지하는 것을 의미하는 것은 아니다. 다시 말해 여기서 사용된 영형태소는 일부 형태론자(예 : Marchand 1969)들이 주장하는 영형태소가 아니다. 이들에 의하면 영형태소, 즉 음성적인 실체가 없는 형태소도 일반적인 형태소, 즉 음성적인 실체가 있는 형태소와 대등한 자격을 가지기 때문에 *-bar*,

-chen 등의 형태소와 같이 −∅ 형태소는 글자 그대로 한 개의 형태소가 된다. 또한 이것은 단어구조의 분석에 있어 −∅ 형태소가 다른 형태소와 마찬가지로 특정 형태, 통사적인 기능을 가짐을 의미한다(−∅ 형태소를 인정하는 입장이 보이는 문제점에 대해서는 유시택(2002b)을 참조하라).

Neef(1998a : 27)는 영형태소를 포함하여(즉 단수형태와 복수형태가 동일한 것을 포함하여) 독일어에서 보이는 복수 1격 형태와 단수형태의 차이를 다음과 같이 총 9가지로 구분하여, 이 9가지 복수형태들이 일반적으로 규칙적인 복수형태로 간주되고 있다고 말하고 있다(해당 접미사 앞의 겹 따옴표는 단수명사의 어간모음이 변하는 경우(= 변모음, Umlaut)를 의미함).

(1) **규칙적인 복수형태**
    a. −∅ : Engel, Balken, Ruder, Lehrer
    b. ˝∅ : Brüder, Mütter, Väter
    c. −er : Kinder, Felder
    d. ˝er : Wälder, Hühner
    e. −e : Hunde, Jahre, Tische
    f. ˝e : Hände, Höfe, Bänke
    g. −n : Ecken, Nasen, Löwen
    h. −en : Banken, Hemden
    i. −s : Omas, Autos, Wessis, LKWs

위의 9개의 복수형태에서 *-n, -en, -s*의 경우를 제외하고 모든 접미사는 변모음이 있는 경우와 없는 경우로 나타난다. 파생어, 굴절어와 같은 형태적으로 복잡한 단어에서 어떤 경우에 어기의 모음이 변하는가는 독일어에서 대부분 예측 불가능하다. 언제나 어기의 모음이 변하는 경우는 접미사 *-lein*으로 끝나는 파생어가 유일하다(vgl. Féry 1998a). 이런 의미에서 위의 복수 접미사들을 각각 변모음을 수반하지 않는 경우와 변모음을 수반하는 경우로 하나의 쌍을 만들어 동일 형태소의 변이 형태소라고 할 수 없다. 다시 말해 −∅와 ˝∅, −er와 ˝er, −e와 ˝e들을 각각 −∅, −er, −e의 변이형태소라고 할 수 없다. 왜냐하면 변이 형태소라면 언제 변모음이 나타나는지의 여부를 예측할 수 있어야 하는데, 앞에서 말한 것처럼 이것은 예측 불가능하기 때문이다. 예를 들어 위에서 복수 접미사 *-e*를 취하는 복수형태들 중 *Hunde*는 변모음을 보이지 않고 *Hände*는 변모음을 보인다. 이들과 *Haus*(단수 1격), *Hauses*(단수 2격)에서 공통적인 부분 *Haus*를 비교해 보라. 이것은 음절의 위치에 따라 서로 다른 두 개의 형태 [haus], [hauz]를 예측할 수 있으므로(음절말에서는 무성음, 그밖에 유성음), 이 두 개의 형태는 *Haus*라는 형태소의 두 개의 변이형태소라고 할 수 있다.

이와 달리 *-n*과 *-en*의 경우는 부분적으로 동일한 형태소의 변이 형태소로 볼 수 있다. 부분적이라 함은 여성명사에서만 이 두 개의 접미사가 변이형태소의 관계에 있음을 의미한다. *-e*로 끝나는 여성명사는 복수 접미사 *-n*이 붙고(예: *Brille-n*), 그 밖의 경우는 *-en*이 붙는다(예: *Fabrik-en*). 만약 이 변이 형태소가 실현되는 조건을 반대로 가정할 경우, 복수형태는 독일어가 기피하는 강약약 3음절 음보가 되어 틀린 형태가 되거나(예: **Brille-en*), 음소분포상의 규칙(Phonotaktik)에 벗어나 음절화될 수 없는 형태가 될 것이다(예: **Fabrikn*).

이것은 (1)에 나타난 9개의 복수형태들을 지배하는 기본적인 원칙이 무엇인가를 생각할 때 중요한 단서를 제공해 준다. (1)의 복수 접미사들 중에서 영형태소와 *-n*, *-s*를 제외하고 나머지 모든 접미사는 모음으로 시작하므로, 복수형태는 단수형태에 1음절을 추가함으로써 생긴다고 볼 수 있다. 그 결과는 위의 모든 예들에서 보듯이 단수 1음절어간 + 1음절 복수 접미사의 2음절 복수형태이다. 이제 왜 영형태소가 붙는 복수형태들(1a와 1b)은 *-er*, *-e*, *-en*과 같은 모음으로 시작하는 복수 접미사가 붙을 수 없는지를 살펴보자. 이들은 이미 단수형태의 어간이 2음절이므로 만약 모음으로 시작하는 접미사가 붙으면 모두 3음절이 되어 위의 **Brilleen*의 예에서처럼 Daktylus 음보가 되기 때문에 틀린 형태가 된다(**Engeler*, **Engele*, **Engelen*). 이것은 (1a)와 (1b)의 복수형태들이 영형태소를 복수 접미사로 취할 수밖에 없는 이유를 설명해준다. 거꾸로 (1c), (1d), (1e), (1f), (1h)의 복수형태들이 영형태소를 취할 수 없는 이유는 1음절 어간에 1음절 복수 접미사를 추가함으로써 독일어가 선호하는 강약 2음절음보(Trochäus)를 만들려고 하기 때문이다. 위에서 지적했듯이 이런 경향은 여성명사의 복수형태에서 나타나는 두 개의 이형태소인 -n과 -en의 관계에서 더욱 뚜렷해진다. 따라서 겉으로 보기에 9개나 되는 복수형태들(보다 정확히 말하면 복수 접미사가 실현되는 방식들)이 실지로는 몇 가지의 기본적인 제약들의 결과물임을 알 수 있다.

6.3. 어형변화표에 기초한 명사 굴절 타입

Duden(1995)은 독일어 명사의 굴절타입을 3개의 단수 타입과 5개의 복수 타입으로 구분하여 총 10개의 굴절타입을 제시하고 있다. 표 (2)는 10개의 굴절타입에 해당하는 각각의 예를 제시하고 있다. 각각의 어형변화표는 단수형태와 복수형태를 포함하고 있으며, 단수형태와 복수형태는 각각 4개의 격을 가지고 있으므로, 하나의 어형변화표는 총 8개의 굴절형태들을 포함하고 있다. 표 (2)에서 3개의 단수 타입은 S1, S2, S3로 표시되어 있고, 5개의 복수 타입은 P1, P2, P3, P4, P5로 표시되어 있다.

(2) **독일어 명사의 굴절 타입**

		Type1 S1/P1 남성 + 중성		Type2 S1/P2 남성 + 중성	
sg.	nom.	der Tag	das Jahr	der Apfel	das Segel
	gen.	des Tag-s	des Jahr-s	des Apfel-s	des Segel-s
	dat.	dem Tag	dem Jahr	dem Apfel	dem Segel
	acc.	den Tag	das Jahr	den Apfel	das Segel
pl.	nom.	die Tag-e	die Jahr-e	die Äpfel	die Segel
	gen.	der Tag-e	der Jahr-e	der Äpfel	der Segel
	dat.	den Tag-en	den Jahr-en	den Äpfel-n	den Segel-n
	acc.	die Tag-e	die Jahr-e	die Äpfel	die Segel

		Type3 S1/P3 남성 + 중성		Type4 S1/P4 남성 + 중성	
sg.	nom.	der Staat	das Auge	der Wald	das Bild
	gen.	des Staat-s	des Auge-s	des Wald-s	des Bild-s
	dat.	dem Staat	dem Auge	dem Wald	dem Bild
	acc.	den Staat	das Auge	den Wald	das Bild
pl.	nom.	die Staat-en	die Auge-n	die Wäld-er	die Bild-er
	gen.	der Staat-en	der Auge-n	der Wäld-er	der Bild-er
	dat.	den Staat-en	den Auge-n	den Wäld-ern	den Bild-ern
	acc.	die Staat-en	die Auge-n	die Wäld-er	die Bild-er

		Type5 S1/P5 남성 + 중성		Type6 S2/P3 남성	Type7 S3/P1 여성
sg.	nom.	der Opa	das Deck	der Mensch	die Kraft
	gen.	des Opa-s	des Deck-s	des Mensch-en	der Kraft
	dat.	dem Opa	dem Deck	dem Mensch-en	der Kraftl
	acc.	den Opa	das Deck	den Mensch-en	der Kraft
pl.	nom.	die Opa-s	die Deck-s	die Mensch-en	die Kräft-e
	gen.	der Opa-s	der Deck-s	der Mensch-en	der Kräft-e
	dat.	den Opa-s	den Deck-s	den Mensch-en	den Kräft-en
	acc.	die Opa-s	die Deck-s	die Mensch-en	die Kräft-e

		Type8 S3/P2 여성	Type9 S3/P3 여성	Type10 S3/P5 여성
sg.	nom.	die Mutter	die Frau	die Oma
	gen.	der Mutter	der Frau	der Oma
	dat.	der Mutter	der Frau	der Oma
	acc.	der Mutter	der Frau	der Oma
pl.	nom.	die Mütter	die Frau-en	die Oma-s
	gen.	der Mütter	der Frau-en	der Oma-s
	dat.	den Mütter-n	den Frau-en	den Oma-s
	acc.	die Mütter	die Frau-en	die Oma-s

표에서 볼 수 있듯이 단수 타입은 성(Genus)에 따라 구분되어 있다. 모든 중성명사는 단수 2격에 *-s*가 붙는 S1에 속한다. 이에 반해 남성명사는 S1 타입과 S2 타입으로 구분된다. S2 타입에서는 단수 2, 3, 4격

에 *-en*이 붙는다(예 : *Mensch-en*). 여성명사는 단수에서 아무런 격어미가 붙지 않는 S3 타입에 속한다. 복수 타입은 어떤 복수 접미사가 붙는지에 따라 다음과 같이 5개로 구분된다.

(3) a. -e   (P 1)
    b. -∅   (P 2)
    c. -(e)n   (P 3)
    d. -er   (P 4)
    e. -s   (P 5)

거의 대부분의 복수명사는 복수 접미사가 있으나, (3b)에서처럼 명시적인 복수 접미사가 없는 경우도 있다(예 : *Lehrer*). 단수 형태가 3가지 타입으로 구분되고, 복수 형태가 5가지로 구분된다면 논리적으로 15개의 굴절타입이 가능하다. 표 (2)의 어형변화표가 보여주듯이 Duden(1995)은 그 중에서 10개의 굴절타입만 독일어에 존재한다고 가정한다. 그러나 각 굴절타입이 가지고 있는 8개의 굴절 형태(단수에서 4개의 격 + 복수에서 4개의 격) 중에서 어기(Basis)인 단수 1격 형태와 나머지 7개의 형태 중에서 한 개만 달라도 또 다른 고유한 굴절타입을 이룬다고 가정하면 독일어 명사의 굴절타입은 Duden(1995)에서처럼 10개가 아니라 무려 25개가 된다(이에 대해 자세한 것은 Neef 1998a를 참조하라). 이렇게 많은 굴절타입의 구분이 가능한 주된 이유는 독일어의 명사복수형태에서 나타나는 변모음 때문이다. (3)의 복수형태에서 Duden(1995)은 복수 접미사가 어간과 결합할 때 생기는 변모음을 무시하고 있다. 접미사 *-en*과 *-s*의 경우를 제외한 나머지 모든 접미사에서는 어간의 변모음이 접미화(Suffigierung)와 병행하는 경우와 그렇지 않은 경우로 나뉜다.

(4) a. -e : Tage, Bäche
    b. -∅ : Lehrer, Gärten
    c. -er : Bilder, Wälder

변모음을 어형변화의 한 요인으로 받아들일 경우 어형변화표는 위의 (2)에서 제시된 Duden의 10개의 어형변화표 중 타입 1, 2, 4, 7이 각각 두 개의 변이형, 즉 변모음을 보이는 경우와 보이지 않는 경우로 나누어지므로 모두 14개의 타입으로 확대된다. 이밖에도 복수형에서 나타나는 Schwa-Zero의 교체를 생각하면 굴절 타입은 이보다 훨씬 더 많아진다. 예를 들어 Duden의 Type 3에 속하는 복수형은 접미사 *-en(Staat-en)*이 붙는 것과 *-n(Auge-n)*이 붙는 두 가지 경우를 포괄하고 있다. Duden(1995)은 한 개의 형태라도 한 개의 어형변화표에서 다르다면, 독자적인 한 개의 어형변화로 인정해야 한다고 주장한다. 이 논리에 충실하자면 Type 3는 한 개의 어형변화가 아니라, 두 개의 어형변화로 나누어져야 할 것이다. 이하에서는 이처럼 많은 명사의 굴절타입에 공통적으로 적용되는 제약들에 대해 상세히 논의할 것이다.

6.4. 복수 접미사의 이형태소

이 장에서는 (1)의 복수 접미사들이 어떤 환경에서 Schwa 음절과 이형태소(Allomorphie) 관계를 이루는가를 중점적으로 살펴보고자 한다. 특히 2개의 이형태소 즉, *-ø*과 *-e*, 그리고 *-n*과 *-en*은 상보적인 분포를 보이며, 어떤 접미사로 실현되는가는 순수히 음운적인 요인으로 설명된다. 먼저 *-ø*과 *-e*의 이형태소 관계를 살펴보자. 약변화 남성명사는 복수형태에서 *-(e)n*을 취함에 반해(예: *Poet-en, Junge-n)*, 강변화 남성명사는 복수형태에서 *-(e)n*을 취하지 않으며 대신 *-(e)*나 *-s*(예: *Opa-s*)를 취한다. 이 점에서 남성명사는 굴절부류(약변화 vs. 강변화)에 따라 상보적인 분포를 보인다. 이 중에서 *-(e)*의 경우를 보자. 변모음을 무시한다면(위에서 말했듯이 변모음의 유무는 대부분 예측 불가능하므로), 강변화 남성명사에서 접미사 *-e*가 붙는 경우는 단수 어간이 1음절인 경우다(예: *Füß-e,*

Tag-e). 이에 반해 강변화 명사가 복수 접미사 $-\phi$을 취하는 경우는 단수 어간이 2음절인 경우다(예: *Väter-ϕ*, *Wagen-ϕ*). $-\phi$과 *-e*의 상보적 분포에서 보이는 이 규칙성은 여성 명사의 경우에도 동일하게 적용된다. 단수가 1음절인 경우에는 *-e*가, 2음절인 경우에는 $-\phi$이 붙는다(예: *Händ-e* vs. *Mütter*).

자음으로 시작하는 접미사 *-s*, *-n* 중에서 Schwa 음절과 이형태소 관계에 있는 접미사는 *-n*뿐인데(*-n/-en*), 이것은 이하에서 보게 되듯이 우연이 아니다. 이에 반해 *-s* 접미사는 복수에서 변이형 *-es*가 없다. 그 이유는 복수에서 *-s*를 취하는 명사는 대부분 외래어에서 들어온 것이 많고, 이들 외래어는 1음절 혹은 기껏해야 1과 2분의 1음절로 이루어진 토착어와는 달리 단수형태가 대부분 두 개 이상의 완전모음(Vollvokal)이 핵인 음절로 이루어져 있다. 2음절 외래어의 경우 이들은 대부분 토착어가 선호하는 강약 2음절 음보를 이루므로 마지막 음절은 강세 받지 않는 음절이 된다. 따라서 단수형태에 복수 접미사 *-s*가 붙을 경우(예: *Omas, Uhus, Echos, Käppis, Muttis, Autos*)는 강약 2음절 음보를 이루나 *-es*가 복수 접미사일 경우 **Omaes*, **Autoes*처럼 강약약 3음절 음보를 이루게 되어 올바른 복수형태가 될 수 없다. 이 규칙성은 아주 생산적인 *-i* 조어 형태가 *-s* 복수 접미사를 취하는 데서도 볼 수 있다. *Fundis, Spontis, Hirnis.* etc.에서처럼 *-i* 조어를 통해 생긴 파생어는 단수 형태가 최소한 2음절 이상이므로 여기서도 **Fundies*와 같은 강약약 3음절 음보인 복수형태는 생겨날 수 없다. 또한 축약어 *ICs, LKWs, Trafos, Infos* 등도 마지막 음절이 완전모음을 음절핵으로 가지고 있으며, 또 강세없는 음절이므로 동일한 규칙의 지배를 받는다. 따라서 *-s* 복수형태에 대한 다음과 같은 가설이 가능하다. 단수가 2음절 이상이고 마지막 음절의 음절핵이 완전모음이고 강세가 없을 때 복수 *-s*가 붙는다. 위에서 언급했듯이 대부분의 토착어 명사가 1음절이거나 1과 2분의 1음절(즉 완전모음이 음절핵인 음절 + Schwa 음절)임을 상기할 때 2음절 이상은 외래어임을 의미하므로, 이 가설은 -s 복수형태에 외래어라는 조건을 명시할 필요가 없음을 의미한다. 이 가설에 대한 예외는 1음절 외래어의 복수형태들이다(*Wracks, Flops, Gags* etc.).

다음으로 여성명사의 복수 접미사인 -n과 -en의 이형태소 관계를 살펴보자. 이 두 개의 형태소 간의 교체는 복수 접미사가 Schwa 음절로 실현되어야 하는 요구와 강약약 3음절 음보를 피해야 하는 조건과의 충돌에 의해 결정됨을 확인할 수 있다. 따라서 복수형태 *Türn*(올바른 형태 : *Türen*)은 비록 자음접미사 -n이 공명도 원칙을 위반하지 않고 단수 어간과 결합되나 복수 접미사가 1음절로 실현되어야 하는 제약을 위반하기 때문에 비문법적이며, *Farbeen*(올바른 형태 : *Farben*)은 복수 접미사가 1음절로 실현되었으나 강약약 3음절 음보이기 때문에 틀린 형태가 된다. 복수 접미사가 1음절로 실현되지 않았음에도 불구하고 여성명사의 복수가 -n을 취하는 경우(*Steuern, Tafeln*)는 명사의 복수형태가 Schwa 음절로 마쳐야 하는 것보다 강약약 3음절 음보를 피하는 요구가 더 강하기 때문인 것으로 설명된다. 따라서 *Steueren, *Tafelen과 같은 형태들은 허용될 수 없다.

복수 접미사에 자음이 포함되어 있는 것은 -n과 -s 외에도 -r이 있다. 그러나 복수 접미사 -r은 언제나 -er로 실현되지 -r로 실현되지 않는다. -r/-er의 교체를 보이지 않는 점에서 -n/-en과는 다르다. -r로 실현될 수 없는 이유는 무엇보다 이 자음의 높은 공명도 때문이다. 단수 어간이 자음으로 마칠 경우, 어떤 자음이라도 다음에 오는 복수 접미사 -r은 이 자음보다 공명도가 크거나 적어도 같으므로 음절화를 위해선 Schwa가 삽입될 수밖에 없고, 따라서 복수 접미사는 -er로 실현된다(예 : *Kind-er*). 이에 반해 단수 어간이 모음으로 마칠 경우는 공명도 때문이라고 할 수 없다. 예를 들어 *Ski-er*(복수형 *Ski*도 가능), *Ei-er* 등에서 단수어간 + -r(*Skir, *Eir)은 공명도를 위반하지 않음에도 불구하고(즉 음절화될 수 있음에도 불구하고), -r로 실현되지 않고 -er로 실현된다. 따라서 이것은 복

수 접미사가 성절성 분절음으로 실현되어야 한다는 요구의 결과로 보아
야 할 것이다.

6.5. 복수 접미사에 나타나는 Schwa 모음의 분포

이상에서 살펴본 복수 접미사들의 이형태소 관계, 특히 자음으로 시작
하거나 자음을 포함하는 복수 접미사(-er, -n, -en, -s)에서 Schwa 모음의
분포를 순수하게 음운적인 관점에서 기술한다면 다음과 같이 요약될 수
있다.

1) 단수 어간이 자음으로 끝날 때
    a. Schwa 모음은 음절화를 위해 삽입된다.
      예 : *Mensch-n → Menschen, Kind-r → Kinder*
    b. 위에서 음절화를 위해 삽입된 운율적 Schwa와 복수 접미사들 중 공명
      음인 -r과 -n은 언제나 성절성 분절음(silbischer Sonorant)으로 실
      현되어야 하는 형태적 요구에 의해 생겨난 Schwa는 구분되어야 한다.
      예 : *Tür-n → Türen.* 순수하게 운율적인 관점에서만 보면 **Türn*도
      올바른 형태가 되어야 할 것이다.
2) 단수 어간이 모음으로 마칠 때
      이는 다시 완전모음으로 마칠 때와 불완전 모음(Schwa와 모음화된 r [ɐ]
      : *Ende, Blume, Vater*)으로 마칠 때로 나누어진다.
    2.1) 불완전 모음으로 마칠 때 : Schwa 모음이 있는 복수 접미사는 강약
      약 3음절 음보를 만들게 되므로 허락되지 않는다.
    2.2) 완전모음으로 마칠 때
      a. (마지막 완전모음이 강세가 없을 때) 대부분 *-s*가 붙는다. *-es* 이
        형태소가 없는 이유는 위에서 말한바와 같이 강약약 3음절 음보를
        회피하기 때문이다(**Autoes*).
      b. 동일한 이유에서 모음으로 시작하는 어떤 복수 접미사(*-e, -er,
        -en* 등)도 단수어간과 결합할 수 없다(**Autoe, *Autoer,
        Autoen).
      c. Anti-Daktylus를 위반하지 않는 한 원칙적으로 모음으로 시작하

는 접미사가 가능하다. 즉 끝음절에 강세가 있는 경우, *Ideé-e,
*Ideé-es, Ideé-en, *Ideé-er 등은 모두 강약 2음절 음보제약을
충족시킨다. 이들 접미사가 만약 모두 Schwa-Null의 교체관계에
있다고 가정하면 그 짝은 각각 *Ideé, *Ideé-s, *Ideé-n, *Ideé-r
가 될 것이다.

*Ideé-e, *Ideé-es, Ideé-en, *Ideé-er 등은 모두 강약 2음절 음보제
약을 충족시킴에도 비문법적이다. 따라서 이들이 비문법적인 형태가 되
는 이유는 다른 제약에서 찾아야 할 것이다.11) *Idee-e가 안 되는 이유
는 여성명사 복수는 무표적으로(unmarkiert) 복수 접미사 -n/-en을 취해
야 한다는 규칙에 위반하기 때문이다(여성명사복수 -n/-en은 -e보다 생산적이
다). *Idee-es, *Idee-er, *Idee-r도 여성 복수 접미사 = -n/-en 제약을
위반하고 있다. 이에 반해 *Idee-n이 안 되는 이유는 복수 접미사 중 공
명음인 -r과 -n은 성절성 공명음으로 실현되어야 하는 제약을 위반하기
때문이다. 복수 접미사에 나타나는 Schwa 모음의 분포와 관련된 이상의
논의를 토대로 다음과 같은 제약들을 가정할 수 있다.

(5) 복수 접미사의 실현과 관련된 제약들
   a. Trochäus : 음보는 1음절 무거운 음절이거나 강약 2음절이어야 한다.
   b. Syllabic-Sonorant : 복수 접미사 -r, -n은 성절성 공명음으로 실현
      되어야 한다.
   c. Align-/n/ : (여성명사 복수, right : /n/, right) 여성명사 복수는 -n
      으로 끝나야 한다.

이 제약들을 사용하여 위에서 설명한 Ideen의 경우를 예시하면 다음
과 같다.

---

11) 여기서 강약 2음절 음보 제약을 지키는 음보는 음보 이분지 제약(Foot Binarity)을 지
키는 모든 음보, 즉 강약 이 음절 음보와 한 개의 무거운 음절로 구성된 음보를 지
칭한다. 이에 반해 Wiese(1996)나 Fery(2001)는 복수명사가 언제나 강약 2음절 음보가
되어야 하며, 이 제약은 위반될 수 없다고 본다.

(6) Ideen

	Align-/n/	Syllabic-Son
Idee-er	*	
Idee-r	*	*
☞ Idee-n		
Idee-es	*	
Idee-s	*	
Idee-e	*	

표 (6)에서 모든 후보는 Trochäus 제약을 충족시키고 있으므로 이 제약은 생략되었다. 모든 후보가 Align-/n/ 제약과 Syllabic-Son 제약 중 한 개의 제약을 위반함에 반해 최적형태인 *Idee-n*은 이 두 개의 제약을 모두 충족시킨다. 이 표만으로는 두 개의 제약 간에 랭킹을 정할 수 없으나 Align-/n/이 Syllabic-Son보다 상위제약이어야 한다. 이에 대해서는 아래 표 (10)을 보라. 결국 강세가 있는 음절로 마치는 경우 접미사 *-en*을 취하는 이유는 여성명사가 *-n*으로 마쳐야 한다는 형태적 정보와 *-n*은 성절성 공명음으로 실현되어야 하는 제약을 충족시켜야 하는 결과로 볼 수 있다. 이로 인해 복수는 단수 어간에 1음절을 추가한 형태가 된다. 이것은 단순히 모든 복수형태가 2음절 Trochäus 음보로 끝나야 한다는 Wiese(1996 : 108)의 분석과는 다르다. Wiese의 분석은 *Auto-e*, *Auto-en*, *Auto-er*가 2음절 Trochäus음보로 마치지 않았기 때문에 틀렸다고 설명할 수 있으나, 2음절 음보로 마치는 *Idee-er*, *Idee-e*가 왜 틀렸는지는 설명할 수 없다. 또한 *Auto-n*, *Auto-r*와 같은 형태가 왜 틀렸는지도 설명될 수 없다. 2음절 음보로 마쳐야 한다는 제약뿐이라면 이 형태들이 복수형태가 되지 못할 이유가 없다.

이 문제를 해결하기 위해 Wiese는(그리고 대부분의 전통문법은) 이 형태들이 비문법적인 이유를 형태적인 정보(외래어는 복수 접미사 *-s*를 취해야 한다) 탓으로 돌리고 있다. 그러나 이런 해결 방식은 굴절접미사 *-s*와 다른 두 개의 접미사 *-n*과 *-r*이 굴절형태에서 실현되는 근본적인 차이가 음운적인 요인에 있음을 설명할 수 없다. 전자는 결코 성절성 분절음이 될 수 없음에 반해(명사 단수 2격의 -es(예 : Tag-es), 동사 현재시제 단수 2인칭의 -es(예 : arbeit-est)는 결코 성절성 -s와 교체를 보이지 않는다), 후자는 비성절성 공명음과 성절성 공명음간의 교체(즉 [ən]과 [n̩]의 교체, [ər]와 [r̩]의 교체)를 체계적으로 보이며, 많은 경우에 이 교체는 음운적으로 강요되지 않음에도 불구하고(즉 공명도에 의해 음절화가 될 수 없는 경우가 아님에도 불구하고), 어기인 어간에 1음절을 추가하는 것으로 실현된다(위의 Idee-en의 경우뿐 아니라 파생어 Bau-er, 형용사 굴절 blau-er 등에서 보듯이). 따라서 보다 나은 설명은 *Auto-n, *Auto-r가 안 되는 이유를 외래어는 -s 접미사를 취해야 하는 때문이라고 말할 것이 아니라, 두 개의 접미사 -n, -r가 성절성 분절음으로 실현되려는 경향에 벗어나기 때문이라고 보는 것이다. 따라서 이 두 개의 형태는 Syll-Son 제약을 위반한다. 이에 반해 접미사 -s는 이 제약에 아무런 영향을 받지 않으므로 최적형태가 된다.

이렇게 볼 때 2음절 Trochäus음보로 끝나는 것은 공명음 접미사 -r과 -n이 성절성 분절음으로 실현되어야 하는 요구의 부수적인 결과이지, Trochäus음보로 마쳐야 하기 때문에 그 결과로 -r과 -n이 성절성 분절음으로 실현된 것이 아니다. 만약에 후자의 입장을 취한다면, 위에서 말했듯이 왜 *Auto-n, *Auto-r가 안 되는 가는 오직 외래어/토착어의 구분에 기대겠지만, 전자의 입장을 취하면 이 형태들이(다른 굴절, 파생형태들에서도 적용되는) Syll-Son 제약을 어기기 때문에 불가능함을 알 수 있다. 만약 이 제약을 지킨다면, *Auto-en, *Auto-er에서 알 수 있듯이, 그것은 보다 상위의 제약인 Trochäus음보 제약의 위반을 초래할 것이다. 따라서 굴절에서 -r과 -n 접미사가 보이는 경향, 즉 어기에 1음절을 추가하는 성질을 보이는 설명은 단순히 형태적인 범주에 따른 구분(외래어 vs. 토착어)에 의한 설명보다 본래 이 접미사들의 실현방식에 대한 근본적인 규칙성(다른 상위의 제약이 막지 않는 한 공명음은 성절성 분절음으로 실현되어야 한다)을 보다 잘 포착하고 있다.

-s 복수형태를 설명하기 위해서는 위에서 말한 제약들 외에도 형태소 실현제약이 필요하다. 왜냐하면 아무런 복수 접미사가 붙지 않은 **Auto* 는 지금까지의 모든 제약들을 충족시키므로, 이를 막기 위해서는 단수와 복수 형태가 서로 달라야 한다는 형태소 실현 제약이 필요하기 때문이다.

(7) 형태소 실현 제약
단수형태와 복수형태는 달라야 한다.

형태소 실현 제약은 독일어에서 하위에 랭크되어 있어야 한다. 왜냐하면 단수와 복수가 같은 형태들(예 : *Engel, Lehrer*)이 있기 때문이다. 이들이 만약 *Autos*의 경우와 같다면 최적형태는 **Engels, *Lehrers* 등이 될 것이다. 따라서 이들이 틀린 형태라는 것을 설명하기 위해서는 형태소 실현제약보다 상위의 어떤 제약을 위반하기 때문이라고 해야 되는데, (8)이 그 제약이다.

(8) Align-Reduktionssilbe(= Align-RS)
Align(복수형태, Right : 불완전 음절, Right)

Aign-RS는 복수형태가 불완전 음절로 마쳐야 할 것을 요구한다. 불완전 음절이라 함은 Schwa 모음이 음절핵이며 공명음으로 마치는 음절, 즉 [əl], [ən], [əʀ]과 이와 교체 관계에 있는 성절성 공명음으로 마치는 음절인 [l̩], [n̩], [r̩]을 말한다. 표 (9)는 이상에서 설명한 제약들 간의 상호작용을 보여준다.

(9) Autos

	No-Lapse	Syllabic-Son	Align-RS	형태소 실현
a. Auto-ø			*	*
b. Auto-n		*	*	
☞ c. Auto-s			*	
d. Auto-e	*			

　모음으로 시작하는 복수 접미사가 붙을 경우 *Auto-e, *Auto-en, *Auto-er 등은 모두 Align-RS와 Syllabic-Son은 충족시키나, No-Lapse를 위반하기 때문에 틀린 형태가 된다(후보 9d). No-Lapse를 충족시키기 위해서는 아무런 복수 접미사가 붙지 않거나, 자음으로 시작하는 접미사 -n이나 -s가 붙어야 한다. 이 세 가지 경우 모두 Align-RS를 위반하게 된다(후보 9a, 9b, 9c). 후보 *Auto-n이나 Auto-s는 모두 Align-RS를 위반하고 있으나, 전자가 Syllabic-Son을 위반함에 반해 후자는 이를 충족시키고 있다. 또 Auto-s와 *Auto는 모두 Align-RS를 어기는 점에서는 같으나, 후자는 추가로 형태소를 실현해야 하는 제약을 어기고 있다. 따라서 Auto-s가 최적형태가 된다.

　표 (9)를 통해 다음과 같은 사실을 알 수 있다. 어차피 RS로 끝나야 하는 제약의 위반이 불가피하다면(왜냐하면 그렇지 않을 경우 *Auto-e에서처럼 2음절 단수 형태에서 RS의 추가로 인해 보다 상위 제약인 No-Lapse가 위반되기 때문에), 형태소는 실현되어야 한다. 이것은 독일어에서 복수형태소를 실현하기 위해 Align-RS가 위반될 수는 있어도(Auto-s의 경우), 복수형태의 음성적인 실현이 없음에도 불구하고 Align-RS가 위반되는 경우는 없다는 것을 의미한다. 즉 *Auto와 같은 복수형태는 독일어에서 존재할 수 없음을 의미한다(복수 형태의 음성적인 실현이 없으나 Align-RS 룰 지키는 Filter-∅, Segel-∅과 비교해 보라). 이와 관련해서 흥미로운 사실은 불규칙적인 복수형태로 알려진 Dramen, Museen과 같은 형태들도 Align-RS 제약은 지키고 있다는 점이다. 다시 말하면 복수형태소를 실현하기 위해 Align-RS가 위반되는 경우는 -s 복수형태에 국한된다는 것이다. 다른 모든 경우는 Align-RS를 준수하고 있다(복수 접미사 -e, -n, -er에서 : Fische, Türen, Farben, Hände, Kinder).

　위에서 본 것처럼 올바른 복수 형태는 단수형태에 1음절을 추가하라는 압력과 불완전 음절이 2개 연속되어서는 안 된다는 요구간의 충돌의 결과이다. 단수 형태가 1음절 완전음절일 때에는 Align-RS를 충족하기 위해 모음으로 시작하는 복수 접미사가 오며(*Tür-en*), 단수 형태가 1과 2분의 1음절일 때에는 이미 Align-RS가 충족되어 있기 때문에 추가되는 RS는 나쁜 음보, 즉 강약약 3음절 음보를 만들게 된다. 단수 형태가 2음절 완전 모음일 때에도 추가되는 RS는 나쁜 음보를 만든다. 따라서 모음으로 시작하는 복수 접미사가 올 수 없고, 오직 자음으로 시작하는 접미사 -*n*이나 -*s*만 올 수 있다. 이 때 -*n*이 -*s*와의 경쟁에서 지는 이유는 -*n*이 언제나 한 개의 음절을 이루려는 경향(Syllabic-Son 제약)과 No-Lapse 제약간의 충돌 때문이다. 접미사 -*n*이 언제나 성절성 분절음으로 실현되어야 한다는 제약을 설정해야 하는 이유가 여기에 있다. 이제 위의 제약들을 사용하여 여성명사의 복수 접미사에서 나타나는 -*n*과 -*en*의 이형태소 관계를 살펴보자. 표 (10)의 후보들에서 점은 음절 경계를 나타낸다.

(10) *Tür-en* vs. *Tafel-n*
   a. *Türen*

	Align-/n/	No-Lapse	Syllabic-Son	Align-RS	형태소실현
a .Türn.			*	*	
☞ b. Tü.ren					
c. .Tür.	*			*	*

   b. *Tafeln*

	Align-/n/	No-Lapse	Syllabic-Son	Align-RS	형태소실현
☞ a. Ta.feln			*	*	
b. Ta.fe.len		*			
c. Ta.fel	*!				*

(10a)에서 후보 *Türn*은 축소음절로 마치지 않으므로 Align-RS를 위반한다. 또한 -*n*이 성절성 분절음이 아니므로 Syllabic-Son도 위반한다. 이에 반해 아무런 복수 접미사가 붙지 않은 후보 *Tür*는 Align-/n/, Align-RS, 형태소 실현 제약을 어긴다. 따라서 이 모든 제약들을 지키

는 후보 *Türen*이 최적 형태가 된다. (10b)에서 후보 *Tafel*은 *-n*으로 끝나지 않았으므로 Align-/n/을 위반하고 이 위반은 치명적이다. 후보 *Tafelen*은 Align-/n/과 Align-RS를 모두 지키나 강세 없는 2개의 음절이 연속되므로 No-Lapse를 위반한다. 이에 반해 후보 *Tafeln*은 Syllabic-Son과 Align-RS는 위반하나 No-Lapse는 지킨다. No-Lapse가 Syllabic-Son이나 Align-RS 제약보다 상위의 제약이므로 후보 *Tafeln*이 최적 형태가 된다.

*Tür-en*에서 볼 수 있듯이 Syllabic-Son과 Align-RS의 기능은 단수 형태에 1음절을 추가하는 데 있다. 완전음절로 끝나는 단어가 이 두 개의 제약들을 충족시키기 위해서는 한 개의 불완전 음절이 추가되어야 한다. 그러나 단수 형태가 이미 불완전 음절로 끝나는 *Tafel*의 경우 복수 형태를 위해 또 다른 불완전 음절을 추가하면 위에서 보듯이 No-Lapse 제약을 위반하게 된다. 따라서 보다 상위의 제약(No-Lapse)을 위반하지 않는 한 복수 형태는 단수 형태에 1음절이 추가되어야 함을 알 수 있다. No-Lapse를 위반하지 않음에도 단수 형태에 1음절이 추가되지 않은 다음과 같은 복수형태들은 비문법적이다.

(11) *Uhr-s, *Uhr-n, *Frau-n

이 형태들은 모두 공명도의 관점에서 보면 올바른 1음절을 이루는 데 아무런 문제가 없다. 그러나 불완전 음절로 마치지 않았기 때문에 비문법적인 형태가 된다. Align-RS 제약이 필요한 이유가 이 때문이다.

이상의 논의를 요약하면 다음과 같다. 단수형태가 완전모음으로 마칠 때 모음으로 시작하는 복수 접미사는 올 수 없다(Anti-Daktylus 때문). 완전모음에 강세가 없으면 *-s*가 붙는다(*Autos*). *-n*과 *-r*이 올 수 없는 이유는 Syllabic-Son 제약이 비교적 높은 위치에 있기 때문이다. 다른 이유가 없는 한(예를 들어 여성명사의 복수는 *-n*으로 끝나야 한다는 제약을 충족시키기 위한 경우가 아니라면) 이 두 개의 공명음은 성절성분절음으로 실현되어야

한다. 그러나 그럴 경우 No-Lapse 제약을 위반하게 된다 : *Autoen,
*Autoer. 이에 반해 -s는 Syllabic-Son의 제약에 영향을 받지 않는다.
따라서 Autos는 *Auton, *Autor보다 낫다. 첫째 형태가 Syllabic-Son
제약을 위반하지 않음에 반해, 두 번째와 세 번째 형태는 이 제약을 위
반하기 때문이다. 전통문법에서 흔히 -s 복수형태는 외래어에서 들어온
단어라고 기술되고 있다. 그러나 이 외래어들을 모음으로 마치는 단어
(Auto)와 자음으로 마치는 단어(Hotel)로 나눌 때 전자에서 -s가 붙을 수
밖에 없는 이유는 이들이 단순히 외래어여서가 아니라, 위에서 본 바대
로 규칙의 산물이다. 따라서 -s 복수형태의 일부는(외래어라는 형태적인 정
보에 의해 복수형태가 결정되는) 불규칙적인 것이 아니라 순수하게 음운적인
환경에 의해 정해지는 규칙적인 것으로 보아야 한다.

6.6. 2음절 단수의 복수형태

　최소단어의 제약, 즉 한 개의 단어가 되기 위해선 최소한 2개의 모라
를 가져야 한다는 제약을 고려하면 단수 어간이 불완전 음절로 마치는
경우는 1음절이 될 수 없고, 1과 2분의 1음절로 한정된다는 것을 알 수
있다. 이에 해당하는 것은 Schwa 모음으로 마치거나(Ende, Blume) 모음
화된 -r [ɐ]로 마치거나(Vater) 불완전 음절 [əl]로 마치는 경우(Segel)이
다. 불완전 음절로 마치는 단수 어간 다음에 모음으로 시작하는 복수 접
미사가 올 수 없는 것은 위에서 설명했듯이 강약약 음보를 회피(Anti-
Daktylus)하기 때문이다. 따라서 불완전 음절로 마친 단수 형태는 복수
접미사로 자음으로 시작하는 -n(Tafel-n)을 취하거나 아니면 아무런 복
수 접미사를 취하지 않는다(Segel-ø). 이에 반해 두 개의 완전음절로 이
루어진 단수 어간은 복수에서 -s를 취한다(Auto-s).

　이하에서는 두 개의 완전음절로 이루어진 단수 어간이나 1과 2분의 1

음절로 이루어진 단수 어간이 왜 이런 복수 접미사들을 취해야만 하는가 (왜 다른 복수 접미사들은 불가능한가)에 대해서 논의하겠다. 편의상 두 개의 완전음절로 이루어진 단수 어간이나 1개의 완전음절 + 1개의 불완전음절로 이루어진 단수어간을 모두 2음절 단수 형태라고 보면, 해결되어야 할 문제는 2음절 단수에 복수 접미사로 가능한 $-\phi$, $-n$, $-s$ 중에 왜 한 개의 복수 접미사만 가능하고, 나머지 다른 두 개의 접미사는 불가능한가이다. (12)는 이것을 도식적으로 나타내고 있다.

(12)   **2음절 단수 어간의 복수형태**
　　　복수형태　　　　　복수 접미사 경쟁후보($-\phi$, $-n$, $-s$)
　　　Segel-ϕ　　　　$-\phi$(우승), *Segel-n, *Segel-s
　　　Auto-s　　　　　　$-s$(우승), *Auto-ϕ, *Auto-n
　　　Tafel-n　　　　　　$-n$(우승), *Tafel-ϕ, *Tafel-s

　　*Auto-s*의 경우는 위에서 설명했으므로, 나머지 두 경우만 살피도록 하겠다. 먼저 *Segel-ϕ*의 경우를 보자.

(13) *Segel- ϕ*

Segel - 복수 접미사	No-Lapse	Syllabic-Son	Align-RS	형태소 실현
a.　　Segel-n		*	*	
b. ☞ Segel-ϕ				*
c.　　Segel-s			*	
d.　　Segel-en	*			

　　후보 (a)는 $-n$이 성절성 분절음으로 실현되지 않았기 때문에 Syllabic-Son을 위반하고, 또 마지막 음절 [gəln]은 [n]으로 끝나기 때문에 불완전 음절로 마쳐야 하는 제약도 위반하고 있다. 앞에서 불완전 음절을 $-e$, $-er$, $-en$, $-el$로 규정한 것을 유의하라. 후보 (c)도 Align-RS를 위반하고 있다. 따라서 복수 형태소가 실현되지 않은 후보 (b)가 최적 형태가 된다. 아무런 복수 접미사가 붙지 않은, 즉 $-\phi$ 형태소를 취하는 후보

(b)는 Syllabic-Son 제약을 지킬 음성적인 실체가 없으므로, 이 제약을 자동적으로 충족시키게 된다. 뿐만 아니라 복수 형태가 [əl] 혹은 [ḷ]로 마치므로 Align-RS도 충족시킨다. 이것은 복수 접미사의 유/무에 관계없이 복수 형태는 RS로 마쳐야 한다는 제약을 별도로 설정해야 하는 이유를 말해준다(독일어의 복수 접미사에 -l이 없음을 상기하라). 후보 (b)와 (c)의 차이는 오직 복수 형태가 RS로 마치는가 그렇지 않은가에 있다. 후보 (b)는 비록 복수 형태를 나타내는 음성적 실체가 없으나(따라서 형태소 실현 제약을 어기나) RS로 마침에 반해, 후보 (c)는 복수 형태를 나타내는 음성적 실체가 있으나 RS로 마치지 않으므로 Align-RS 제약은 형태소 실현 제약보다 상위에 랭크되어야 한다.

Align-RS 제약이 불완전 음절의 분절음 구성요소를 엄격하게 제한하는 이유는(또한 이 점에서 RS를 Schwa 모음, 혹은 모음화된 -r이 음절핵인 음절로 보는 일반적인 견해와 다르다, vgl. Neef 1998a, Wiese 1996), 음소분포상으로 볼 때 아무런 문제가 없는 *Segels, *Segeln과 같은 복수 형태가 비문법적임을 설명하기 위해서이다. *Segels에서는 분절음 /s/만큼 RS가 왼쪽에 위치해 있으며, *Segeln에서는 분절음 /n/만큼 왼쪽에 위치해 있다. 따라서 두 개의 형태 모두 Align-RS를 위반하기 때문에 비문법적이다. 이에 반해 올바른 복수 형태인 Segel-∅은 이 제약을 지키고 있다.

여기서 주목할 것은 자음으로 시작하는 복수 접미사들(-n, -s)과 -∅ 형태소 간의 교체이다. Segel의 경우 위에서 말했듯이 *Segels, *Segeln은 음소분포상 아무런 문제가 없음에도 불구하고(즉, 복수 접미사 -s와 -n이 어기와 결합할 때 음절화될 수 있음에도 불구하고) 복수 접미사 -∅이 옴에 반해, Autos의 경우는 복수 접미사 -∅을 취할 경우 틀린 형태 (*Auto)가 된다. 따라서 설명되어야 하는 문제는 Segel과 Autos의 대비를 통해 왜 -∅ 형태소와 자음으로 시작하는 복수 접미사들간의 교체 관계가 반대로 될 수 없는가 하는 것이다. 만약 반대로 된다면 두 개의 복수 형태는 각각 *Sgels와 *Auto가 될 것이다. (9)에서 보았듯이

*Autos, *Auton, *Auto는 모두 Align-RS를 위반하는 점에서는 같다. 그러나 *Auton과 *Auto는 추가로 또 다른 제약들(전자는 Syllabic-Son을, 후자는 형태소실현 제약을)을 어기므로 틀린 형태가 된다. 이에 반해 *Segels에서는 복수 접미사 -s가 붙음으로써 불필요하게 Align-RS를 위반한다.

다음으로 Tafeln의 경우를 보자. Segel과 마찬가지로 단수 형태가 -el로 끝나지만 여기서는 복수 접미사가 -∅이 아니고 -n이 붙는다. 그 이유는 Segel과 달리 Tafel은 여성명사이고, 여성 명사는 언제나 복수가 -n으로 끝나야 하기 때문이다(Align-/n/ 제약).

(14) Tafel-n

Tafel - 복수 접미사	No-Lapse	Align-/n/	Syllabic-Son	Align-RS	형태소 실현
a. ☞ Tafel-n			*	*	
b.　　 Tafel-∅		*			*
c.　　 Tafel-s		*		*	
d.　　 Tafel-en	*				

후보 (b)는 Syllabic-Son과 Align-RS를 지키나 -n으로 끝나지 않으므로 Align-/n/ 제약을 위반한다. 후보 (c)도 Align-/n/ 제약을 어기며, RS로 마치지 않으므로 Align-RS도 위반한다. 이에 반해 후보 (a)는 Syllabic-Son과 Align-RS는 위반하나 Align-/n/ 제약을 지킨다. Align-/n/이 Syllabic-Son과 Align-RS보다 상위제약이므로 후보 (a)가 최적 형태가 된다. 여기서 알 수 있듯이 Segel이 아무런 복수 접미사가 붙지 않음에 반해 동일한 불완전 음절 -el로 마치는 Tafel이 복수 접미사 -n을 취하는 이유는 음운적인 이유가 아니라, 순수히 형태적인 요인 때문이라는 것이다. 독일어에서 거의 모든 여성명사(96.6%)는 복수 형태가 -(e)n으로 마친다. 이에 대한 예외는 복수에서 아무런 접미사가 붙지 않거나, -e 혹은 -s가 붙는 경우이다. 이 복수 형태들은 Duden (1995)의

Type 7, 8, 10에 속하는 여성명사들이다(6.3장을 보라). 이 타입들에 속하는 복수형태들의 예를 편의상 아래에 반복하겠다.

(15) Type 7 : (die Kräft-e)
      Type 8 : (die Mütter-∅)
      Type 10 : (die Oma-s)

(15)의 명사들은 복수형태가 -(e)n으로 마치지 않는 3.4%에 속하는 여성 명사들이다. 따라서 이들은 예외에 속하며, 복수형태가 개별적으로 기억되어야만 하는 명사들이다. 단수 어기가 *Auto*처럼 2음절 강약 음보일 때 1음절 복수 접미사는 No-Lapse 제약 때문에 허락되지 않지만, 단수 어기가 *Idée[idé:]*에서처럼 2음절 약강 음보(Jambus)일 때는 어떻게 될까? 이 경우 1음절 복수 접미사가 추가되어도 마지막 두 개의 음절은 강약 음절로 되기 때문에 No-Lapse 제약을 위반하지 않는다. 따라서 **Idée-e*, **Idée-er* 등은 모두 No-Lapse 제약을 충족시킨다. 이들이 비문법적인 것은 음운적인 이유 때문이 아니라, 독일어의 여성명사 복수형태는 -n으로 마쳐야 한다는 형태적인 이유 때문이다.

6.7. Schwa 탈락 vs. Schwa 삽입

Align-RS 제약은 단수 어간이 불완전 모음으로 마칠 때 복수형태를 설명하는 데 중요한 역할을 한다. 불완전 모음으로 마친다는 것은 단수 어간이 위에서 말한 소위 1과 2분의 1음절이라는 것을 의미한다(토착어 명사가 대부분 1음절이거나 1과 2분의 1음절이라는 것을 상기하라). 불완전 모음으로 마치며, 동시에 1음절만으로 된 어간은 독일어에서 불가능하다. 왜냐하면 이들은 최소단어(minimales Wort)의 제약, 즉 한 개의 단어는 최소한 2개의 모라를 가진 1음절이어야 한다는 제약을 위반하기 때문이다.

따라서 독일어에서 *bin*, *ist*, *Tag* 등은 가능한 단어이나, *[bə], *[bɛ]처럼 한 개의 모라도 갖지 않은 축소음절로 끝나는 단어는 불가능하다. 이 점을 고려하면 단수 어간이 불완전 모음으로 마치는 경우는 1음절이 될 수 없고, 1과 2분의 1음절로 한정된다는 것을 알 수 있다. 이때 두 번째 음절은 모두 축소음절이다(예 : *Ende*, *Blume*, *Vater*, *Segel* etc.). 이런 단수 형태 다음에 모음으로 시작하는 복수 접미사가 올 수 없는 것은 위에서 본대로 Anti-Daktylus 때문이다. 따라서 축소음절로 마친 단수 형태와 결합할 수 있는 복수 접미사는 자음으로 시작하는 *-n*과 *-s*뿐이다. 이 중에서 *-s*는 단수 형태가 완전모음으로 마칠 경우에 한정되어 있으므로 축소음절로 마치는 단수 형태와는 상보적인 분포에 있다. 따라서 *-n*만이 유일한 복수 접미사가 될 수 있다(*Blumen*). 그러나 복수 접미사가 없는 복수형태(*Lehrer*, *Väter*)에서 보듯이 영형태소도 축소음절로 마치는 단수의 가능한 복수 형태이다.

문제는 *-e*와 *-∅*의 교체, 혹은 *-en*과 *-n*의 교체에서 어떤 것을 기본형(Grundform)으로 보아야 하는 것이다. 이 문제는 이들의 교체를 Schwa 모음이 삽입된 것으로 보아야 하는가, 아니면 탈락된 것으로 보아야 하는가라는 문제와 직결된다. Wegener(1999)는 이들 복수 접미사들에서 보이는 교체를 설명하기 위해 전통문법 혹은 초기 생성문법의 틀에서 제안된 분석들(vgl. Wurzel 1970, Mugdan 1977, Kloeke 1982, Eisenberg 1994, Wegener 1995)에서처럼, 이들의 기본형태는 Schwa가 있는 형태이며, Schwa가 없는 형태는 규칙에 의해 설명될 수 있다고 주장한다. 그 이유로서 Wegener(1999)는 다음과 같은 사실들을 들고 있다 :

첫째, *Knie*[kniːə], *Feen*[feːən]과 같은 복수형태들에서는 Schwa 삽입을 야기하는 음운적 환경이 없음에도 불구하고 Schwa가 있다.

둘째, Schwa 삽입을 통한 설명이 Schwa 탈락을 통한 설명보다 더 간단한 점이 없다. 즉 두 개의 설명 모두 복수 접미사들을 *-(e)*, *-(e)n*, *-er*, *-s*의 4개로 줄이는 데 성공하고 있다(*-(e)*의 경우, Umlaut 있는 형태와 없는 형태를 구분하지 않는다면).

셋째, -n이 -en의 기본형이라면 독일어에서 *Oman, *Villan, *Konton 등이 가능할 것이 기대된다(-n으로 마치는 복수형태 Sultan, Kaftan, Kanon 등과 비교해 보라). 그러나 이런 복수 형태들은 존재하지 않는다.

넷째, Wiese(1996)의 가정처럼 -s 복수 형태가 독일어에서 가장 무표이고(Defaultplural), Schwa 삽입이 가장 간단한 수단이라면 왜 영어에서처럼 -es 복수 접미사를 가진 복수형태 *Bosses, *Busses는 나타나지 않는가 하는 점이다. 또한 사람 이름 Groß, Kunz 등이 복수 *Großes, *Kunzes 등으로 되지 않는가 하는 점이다.

이하에서는 이 이유들을 한 가지씩 살펴보겠다.

첫째, Knie가 단수[kniː]에서 [kniːə]([kniː]도 가능한 복수 형태임)로 되는 이유는 복수형태가 축소음절로 마쳐야 하는 제약 때문이다. Feen이 *[feːn]이 되지 않고 [feːən]이 되어야 하는 것도 마찬가지 이유에서이다. 따라서 Schwa 삽입을 야기하는 자음이 있는 경우(예 : Regen의 기본형 /reːgn/에서 Schwa 삽입을 통해 [reːgən]이 도출되는 경우)와 Knie, Feen의 경우는 다르다. 전자가 순수하게 음운적인 요인에 의해(즉 마지막 자음이 음절화되기 위해) Schwa가 삽입되었음에 반해, 후자는 형태적인 요구에 의해(즉 복수 접미사는 축소 음절로 마쳐야 한다. -s의 경우는 이에 대한 예외처럼 보이나 사실은 예외가 아니다. 왜냐하면 -es가 붙으면 Trochäus 음보 제약을 위반하기 때문이다) Schwa가 존재하기 때문이다. 따라서 후자의 경우는 엄밀한 의미에서 Schwa 삽입이 아니다. 왜냐하면 Schwa 삽입이란 언제나 음운적인 요인에 의해 기본형태에 존재하지 않던 것이 새로 생겨난 것을 전제하기 때문이다.

둘째, 경제성의 관점에서 볼 때 Schwa 삽입에 의한 설명이 Schwa 탈락을 통한 설명보다 나을 것이 없다는 Wegener의 주장 또한 옳지 않다. 독일어의 복수 접미사에 나타나는 이형태소 관계만을 설명하기 위해서는 Schwa 삽입이나 탈락이 동일한 결과를 가져올지 모른다. 그러나 복수 형태뿐 아니라 독일어의 모든 단일 형태소 단어와 형태적인 복합어에서 나타나는 Schwa의 분포를 설명할 때 Schwa 탈락의 가정은 Schwa 삽입의 가정보다 전체적으로 문법을 훨씬 복잡하게 할 뿐 아니라, 예측 가능한 Schwa의 분포를 설명하지 못한다. 예를 들어 *Abend*, *Gegend*와 같은 단어들에 나타나는 Schwa는 Schwa 탈락규칙을 가정할 경우 예측 불가능한 것으로 기저형태에 표시되어야 하나, Schwa 삽입규칙을 가정할 경우는 예측 가능한 것으로 된다. 공명도 원칙에 따라 인접한 자음들 /bnd/는 [bənd]로, /gnd/는 [gənd]로 실현된다(Schwa 삽입 규칙을 가정할 경우 생기는 여러 가지 문제점들에 대해 자세한 것은 Giegerich 1987, Wiese 1996를 참조하라).

　셋째 *Oman*, *Villan*, *Konton* 등이 불가능한 이유는 앞에서 말한 독일어의 복수 형태가 축소 음절로 마쳐야 하는 제약 때문이다. 그러나 *Omas*와 *Oman*은 둘 다 이 제약을 위반하고 있다. *Oman*이 비문법적인 이유는 독일어 복수 접미사 -*n*이 성절성 분절음으로 실현되어야 하는 제약 때문이다. 성절성 분절음으로 실현된 *Omaen*은 No-Lapse 제약을 위반하게 된다. No-Lapse 제약과 성절성 분절음 제약은 모두 복수형태가 축소음절로 마쳐야 하는 제약보다 상위에 있으므로 *Omas*가 최적형태가 된다(위의 표 (9)를 참조하라). 따라서 *Oman*, *Villan*, *Konton*과 같은 복수 형태들이 불가능한 이유는 복수 접미사 -*n*이 성절성 분절음으로 실현되어야 하는 제약을 위반하기 때문이며, 이 제약은 복수 형태가 축소 음절로 끝나야 한다는 제약과 함께 또 다른 형태적 요구의 제약으로 볼 수 있다(두 개의 제약 모두 Align 제약의 일종으로서 어떤 특정 형태적 범주, 여기서는 복수형태와 복수 접미사 -*n*이 특정 음운형태를 취해야 한다는 것을 의미한다). 따라서 이 또한 Schwa 삽입에 반대되는 증거로 볼 수 없다.

　넷째, -*s*는 성절성 분절음 제약의 적용을 받지 않는다. 따라서 이때는 -*es*로 실현되어야 할 어떤 이유도 없으므로, 영어와 달리 독일어에서 -*es* 복수 접미사는 나타나지 않는다.

Wegener의 비판은 *Oman*, *Villan*, *Konton*의 경우에 Schwa 삽입이 필요하지 않으므로 기본형태인 -n만 붙은 복수형태가 가능해야 할 텐데 왜 없는가에 근거하고 있다. 그러나 이 비판은 Schwa 삽입이 위에서 말한 순수하게 음운적인 요인에 의한 삽입을 의미한다는 것을 전제한 비판이다. 따라서 Wiese나 그밖에 Schwa 삽입을 옹호하는 사람들이 *Oman*, *Villan*, *Konton*과 같은 틀린 복수 형태들에 대해 오직(음운적인 요인에 의한) Schwa 삽입 규칙만 가지고 있다면 Wegener의 비판은 정당할 것이다. 그러나 이들이 음운적으로 가능한 모든 단어를 문법적이라고 주장하지 않았으며, 이런 복수 형태들이 왜 비문법적인가를 설명하기 위해서는 다른 제약들이 필요하다고 했다. 따라서 Wegener의 비판은 정당화될 수 없다.

6.8. No-Lapse

이 장에서는 강약약 3음절 음보를 회피하는 No-Lapse 제약이 자음으로 시작하는 복수 접미사인 -n, -r, -s와 이 접미사들과 이형태소 관계에 있는 Schwa 음절을 설명함에 있어 어떤 역할을 하는지 살펴보고자 한다.

(16) No-Lapse
두 개의 강세 없는 음절의 연속은 허락되지 않는다.

Autoes, *Farbeen*과 같은 복수형태들은 Align-RS 제약은 충족시키나 강약약 3음절 음보이므로 제약 (16)을 위반하기 때문에 비문법적이다. 이런 관점에서 볼 때 복수 접미사 -e(*Hund-e*, *Tisch-e*, *Argument-e*, *Paket-e*)와 접미사 -∅(*Vögel*, *Ruder*, *Computer*, *Filter*)도 운율요인에 의한 교체라고 볼 수 있다. 왜냐하면 이 두 개의 접미사의 이형태소 관계

는 복수 접미사를 명시해야 하는 형태적인 요구와 두 개의 약음절이 인
접해서는 안 되는 제약간의 충돌의 결과이기 때문이다. 따라서 (17a)의
복수형태들이 비문법적인 이유는 이들이 형태소 실현 제약을 어기기 때
문이고(즉 단수형태와 복수형태가 같기 때문이고), (17b)의 복수형태들이 비
문법적인 이유는 이들이 No-Lapse 제약을 어기기 때문이다.

(17) a. *Hund, *Tisch, *Argument
      b. *Vögel-e, *Ruder-e, *Filter-e

복수 접미사 Schwa-모음과 -∅이 이형태소관계에 있다면 독일어 복
수 접미사는 모음(= Schwa)으로 시작하는 것과 자음으로 시작하는 것으
로 대별되며, 이 때 자음은 -r, -n, -s 3가지이다. 이중에서 접미사 -r는
다른 자음과 달리 언제나 Schwa 음절로 실현된다. 그 이유는 다음의 복
수형태들에서 알 수 있듯이 자음 -r이 음절화되기 위해서는 Schwa 모음
이 삽입되어야 하기 때문이다.

(18) Kind-er, Wäld-er, Spitäl-er, Regiment-er

복수 접미사 -r는 자음들 중 공명도가 가장 높기 때문에 명사 어간이
자음으로 끝나는 경우, 대부분의 경우 이 자음은 /r/보다 공명도가 낮다.
따라서 공명도 제약을 지키기 위해선(즉 음절화되기 위해선) Schwa 모음이
삽입되어야만 한다. 명사 어간이 모음으로 끝날 경우, 복수 접미사 -r가
붙는 경우는 없다. 이때에는 -n 혹은 -s가 붙는다. *Frau-en, Idee-en,
Auto-s, Sofa-s.*

단수 어간이 -r로 끝난 경우 공명도의 관점에서 보면 복수 접미사로
-n이나 -s 모두 가능하다. 그러나 *Uhr-s, *Uhr-n이 비문법적인 이유
는 이들이 공명도가 아닌 다른 제약, 즉 복수형태가 Schwa 음절로 마쳐
야 하는 제약을 어기기 때문이다. 이것은 단수 어간이 모음으로 끝난 경
우도 마찬가지다. 예를 들어 *Frau-n은 공명도 제약을 지키나 비문법적

이다. 이에 반해 명사어간이 동일한 공명도인 /r/로 끝나고 이 /r/가 Schwa 모음의 삽입을 야기시킨 경우(즉 *Lehrer* /leːrr/, *Ruder* /ruːdr/, *Filter* /filtr/ 등에서처럼 어간 말음이 자음군으로 마치고 마지막 자음이 /r/인 경우)에는 어간이 음절화되기 위해서는 어간 자체가 이미 Schwa 음절을 포함해야 하고, 여기에 복수 접미사 -r이 붙게 되면 두 개의 /r/이 인접하게 된다. 독일어에서는 겹자음(Geminaten)을 회피하므로 복수 접미사 -r 앞에 Schwa 모음이 또 추가되어야 한다. 결과적으로 두 개의 Schwa-음절이 연이어 나타나게 되고(*Lehrer-er*, *Filter-er*) 이 형태들은 No-Lapse를 위반하게 된다. 마찬가지로 어간 말음이 /l/인 경우도(예 : *Vogel* /foːgl/) 복수 접미사 -r이 결합하면 Schwa 음절의 연속이 불가피하므로 (*Vogel-er*) No-Lapse를 위반한다.

그렇다면 공명도를 위반하지 않는 복수 접미사 -n은 왜 불가능할까? No-Lapse를 위반하지 않고, 또 공명도상으로도 문제가 없는 다음과 같은 형태들이 복수로 가능할 것이 예상된다.

(19)　*Ruder-n, *Filter-n, *Lehrer-n, *Vogel-n

그러나 (19)의 올바른 복수형태는 접미사 -ø을 취한다. 이 형태들과 복수 접미사 -n을 취하는 다음 형태들을 비교해보라.

(20)　Uhr-en, Frau-en, Blume-n.

이 비교에서 다음과 같은 결론을 내릴 수 있다. 복수 접미사 -ø과 -n은 또 하나의 이형태소 관계를 이룬다. 즉 단수 어간의 말음이 /n/보다 공명도가 크고(이에는 모음, /l/, /r/이 속한다) 단수어간이 2음절로 된 Trochäus로 끝나면(*Ruder, Filter, Lehrer, Vogel*) 접미사 -ø이, 그렇지 않으면 접미사 -n이 붙는다. 따라서 (14)의 복수형태들이 비문법적인 이유는 이들이 비록 2음절로 된 Trochäus음보를 이루긴 하나, 복수명사가 불완전 음절로 마쳐야 하는 제약을 어기기 때문이라고 볼 수 있다.

위에서 제시한 Align-RS 제약에 따르면 복수명사의 오른쪽 끝은 축소음절이어야 하고, 축소음절의 음절핵은 Schwa 모음이거나 성절성 공명음(철자법상 *-en, -er*)이어야 한다. (19)의 형태들은 오른쪽 끝이 음절핵이 아니라 비성절성 자음 *-n*이므로 Align-RS 제약을 위반한다.

Ruders, *Vogels*와 같은 복수형태들이 불가능한 것도 마찬가지 이유에서이다. 위에서 이미 언급했듯이 이 복수형태들이 불가능한 이유를 외래어와 토착어의 구분에서 찾는 것은 복수형태의 운율적인 본질을 파악하지 못한 결과이다. 전통문법은 흔히 복수 접미사 *-s*는 외래어에서 들어온 명사에 사용된다고 기술하고 있다. 이런 관점에서 보면 *Ruder*와 *Vogel*은 외래어가 아니기 때문에 외래어 복수 접미사 *-s*가 붙을 수 없다고 설명될 것이다. 그러나 이런 기술은 *Computer-Ø*, *Filter-Ø*처럼 외래어임에도 불구하고 복수형태에서 *-s*가 붙지 않는 경우는 설명할 수 없다. *Computer-s*, *Filter-s*와 같은 복수형태들이 불가능한 이유는 Align-RS 제약의 위반 때문이지 토착어 vs. 외래어라는 형태, 통사적인 정보 때문이 아니다.

이하에서는 위에서 제시된 설명과 규칙이론의 틀 속에서 제안된 분석을 간략히 비교하고자 한다. Wiese(1996 : 108)는 독일어 명사 복수형태가 다음과 같은 제약을 충족시켜야 한다고 주장한다(Eisenberg 1998도 독일어의 명사복수형이 Trochäus 음보로 마쳐야 한다고 주장하나 Wiese처럼 두 번째 음절이 Schwa-음절이어야 한다는 조건은 명시하지 않고 있다) :

(21) 명사복수 → ω[.... F[σ   Schwa-음절]]

위의 제약에 따르면 독일어의 명사복수형태는 2음절 Trochäus음보로 마치는 1개의 음운단어여야 한다. 이때 두 번째 음절은 Schwa-음절이어야 한다. Schwa-음절은 Schwa 혹은 성절성 공명음이 음절핵인 모든 음절을 말한다. 이 제약은 두 가지 이유에서 독일어 명사 복수형을 지배하는 일반적인 제약으로 볼 수 없다. 첫째, 이 제약에 의하면 *Segel-n*,

*Filter-s와 같은 복수형태들은 왜 독일어에서 불가능한지 설명될 수 없
다. 두 개의 형태 모두 Schwa-음절로 마치므로 제약 (21)을 충족시키고
있다. 이 형태들은 앞 장에서 설명했듯이 복수명사가 불완전음절로 끝나
야 하는 제약(Align-RS)을 어기기 때문에 올바른 복수형태가 될 수 없다.
단지 Schwa-음절로 끝나야 한다는 (21)의 제약은 틀린 복수형태도 허
락한다는 점에서 너무 약하다. 둘째, 복수 접미사 -s를 취하는 형태들은
모두 제약 (21)을 위반하므로 -s 복수형태들을 설명하기 위해서는 다른
조건을 가정해야 할 것이다. 이 점에서 제약 (21)은 너무 강하다. 앞에
서 보았듯이 외래어에서 들어온 명사들은 -s 복수형태를 취해야 한다는
가정은 -s와 경쟁관계에 있는 다른 두 개의 접미사 -n과 -∅이 복수 형
태에서 실현되는 근본적인 차이를 나타내지 못한다.

　　이런 문제가 생기는 근본적인 원인은 규칙 이론에서 제약은 위반될 수
없기 때문이다. 따라서 제약 (21)은 *Segel-e, *Segel-en, *Segel-er와
같은 복수 형태들이 2음절 Trochäus 음보로 마치지 않았기 때문에 틀렸
다고 설명할 수 있으나, 2음절 음보로 마침에도 불구하고 *Segel-n,
*Segel-s와 같은 복수 형태들은 왜 불가능한지 설명할 수 없다. 2음절
음보로 마쳐야 한다는 제약뿐이라면 이 형태들이 비문법적이어야 할 이
유가 없다. 특히 접미사 -s를 외래어 복수 형태에만 사용된다고 가정하
여 고려 대상에서 제외하더라도, Segel-∅과 *Segel-n 두 가지 형태 중
에서 어떤 것이 보다 나은지는 제약 (21)로서는 설명이 안 된다.

6.9. 결론

　　지금까지의 논의를 요약하면 단수형태가 1음절일 때와 2음절일 때 각
각 다음과 같은 결과를 얻을 수 있다.

•어기가 1음절 단수일 때 복수 형태는 1음절을 추가하여 2음절이 된다.
이것은 1음절 단수 형태의 복수 형태로 -∅ 형태소가 올 수 없다는 사실에 의해 뒷받침된다. 왜냐하면 그렇게 되면 복수 형태는 1음절이 되기 때문이다. 따라서 올바른 복수 형태인 *Tage*나 *Hände*에 대해 가상적인 복수 형태 *Tag*이나 *Händ*와 같은 것은 있을 수 없다. 이들과 -∅ 형태소를 복수 접미사로 취하는 *Engel, Lehrer, Töchter* etc.를 비교해 보라. -∅ 형태소를 취한 1음절 복수 형태가 있을 수 없는 이유는 *Tag*이나 *Händ*에서 볼 수 있듯이 이들이 RS로 마치지 않기 때문이다. Align-RS를 충족시키면서 -∅ 형태소를 취한 1음절 복수 형태이기 위해서는 이 1음절이 RS가 되어야 할 것이다. 예를 들어 *[tən]과 같은 복수 형태가 그런 형태가 될 것이다. 그러나 이와 같은 단어는 소위 최소단어 (Minimales Wort)의 원칙에 벗어난다. 한 개의 RS로 구성된 단어는 한 개의 모라도 없으므로 최소단어가 될 수 없고, 따라서 복수 형태도 될 수 없다. 이에 반해 -∅ 형태소를 취하는 *Engel, Lehrer, Töchter* etc. 와 같은 복수 형태는 2개의 음절로 이루어진 음운단어로서 최소단어의 원칙을 준수하고 있고, RS로 마치고 있다.

따라서 복수 형태가 단수 형태에 1음절을 추가함으로써 만들어 지는 사실은 복수 형태가 RS로 마쳐야 한다는 형태적 특징에서 비롯됨을 알 수 있다. 여기서 제안한 제약 Align-RS는 특정한 형태 범주(명사 복수)의 경계(여기서는 오른쪽)가 특정한 음운단위(RS)의 경계와 일치해야 한다는 일반적인 Align 제약(vgl. McCarthy/Prince 1993)의 한 종류로 볼 수 있다. 단수 어기가 1음절일 때 이 음절은 최소단어의 원칙 때문에 RS가 될 수 없다. 따라서 단수 어기는 완전음절(즉, 음절핵이 완전모음(Vollvokal) 인 음절)이어야 하고, 이것의 복수 형태가 RS로 마치기 위해서는 새로운 1개의 RS가 추가될 수밖에 없다. 이렇게 볼 때 1음절 단수 형태에서 2음절 복수 형태가 생기는 것은 복수 형태가 RS로 마쳐야 한다는 요구의 필연적인 결과라고 할 수 있다.

•어기가 2음절 혹은 그 이상일 때 복수 형태는 1음절을 추가하여 생겨날 수 없다.

왜냐하면 1음절을 추가할 경우 Daktylus 음보가 되어 No-Lapse 제약을 위반하기 때문이다. 따라서 여기서는 -∅ 형태소나 본질적으로 음절핵이 될 가능성이 가장 적은 -s만이 복수 접미사가 될 수 있다. 이에 반해 복수 접미사 -n, -r은 언제나 성절성 분절음으로 실현되려고 한다.12) 복수 접미사 -n, -r이 성절성 분절음으로 실현되어야 한다는 요구는 어디까지나 보다 상위 제약인 No-Lapse를 위반하지 않는 범위 내에서 충족될 수 있다. 단수 어기가 1음절일 경우에는 Syllabic-Son 제약을 지킴으로써 동시에 복수 형태가 RS로 마쳐야 한다는 제약도 지킬 수 있다. 그 결과는 단수에서 1음절이 추가된 2음절 복수 형태이다. 그러나 단수 어기가 2음절 이상일 경우 Syllabic-Son 제약을 지키면, 이보다 상위제약인 No-Lapse를 위반하게 되므로 허용되지 않는다. No-Lapse를 지키기 위해서 Syllabic-Son를 어긴다면, 자동적으로 Align-RS도 어기게 된다(*Auton, *Autor). 그러나 어차피 Align-RS를 어길 수밖에 없다면(이것은 2음절 단수 일 경우 필연적이다!),13) 그리고 그 밖의 모든 조건이 동일하다면, Syllabic-Son을 지키는 형태(Autos)가 Syllabic-Son을 어기는 위의 두 형태보다 나을 것이다. 또한 Autos는 Syllabic- Son을 지키는 또 다른 형태인 *Auto보다 낫다. 왜냐하면 이 두 개의 형태들이 Align-RS를 어기는 점에서(그리고 그 밖의 모든 점에서) 동일하나, 후자는 전자에 비해 추가로 형태소 실현 제약을 어기기 때문이다.

흔히 -s는 독일어의 복수 접미사들 중에서 가장 무표인 접미사로 간주되고 있다(vgl. Wiese 1996). 이것은 다른 '특별한 이유가 없는 한' 명사의 복수 형태는 -s 접미사를 취한다는 것을 의미한다. 그러나 여기서 제안한 분석에 따르면 복수 접미사 -s의 무표성은 달리 해석되어야 한다. -s

---

12) 이에 대한 유일한 예외는 *Muskeln, Pantoffeln* etc.(vgl. Neef 1998a : 8).
13) 2음절 약강 음보(Jambus)인 단수의 경우는 이에 해당되지 않는다(예 : *Hotéls*).

는 공명음 복수 접미사인 $-r$이나 $-n$이 성절성 분절음으로 실현되어야 한다는 압박을 받고 있음에 반해 그렇지 않다는 점에서 무표적이다. $-r$이나 $-n$이 성절성 분절음으로 실현되어야 한다는 압박은 No-Lapse와 직접적인 충돌을 일으켜 복수 형태의 음절수의 증가 여부(단수 1음절에서 복수 2음절로 증가는 가능하나 단수 2음절에서 복수 3음절로 증가는 불가능)를 결정짓는 직접적인 요인이 되나, $-s$는 그러한 압박이 없는 점에서 No-Lapse와 직접 충돌할 일도 없으며, 음절수의 증가 여부를 결정짓는 요인이 되지도 않는다. 바로 이 점에서 토착어의 복수 형태와 외래어의 복수 형태에 나타나는 제약들 간의 상호관계가 서로 다른 방식으로 작용하고 있음을 볼 수 있다. 단수 어기가 1음절, 혹은 최대한 1과 2분의 1음절인 토착어 명사에서 복수 접미사들 중에 한 개의 특정 이 형태소를 선택하는 것은 복수 접미사 $-r$이나 $-n$(이들은 $-s$에 반해 토착어 복수 접미사이다)이 성절성 분절음으로 실현되어야 한다는 요구와 다른 제약들 간의 충돌에 의해 결정되나, 단수 어기가 보통 2음절 이상인 외래어인 경우 음절수의 증가는 애당초 허락되지 않는다. 따라서 성절성으로 실현되어야 한다는 제약과 다른 제약들 간의 충돌도 처음부터 있을 수 없다. 이런 갈등이 없을 경우 $-s$ 접미사가 선호되는 것이다.

제7장 ▌전 환

7.1. 전환의 형태적 성격

흔히 형태론의 연구 분야는 조어(Wortbildung)와 굴절(Flexion)로 나누어지며, 조어는 다시 파생(Derivation)과 합성(Komposition)으로 양분된다. 이런 구분에서 전환(Konversion)을 파생의 한 종류로 볼 것인가 아니면 조어와 굴절 어디에도 속하지 않는 독자적인 하나의 형태적 과정으로 보아야 할 것인가에 관한 문제는 오래전부터 형태론 연구에서 많은 논쟁을 불러일으켰다. 왜냐하면 전환은 어기에 명시적인 접사를 첨가하여 새로운 단어를 만드는 일반적인 파생(연결형태론, verkettende Morphologie)과는 달리 접사 첨가 없이 어기의 형태, 통사적인 범주와는 다른 범주의 단어를 도출하기 때문이다. 범주의 변환이 접사의 도움 없이 바로 이루어진다는 점에서 전환은 비연결형태론(nichtver-kettende Morphologie)의 성격을 보인다. 그럼에도 불구하고 어기에 가해지는 제한이라든지 서로 다른 전환규칙들이 보이는 생산성(Produktivität)의 차이라는 관점에서 보면 전환은 일반적인 파생과정과 상당히 유사하며, 이 점에서 모든 어기에 예외 없이 굴절접사가 첨가되어 다른 단어가 되는 굴절과는 분명히 구분된다. 이 때문에 학자에 따라서는 전환을 파생의 한 종류로 보기도

하고, 파생과 구분하여 전환을 또 다른 형태론의 한 분야로 취급하기도 한다.

이 장은 형태론에서 전환이 갖는 위치에 대한 이런 전통적인 논란이 전환의 형태적 성질의 일부분만을 부각시킨 데서 비롯된 것임을 보이고자 한다. 전환관계에 있는 두 단어의 형태적 특성과 제약을 올바르게 설명하기 위해서는 두 단어 중에 어떤 것도 어기(Basis)가 될 수 있어야 하며, 이 점에서 여기서 제안된 독일어의 전환에 관한 분석은 굴절형태의 계열관계에 있는 모든 구성원이 원칙적으로 어느 것이나 어기가 될 수 있다고 보아야 한다는 McCarthy(2001)의 주장을 뒷받침해준다. 만약 계열관계가 반드시 굴절에만 한정되는 것이 아니라, 전환을 이루는 두 개의 단어 사이에도 적용될 수 있다면, 전환은 보통의 파생과정과는 명확히 구분된다고 할 수 있다. 또한 이 점에서 전환관계에 있는 두 개의 형태를 계열관계로 파악하는 이 책의 분석은 연결형태론과 비연결형태론의 논쟁에 중립적이라 할 수 있다. 왜냐하면 계열관계에 있는 두 개의 형태의 형태적 유사성과 차이점은 어떤 한쪽(= 어기)에서 다른 한쪽(= 파생어)을 도출해내는 일방적인 관계를 통해서가 아니라, 양방향으로의 관계를 통해서 설명되기 때문이다.

이하에서 전환의 분석은 다음과 같은 구성으로 되어 있다 : 7.2장은 전통문법에서 전환을 무 접사 파생으로 설명할 때 생겨나는 문제점을 살펴보고, 7.3장은 이런 문제들을 해결하기 위해 Olsen(1990)이 규칙에 입각한 이론의 틀 속에서 제안한 분석을 살펴본다. Olsen은 아랍어의 굴절과 첩어현상(Reduplikation)과 같은 비연결형태론을 설명하기 위해 원래 음운이론에서 발전된 추상적인 형태소의 개념을 토대로 전환을 영형태소(Nullmorphem)가 어기와 결합한 것으로 설명하고 있다. 그러나 이 분석은 다른 비연결형태론과는 달리 전환을 본질적으로 보통의 접사화 과정과 같이 취급함으로써 원래 무 접사 파생의 분석이 보여주는 문제점들을 그대로 가지고 있다. 7.4장은 Olsen 이후 독일어의 전환에 관한 설명에서 하나의 중요한 발전으로 보이는 Neef(1997)의 분석을 소개한다. Neef는 선언문법(Deklarative Grammatik)의 틀속에서 전환을 동사 부정형이라는 형태적 범주에 적용되는 단어 디자인 조건(Word Design Condition)들을 통해 설명한다. 그러나 이 디자인 조건들은 원래의 선언문법의 이론적 가설 때문에 위반될 수 없다는 특징을 갖고 있으며, 이로 인해 개별제약들이 잉여적이거나, 몇 가지 핵심제약들로 나누어 져야 할 제약이 불합리하게 한 개의 제약으로 통합됨으로써 전환에서 보이는 근본적인 음운, 형태적 성질을 올바르게 표현할 수 없다. 이에 반해 모든 제약은 원칙적으로 위반될 수 있다고 가정하는 최적성이론의 관점에서 보면, 전환은 형태소 실현제약과 전환관계에 있는 두 단어의 어간의 음성형태를 동일하게 유지하려는 최적계열(Optimales Paradigma) 제약들 간의 상호작용으로 볼 수 있다. 굴절에서와 마찬가지로 전환에서도 계열 개념이 중요한 역할을 하며, 전환관계에 있는 두 단어가 서로 어기가 될 수 있고, 그 결과로 양방향의 형태 비교가 가능하다고 가정하면, 전환을 한 방향으로의 도출로 이해하는 종래의 분석들에서 보이는 여러 가지 문제들을 해결할 수 있다. 7.5장과 7.6장은 앞 장에서 제안한 제약들과 제약간의 랭킹을 바탕으로 *Kanu*(명사) → **kanuen*(동사)에서 전환이 안 되는 이유를 설명한다. 7.7장은 앞의 논의에 대한 결론을 담고 있다.

7.2. 무접사 파생(Nullableitung)

　전환은 일반적으로 형태적으로 단순한 명사, 형용사, 동사가 명시적인 접미사나 접두사가 없이 다른 형태, 통사적인 범주로 변하는 경우를 말한다. 이 점에서 전환은 명시적인 두 개의 형태소가 연결되어 새로운 조어를 형성하는 합성이나 파생과 같은 소위 연결형태론과 구분된다. 독일어에서 비연결 형태론(nichtverkettende Morphologie)의 한 종류인 전환은 다음 세 가지 유형으로 구분된다(vgl. Olsen 1990).

(1) a. 명사   → 동사
         Geige   → geig(en)
         Speicher   → speicher(n)
         Schule   → schule(n)
         Ort   → ort(en)
         Kalauer   → kalauer(n)
         Schicht   → schicht(en)
     b. 형용사   → 동사
         kurz   → kürz(en)
         locker   → locker(n)
         süß   → süß(en)
     c. 동사   → 명사
         treff(en)   → Treff
         lauf(en)   → Lauf
         schlaf(en) → Schlaf
         rutschen   → Rutsch
         stau(en)   → Stau

이 장의 목적은 위의 세 가지 유형 중에서 특히 명사에서 동사로의 전환에서 나타나는 형태적인 특성을 기술하는 데에 있다. 분석의 대상을 이 유형으로 제한하는 이유는 생산성(Produktivität)에서 명사에서 동사로의 전환이 가장 높고, 동사에서 명사로의 전환은 그 빈도에 있어 상대적으로 훨씬 적으며, 형용사에서 동사로의 전환은 공시적으로 볼 때 더 이상 생산적인 조어과정으로 볼 수 없기 때문이다(vgl. Kühnold/Wellmann 1973, Olsen 1990). 그러나 이하에서 보게 되겠지만, 본 논문의 주목적이 전환관계에 있는 두 개의 어간 사이의 형태적인 유사성과 차이점을 설명하는 데 있으므로, 개별 유형이 보이는 생산성의 차이는 사실상 별로 중요하지 않다. 따라서 이 장에서 분석의 대상이 비록 명사에서 동사로의 전환에 한정되어 있다하더라도, 여기서 적용되는 제약들의 상호작용은 다른 전환 유형에도 적용된다고 보아야 한다. 동일한 이유에서 전환과 관련된 의미적인 측면도, 비록 이것이 개별유형의 생산성과 밀접한 관련이 있지만(vgl. Olsen 1990), 여기서 고려하지 않겠다.

위의 자료에서 화살표가 보여주듯이, 전통문법에서는 일반적으로 어기로부터 전환된 단어가 도출되는 것이 일방적인 것으로 이해되고 있다. 대부분의 경우 도출 방향은 의미, 화용론적인 기준이나 통시적인 기준에 의해 분명하게 정해지지만, 어떤 것을 어기로 보아야 할지 분명하지 못한 경우도 많다. 이 책에서는 전환관계에 있는 단어들의 형태적인 분석만을 목적으로 하고 있으므로, 전통적인 문법에서 전환의 도출 방향을 결정짓는 의미, 화용론적인 기준이나 통시적인 기준이 중요한 역할을 하지 않는다. 뿐만 아니라 7.5장에서 자세히 설명되겠지만, 전환관계에 있는 단어들 간의 형태적인 면에 초점을 맞추면 도출 방향을 일방적인 것으로 설명하는 전통문법의 분석이 여러 가지 불합리한 점들을 내포하고 있다는 것을 알 수 있다. 이 문제들은 전환관계에 있는 두 단어간의 형태를 양방향으로 비교해야, 즉 두 단어가 모두 서로에게 어기가 될 수 있다는 것을 가정해야 해결될 수 있다. 왜냐하면 형태적인 측면에서만 볼 때, 위의 자료에서 알 수 있듯이(동사 부정형의 -n이나 -en을 제외한 나머지 부분은 명사와 동일) 어떤 것이 어기이고 어떤 것이 이로부터 도출된 것인지를 결정하는 것은 순전히 자의적이기 때문이다

흔히 전환이나 무 접사 파생이 혼용되어 사용되나, 이 두 개의 용어는 이미 그 자체가 문제가 되고 있는 형태적인 과정을 각기 다르게 파악하고 있음을 표현하고 있으므로 서로 구분될 필요가 있다. 무 접사 파생이라는 용어는 원래 Marchand(1969)가 (2)의 영어 자료를 설명한데 기인한다. 이에 따르면 *clean*이나 *cash*의 품사변화는 다른 일반적인 접사화에서처럼 추상적인 접사, 즉 음성적인 실체가 없는 영형태소(Null Morphem)가 어기와 결합해서 생겨난다. 영형태소 접사와 결합하는 이런 특수한 형태적 과정을 Marchand는 무 접사 파생(Nullableitung 혹은 Ableitung mit Nullmorphem, 영어 : zero derivation)이라고 부른다. 이 점에

서 무 접사 파생은 동일한 형태적 과정을 영형태소의 도움 없이 어간의 형태, 통사적 범주가 직접 변화하는 것으로 설명하는 전환과는 구분되어야 한다. (2)에서 '-' 표시는 형태소 경계를 나타낸다.

(2) a. 보통의 접사화 : 어간 + 접미사 = 파생어
    legal (Adj.) -ize (Verb) → legalize (Verb)
    atom (Nom.) - ize (Verb) → atomize (Verb)
   b. 무접사 파생 : 어간 + ϕ → 파생어
    clean (Adj.) - ϕ (Verb) → clean (Verb)
    cash (Nom.) - ϕ (Verb) → cash (Verb)
    look (Verb) - ϕ (Nom.) → look (Nom.)

(2b)와 같은 영형태소에 의한 파생은 (2a)의 일반적인 파생과는 여러 가지 점에서 다르다. 일반적인 접사는 대개 그 형태적 기능과 음성형태가 1 : 1 대응됨에 반해(동사의 현재, 2인칭, 단수 접미사인 *-st*와 *-est*와 같은 이형태소를 제외하면 : *geh-st, red-est*), 영형태소는 그 형태적인 기능에 따라 동사를 도출하는 영형태소와 명사를 도출하는 영형태소가 구분되어야 하기 때문에 음성적인 실체가 없는 영형태소끼리도 서로 구분되어야 한다. 예를 들어 과거, 3인칭, 단수 동사 *arbeit-et-e*에 해당하는 *ging*은 *ging-ϕ*(시제)-ϕ(인칭, 수)로 될 것이다. 영형태소를 사용한 (2b)와 같은 분석에 대한 본질적인 비판은 Lieber(1981) 이후 잘 알려져 있으며, Olsen(1986 : 116-120)은 그것을 다음과 같이 요약하고 있다 :

• 일반적으로 명사화 접미사는 문법적인 범주인 성(Genus)과 복수형태를 결정함에 있어 언제나 일정하다. 예를 들어 독일어에서 접미사 *-tum*으로 마치는 명사는 일반적으로 중성이며(두 개의 남성명사 *Irrtum*과 *Reichtum*을 제외하면), 복수형태는 접미사 *-er*를 취한다. 그러나 영형태소로 파생된 명사는 성과 복수형태가 일정하지 않다. 세 개의 성이 모두 가능하며(*der Lauf, das Band, die Arbeit*), 동일한 성일지라도 복수 접미사가 일정하지 않다(예 : *das Grab* 단수 - *die Gräb-er*

복수, *das Los* 단수 - *die Los-e* 복수). 따라서 영형태소는 보통의 접미
사가 보이는 성질과 다르므로 접미사로 볼 수 없다.

- (2b)에서처럼 접미사에 영형태소를 인정한다면, 이와 병행하는 영
  형태소인 접두사도 가능할 것이다. 예를 들어 다음과 같은 파생동사
  에서 접두사 *ver-*나 *er-*는 의미적으로 볼 때 '어기 형용사가 지닌
  성질로 만들다'는 의미를 지닌다. *ver-dünn(en), er-schwer(en)*.
  따라서 접두사가 없는 다음과 같은 파생어도 접두사 *ver-*나 *er-*에
  해당하는 영형태소 접두사를 인정할 수 있을 것이다. *∅-schwäch
  (en), ∅-trüb(en)*. 그러나 보통의 접미사와 접두사가 가지는 기능
  에 병행하는 영형태소 접미사와 영형태소 접두사를 가정할 경우,
  이 둘 중에서 어떤 것이 파생어의 형태, 통사적 성격을 결정짓는지
  알 수 없는 문제가 생긴다. 예를 들어 형용사에서 파생된 동사
  *schwärz(en)*을 접미사에서 파생된 동사 *stabil-isier(en)*과 병행하
  는 것으로 생각하면, 영형태소는 접미사가 되어 *schwärz-∅*의 구조
  로 보아야 할 것이고, 접두사와 결합된 파생어 *ver-dick(en)*과 병행
  하는 것으로 보면 영형태소는 접두사가 되어 *∅-schwärz*의 구조로
  보아야 할 것이다. 심지어 접두사와 접미사에 병행하는 영형태소가
  모두 있는 *∅-schwärz-∅*의 구조로 보지 말라는 법도 없다. 이런
  이유로 영형태소를 일반적인 접미사나 접두사와 같이 볼 수 없다.

7.3. Olsen(1990)의 분석

Olsen(1986)이 전환을 무 접사 파생으로 설명할 때 나타나는 문제점
들을 지적하고 있음에 반해, 그 후의 또 다른 논문(1990)은 여전히 영형
태소를 인정하여 전환을 보통의 접사화과정처럼 연결형태론으로 설명하
고 있다. 그 이유는 전환을 다음과 같이 어휘부(Lexikon)가 가지고 있는

잉여규칙(Redundanzregel)으로 설명하는 Lieber(1981)의 분석이 잘못된 예측을 하기 때문이다.

    (3) a. N ~ V
          b. A ~ V

  (3)의 잉여규칙들은 전환관계에 있는 명사와 동사, 혹은 형용사와 동사가 서로 대응관계에 있으며, 이때 두 개의 어휘소(Lexem)는 음운적으로 동일하며, 의미상 가깝다는 것을 의미한다. Lieber에 의하면, 전환에 대해 언어사용자가 가지고 있는 직관은 어기로부터 다른 단어가 도출되는 형태로서가 아니라, 의미상의 연결로서 존재하며, 이것은 다음과 같은 의미상의 잉여규칙으로 표현된다.

(4) N→V 의미해석 규칙
    의미상 완전히 표기된(vollspezifiziert) 명사 X와 이 명사와 가까운(즉 어휘부에 (3)의 규칙으로 표시되어 있는), 하지만 의미상 완전히 표기되지 않은 동사 Y가 있을 때, X는 Y의 해석에서 논항의 구실을 한다.
    예: *claw*N → *claw*V 'mit Klauen kratzen', *paint*N → *paint*V 'mit Farbe streichen'

  V→N 의미해석규칙도 위와 마찬가지 형식을 취하며, 이때는 명사가 동사의 동작을 실행한 것으로 해석된다(예 : *throw*V → *throw*N 'eine Instantiierung des Werfens'). Olsen(1990)은 Lieber가 제안한 (3)의 잉여규칙이 도출의 방향을 나타내지 않고, 두 어휘소간의 (전환) 관계만 표현하기 때문에 잘못된 예측을 한다고 비판한다. (3)의 규칙에 따르면(명사에서 동사로의 전환과 동사에서 명사로의 전환이 가능하듯이) 동사에서 형용사로의 전환도 가능할 것이 예상된다. 그러나 영어와 독일어에서 이런 유형의 전환은 존재하지 않는다. 이 때문에 Olsen은 Lieber와 달리 전환을 다시 영형태소가 어기와 결합한 보통의 연결형태론과 같은 형태로 볼 것을 제안한다. Olsen은 비선형음운론(Nichtlineare Phonologie)의 모델을 바탕

으로 영형태소는 (5)와 같은 구조를 가지며, 이것이 어간과 결합할 때 단어의 핵(Head)의 기능을 가지므로 (6)에서처럼 자신의 자질을 전체 단어의 자질로 결정짓는다고 설명한다. (5)에서 M은 형태소(Morphem)를 표시한다.

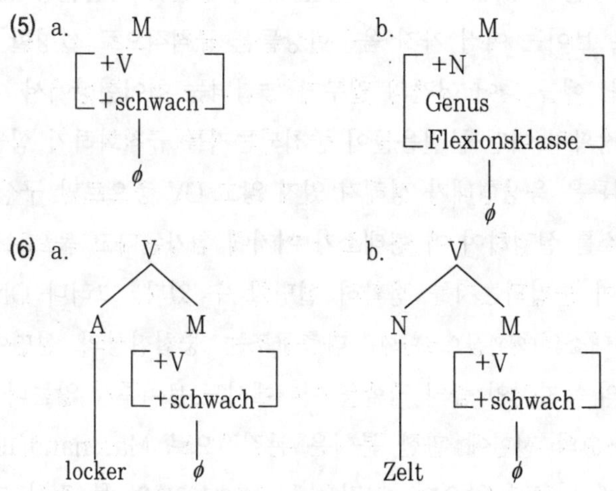

Olsen은 (5)와 같은 영형태소 구조를 통해 음성자질들을 다층 구조로 파악하는 비선형 음운론의 이론적인 장점을 독일어의 전환을 설명하는 데 적용할 수 있다고 믿고 있다. 그러나 영형태소의 음성자질은 글자 그대로 ϕ 이기 때문에, 이런 장점이 (5)의 구조를 통해 나타날 수 없다. 뿐만 아니라 (6)은 가지 그림을 통해 어간과 영형태소의 음성 구조가 수직적으로 연결되어 있기 때문에 외관상으로만 비선형이론의 모습을 보일 뿐, 그 실체는 단순히 어간과 영형태소가 결합한 일반적인 연결형태론과 다를 바가 없다.

Olsen의 이론적 바탕이 되고 있는 비선형음운론은 원래 McCarthy(1981)와 Marantz(1982)가 아랍어의 굴절형태(root-and-pattern morphology)나 첩어현상(Reduplikation)에서 나타나는 비연결형태론, 즉 어간과 접사의 경계가 보통의 연결형태론에서처럼 명확하지 않고 형태소와 음소가

1 : 1로 결합하지 않는 형태적 과정을 설명하기 위해 제안한 것이었다. 그들이 제안한 모델에 따르면 한 개의 형태소는 분절음 층, CV 층, 음절 층등 여러 개의 층(Schicht, 영어 : tier)으로 구성된 추상적인 단위이며, 각각의 층은 음운, 형태적인 과정에서 독자적인 단위(Autosegment)로 행동한다. 형태소를 이렇게 다층 구조로 볼 때의 장점은 비연결형태론에서 불규칙적으로 보이는 여러 가지 음운현상들을 규칙적으로 설명할 수 있다는 데 있다. 예를 들어 어간의 일부가 중첩되는 첩어현상에서 이전의 선형이론은 정확히 어떤 분절음들이 중첩되는지를 규칙화하기 힘들었으나, 비선형이론은 음성형태가 정해져 있지 않고 CV 층으로만 구성된 추상적인 형태소를 설정하여 이 형태소가 어기에 첨가된다고 봄으로써, 어떤 분절음들이 중첩되는지를 정확히 설명할 수 있다. 그러나 Olsen이 제안한 영형태소의(외관상으로만의) 다층구조는 중첩현상의 설명에서와 같은 형태소의 독자적인 층의 역할을 어디에서도 보여주지 않는다. 따라서 Olsen(1990)의 전환에 관한 분석은 본질적으로 Marchand(1969)의 무접사 파생과 다르지 않으며, 그것은 Lieber(1981)의 무 접사 파생에 대한 비판이 그대로 Olsen에게도 적용됨을 의미한다.

7.4. Neef(1997)의 분석

Neef(1997)는 제약에 바탕을 둔 선언문법(Deklarative Grammatik)의 이론적인 틀 속에서 독일어의 단어에 적용되는 음운형태에 관한 제약을 제시하고 있는데, 그는 이런 자신의 이론을 'Word Design'이라고 부르고 있다. 선언문법은 최적성이론과 마찬가지로 언어 현상을 규칙이 아닌 제약을 통해 설명하고 있다. 그러나 이 두 개의 문법 모델에서 제약의 역할은 근본적으로 다르다. 선언문법에서는 개별 제약들이 위반될 수 없고, 또 모든 제약들은 개별언어에만 특수하게 적용되는 제약들임에 반해, 최적성이론의 제약들은 위반될 수 있고, 언어 보편적이다. Neef는 명사에서 동사로의 전환에서 동사형태는 부정형을 기준으로 해야 함을 가정하고, 이때 부정형은 다음과 같은 5가지 제약들을 충족시켜야 한다고 주장한다.

(7) 형태론의 기본원칙(Main Principle of Morphology, 이하에서 MPM으로 약칭)14) : 문법적인 단어는 <u>이상적으로</u> 그 어기(base)와 음운적으로 동일해야 한다. 이 원칙의 위반은 단어 끝에서 일어나는 것이 단어 처음에서 일어나는 것보다 덜 나쁘다.

(8) 어말음 조건(Design Condition of Segmental Ending) : 문법적인 단어는 특별한 말음을 가져야 한다(조건 : 말음은 /n/이어야 한다).

(9) 단 한 개의 불완전음절 조건(Design Condition of a Unique Minor Syllable) : 문법적인 단어는 정확히 한 개의 불완전음절로 마쳐야 한다.

(10) 가능한 운모 조건(Design Condition of a Potential Syllable Rhyme) : 단어의 첫 번째 완전 모음과 다음에 오는 Schwa 모음 사이에 있는 분절음들은 가능한 운모(= Rhyme)를 형성해야 한다.

(11) 음절핵 인접조건(Syllable Peak Adjacency Condition) : 완전음절의 음절핵이 불완전음절의 음절핵 왼쪽에 위치해서는 안 된다. 단, 완전음절이 음운단어의 주 강세를 가질 경우는 예외.

이하에서는 전환과 관련해서 Neef가 제안한 위의 제약들이 가지는 문제점들을 차례로 논하겠다. MPM은 어휘의 기저형태가 가능한 한 음운 변화 없이 그대로 표층 형태로 실현되는 것을 요구하는 원칙으로서 최적성이론에서 가능한 한 이형태소를 금지하는 충실제약들(Faithfulness Constraints)과 비슷하다고 할 수 있다. MPM은 위반될 수 있다는 점에서, 그리고 위반의 정도가 중요한 역할을 하고 있는 점에서(이 제약의 밑줄 친 부분이 암시하고 있듯이), 위의 다른 4가지 디자인 제약들과 다르며, Neef는 이 원칙을 다른 모든 제약들과 다르게 언어보편적인 것으로 규정하고 있다.

---

14) 밑줄 친 부분은 Neef의 제약에서 필자가 강조한 부분임.

그러나 MPM에서 제약의 위반의 정도("이상적으로", "덜")에 관한 규정은 모든 제약은 위반될 수 없다고 보는 선언문법의 핵심적인 가설과 부합되지 않는다. 뿐만 아니라 이 원칙은 실제 언어자료에 의해 경험적으로도 뒷받침되지 않는다. 예를 들어 *staun-en*과 같은 부정형 동사를 살펴보자. 이 단어의 음성형태가 *[ʃtauən]이 될 수 없는 이유는 *Neef*의 분석에 의하면 MPM을 위반하기 때문이다. 즉 어기를 이루는 어간 *staun* /ʃtaun/의 음성형태는 가능한 변하지 않고, 단어 끝에서만 변화가 허용되어 [ʃtaunən]이 되어야 하는데 어간의 중간에 Schwa가 삽입되어 [ʃtauən]이 되기 때문이다. 중요한 것은 [ʃtauən]이 위의 다른 모든 제약을 충족시키고 있으며, 이것이 비문법적인 형태가 되는 이유는 오직 MPM을 위반하기 때문이라는 사실이다. Neef는 음운적인 이유에서가 아니라, MPM의 위반과 같은 형태적인 이유에서 비문법적으로 되는 것을 다른 비문법적인 단어들과 구분하기 위해 [ʃtauən]과 같은 형태를 '#[ʃtauən]'으로 표시하고 있다('#' 표시가 형태적인 이유 때문에 비문법적임을 나타낸다). 그러나 틀린 형태 *[ʃtauən]은 Neef가 가정한 형태적인 제약 MPM의 위반 때문이 아니라, OT 식으로 표현하면 이 형태가 보이는 제약의 위반 정도가 올바른 형태인 [ʃtaunən]의 그것보다 훨씬 심하기 때문이다. 입력부의 형태가 /ʃtaun-n/일 때 틀린 형태인 *[ʃtau.ən]은 다음과 같은 제약들을 위반한다. (ⅰ) 두 번째 음절의 두운이 없으므로 Onset 제약을 위반한다. (ⅱ) 어간의 분절음의 순서가 삽입된 Schwa 때문에 지켜지지 않으므로 순서(Linearity) 제약을 위반한다. (ⅲ) 두 개의 /n/ 중에서 한 개가 탈락되었으므로 Max-IO 제약을 위반한다. (ⅳ) Schwa가 삽입되었으므로 Dep-IO 제약을 위반한다. 이에 반해 올바른 형태인 [ʃtau.nən]은 Dep-IO 제약만 위반한다. 따라서 위의 네 가지 제약들 간의 랭킹에 관계없이 [ʃtau.nən]이 언제나 *[ʃtau.ən]보다 나은 형태일 수밖에 없다. 위의 네 가지 제약들 중 첫째 제약만 유표제약 (markedness constraint)이고 나머지는 모두 충실제약들이다. 그러나 어떤 제약도 Neef가 말하는 형태적인 제약의 성격을 갖지 않는다.

다음으로 어말음 조건은 동사 부정형이 /n/으로 마쳐야 함을 말하며, 어떤 이론에서도 동사 부정형을 기술하기 위해 필요한 제약으로 볼 수 있다. 이에 반해 단 한 개의 불완전 음절 조건은 동사 부정형에만 해당하는 제약으로 볼 수 없다. 불완전 음절이란 Schwa 모음, 혹은 공명음 /l,r,m,n,ŋ/이 음절핵인 음절을 말하며(예를 들어 *Segel*의 두 가지 변이형인 [zeːgəl] 혹은 [zeːgl̩]에서 두 번째 음절 : [zeːgl̩]에서 [l̩]은 음절핵으로 기능하는 /l/을 나타냄), 완전음절은 이에 대해 Schwa를 제외한 모든 모음이 음절핵인 음절을 말한다. Neef(1997 : 13)는 단 한 개의 불완전 음절 제약 때문에 다음의 예들이 보여주듯이 이미 어간에 Schwa 음절을 포함하고 있는 명사는 동사로 전환될 수 없다고 말한다.

(12) a. Kirmes   → # kirmesen
　　　　 Kappes   → # kappesen
　　 b. Abend   → # abenden
　　　　 Gegend   → # gegenden
　　　　 Jugend   → # jugenden
　　 c. Hundert → # hunderten
　　 d. Atem   → # atemen

그러나 특정 형태적인 범주(여기서는 동사 부정형)를 나타내는 불완전음절이 오직 한 개만 나타나야 된다는 제약이 동사 부정형에만 해당되는 것은 아니다. 동사의 1인칭, 단수, 현재를 나타내는 접미사 *-e*나(*ich geh-e, les-e* etc.) 복수 1, 3인칭을 나타내는 *-en*의 경우(*wir/sie geh-en, les-en* etc.)에도 이 제약이 적용된다. 뿐만 아니라, 명사의 복수형태들도 (복수 접미사가 *-s*인 경우를 제외하고) 정확히 한 개의 불완전 음절로 마칠 것이 요구된다. 예 : *Kind-er, Frau-en, Hund-e, Vogel*. 흥미로운 것은 *Vogel*의 경우, 명시적인 복수 접미사가 붙지 않음으로써 정확히 한 개의 불완전 음절로 마쳐야 하는 제약을 충족하고 있다. **Vogel-er, *Vogel*

-en, *Vogel-e 등은 모두 이 제약을 위반하게 된다. Neef는 (12)의 전환이 불가능한 이유가 어기인 명사어간이 이미 Schwa 음절을 포함하고 있고, 여기에 동사 부정형 어미 -en이 추가될 경우, 동사 부정형이 오직 한 개의 불완전 음절만 가질 수 있는 제약을 어기게 되기 때문이라고 설명하고 있다. 그러나 그렇다면 명사 어간에 Schwa를 포함하고 있는 Segel, Atem 등도 마찬가지 이유로 동사로의 전환이 불가능할 것이 예상되나, 이들은 각각 segeln, atmen으로 전환된다. Neef는 이 중에서 atmen은 실지로 전환의 예외로 보아야 하나, segeln은 위에서 제시된 5가지 제약을 충족시키므로 예외가 아니라고 한다. 이에 대해서는 다음 장의 논의를 보라.

중요한 것은 (12)의 전환이 안 되는 이유가 형태적인 요인에 의해 설명되고 있다는 점이다(동사형태 앞의 '#' 표시가 의미하듯이). 음운적으로 볼 때 (12)의 동사들은 Neef에 의하면 아무런 결함이 없다. 그러나 이런 설명은 독일어 음운론의 일반적인 특징을 나타내지 못한다. 왜냐하면 독일어는 두 개의 Schwa 음절이 연속적으로 나오는 것을 가능하면 피하기 때문이다. 예를 들어 독일어 여성명사의 복수 접미사 -n의 두 가지 음성실현인 [n]과 [ən]은 이런 경향을 보여 준다 : Uhr-en, Jagd-en, Figur-en에서처럼 단수 어기가 Schwa 음절로 마치지 않는 경우는 복수 접미사가 [ən]으로, Steuer-n, Mauer-n, Tafel-n에서처럼 단수 어기가 Schwa 음절로 마치면 [n]으로 실현된다. 또한 서로 다른 형태소에 속하는 두 개의 동일한 음성 형태가 인접할 때 한 개의 음성 형태가 탈락되는 중첩회피(Haplologie) 현상에서도 Schwa 음절의 연속을 피하는 것을 볼 수 있다. 예를 들어 Fahr-er-in은 Fahrerin으로 실현되어 어기의 형태소의 탈락이 없으나, Zauber-er-in은 *Zaubererin으로 실현되는 것이 아니라, Zauberin으로 실현되어 동일한 두 개의 음성형태 중 한 개가 탈락된다. 두 개의 Schwa 음절이 인접하는 것을 금지하기 위해 우리는 일반적인 동일구조 반복금지 원칙(Obligatory Contour Principle = OCP)

의 한 종류인 OCP(nucleus)나 강세 없는 음절의 반복을 금지하는 No-Lapse와 같은 제약을 통해 위의 현상들을 설명할 수 있을 것이다(vgl. Plag 1988). 명백한 것은 이런 제약들이 순수한 음운적인 제약이지 형태적인 제약이 아니라는 점이다. (12)의 동사들이 형태적인 요인 때문에 올바른 부정형이 될 수 없다는 Neef의 분석은 독일어의 여러 음운현상에서 관찰되는 이런 일반적인 음운 특징을 표현하지 못한다.

이것은 Neef의 음절핵 인접조건에서도 마찬가지로 적용된다. 이 제약에 의하면 강세를 가진 완전음절 다음에 불완전 음절이 올 수는 있으나, 강세 없는 완전음절 다음에 불완전 음절이 올 수는 없다. 다음의 명사 복수형태들을 비교해 보라. *Schúh-e, Zéh-en* vs. *Víllen, Drámen*. 전자에서는 복수 접미사 *-e*나 *-en*이 강세 있는 모음으로 마치는 단수 어간과 결합할 때 음절핵 인접조건을 충족시키나, 후자에서는 **Villa-en, *Dráma-en*으로 될 때 음절핵 인접조건을 위반하게 되므로 이를 피하기 위해서 단수어간의 모음이 탈락하게 된다. 이 조건을 통해 *Schícht → schíchten* vs. *Kánu → *kánuen*에서 보이는 전환의 차이도 설명할 수 있다. 전자는 음절핵 인접조건을 충족시키나 후자는 그렇지 못하다. 특이하게도 Neef는 위의 다섯 가지 제약 중 음절핵 인접조건만 일반적인 음운제약이고 나머지 네 개의 제약은 모두 형태적인 제약이라고 말하고 있다. 그러나 음절핵 인접조건이 설명하는 것은 위에서 말한 OCP(nucleus)나 No-Lapse와 본질적으로 다를 바가 없다. 따라서 Neef의 분석에서 단 한 개의 불완전 음절조건과 음절핵 인접조건은 동일한 음운제약을 표현하고 있는 점에서 잉여성의 문제를 지닐 뿐 아니라, 강세와 관련된 두 개의 음절의 결합 가능성에 대한 규칙성도 정확하게 표현하지 못하고 있다. 다음 장에서 설명되겠지만 *Paprika → *paprikaen, Kaffee → *kaffeen, Taxi → *taxien, Drama → *dramaen* 등에서 전환이 불가능한 이유는 동사 부정형이라는 특정 형태범주에 적용되는 Align 제약 때문이다. 모든 강세 없는 음절(= 약음절)은 동사 부정형의 끝에 위치해

야 한다 : Align-Right(약음절, 동사 부정형). *kaffeen, *taxien 등에서 끝에서 두 번째 약음절은 이 Align 제약을 위반한다.

끝으로, 가능한 운모조건이 필요한 이유는 위에서 언급한 segeln의 경우 때문이다. Neef의 설명에 따르면 명사 어기 Segel에서 *segelen으로 전환될 수 없는 이유는 가능한 운모조건을 위반하기 때문이다. 문제는 부정형 어기 /ze:gln/이 왜 [ze:glən]이 아니고 [ze:gəln]으로 실현되는가 하는 것이다. Neef는 그 이유를 전자에서는 완전모음 /e:/와 Schwa 사이의 분절음 /gl/이 가능한 운모를 만들지 못함에 반하여 (*[ze:gl]), 후자([ze:k])에서는 가능하기 때문이라고 설명한다. 그러나 가능한 운모라는 개념은 음운적으로 정당화될 수 없으며, 오직 전환과 관련해서 segeln의 경우를 설명하기 위해 도입된 임의적인 제약이라는 점에서 설득력이 없다.15)

결론적으로 Neef는 명사에서 동사로의 전환을 동사 부정형이라는 범주에만 적용되는 특수한 형태적인 제약들로 파악함으로써, 동사 부정형에 나타나는 원래의 음운적인 제약을 제대로 표현하지 못할 뿐 아니라, 이 제약들이 동사 부정형뿐만 아니라 여러 가지 다른 형태적인 범주들에도 적용되는 일반적인 제약이라는 사실을 포착하지 못하고 있다.

---

15) Neef에 따르면 segeln에서 [ze:k]는 가능한 운모이나 [ze:gl]은 그렇지 못하다. 그러나 Neef는 말음경화와 관련해서 어기와 전환동사의 형태가 다름을 강조하고 있다. 예를 들어 (S. 27) tag - tagen에서 동사어간 /ta:g/은 명사 [ta:k]과 다르다고 주장한다. 그렇다면 마찬가지로 Segel - segeln에서도 명사 [ze:gəl]은 동사어간 [ze:gl]과 달라야 하고 가능한 운모조건에 비추어 비교되어야 하는 형태는 [ze:k]가 아니라 [ze:g]여야 한다. [ze:g]는 말음경화의 적용을 받지 않았으므로 [ze:gl]과 마찬가지로 불가능한 운모로 보아야 한다. 문제는 Neef가 자신이 제안한 제약들이 실지 음성형태에 입각한 제약이라고 주장하면서, 가능한 운모제약은 실지 음성형태가 아닌, 추상적인 형태를 기준으로 하고 있다는 점이다.

7.5. 형태소 실현제약과 최적계열

앞 장에서 제약 (9), (11)을 형태적 제약으로 보는 Neef의 주장에 반하여, 이 제약들은 음운적인 제약으로 보아야 한다고 말하였다. 이 장에서는 이 두 개의 제약의 상호작용이 최적성이론의 틀 속에서 어떻게 설명될 수 있는지를 살펴보겠다. 우선 제약 (9)의 역할은, 위에서 언급하였듯이, 독일어에서 두 개의 Schwa 음절이 연속해서 나타나는 것을 금지하는 데 있으며 이는 다음의 OCP(nucleus) 제약에 의해 설명된다.

(13) OCP(nucleus)
  두 개의 Schwa 음절의 연속은 허락되지 않는다.

그러나 *golden-er-e*에서처럼 형용사의 굴절형태나 *trommel-e*와 같은 1인칭 단수 동사 현재 형태에서는 두 개의 Schwa 음절이 연속적으로 나오는 경우가 있다. 이것을 설명하기 위해서는 모든 형태소는 음성적으로 실현되어야 한다는 형태소 실현(Realisiere Morphem) 제약이 OCP(nucleus)보다 상위에 있어야 한다.

(14) Realisiere Morphem(= RM)
  모든 기저형태의 형태소는 음성적으로 실현되어야 한다.

어기의 *trommel-e*에서 Schwa 음절의 연속을 막기 위해 1인칭 어미 *-e*가 실현되지 않는다면 OCP(nucleus)는 충족이 되나, 더 상위 제약인 RM 제약을 위반하게 된다. 따라서 RM을 충족시키고 OCP(nucleus)를 어기는 형태가 최적형태가 된다. 표 (15)는 이런 두 제약간의 랭킹을 보여준다.

(15)

/trɔml-ə/	RM	OCP(nucleus)
a. trɔməl	*!	
☞ b. trɔmələ		*

위의 표에서 고려되지 않은 가능한 후보로 [trɔm.lə]가 있으며, 이 형태는 RM제약을 충족시킬 뿐 아니라 OCP(nucleus)도 충족시키므로 이것이 최적형태가 아닐까 생각할 수 있다. 그러나 이 형태는 아래에서 보게 되겠지만 계열관계에 있는 두 개의 단어의 어간 형태가 동일할 것을 요구하는 최적계열(Optimales Paradigma) 제약을 위반하므로 최적형태가 될 수 없다. 이 제약을 살펴보기 전에 RM 제약의 성격을 보다 정확히 살펴볼 필요가 있다. 이 제약은 어간의 분절음 탈락(Trunkierung)이나 어간 분절음의 순서 교체 등의 소위 비연결형태론에서 보이는 음운, 형태 과정이 원래 표준 OT 이론에서 가정하고 있는 두 가지 타입의 제약(충실성제약과 유표제약)만으로는 설명될 수 없기 때문에 도입된 것이다. 비연결형태론에서 보이는 어기의 변화는 음운적인 요인에 의한 것이 아니라, 형태적인 요인에 의한 것이며 따라서 음운적인 요인에 의한 어기의 변화를 설명하는 OT에서의 일반적인 랭킹인 유표성제약 〉〉 IO-충실제약이 여기선 더 이상 적용될 수 없다. 형태적인 요인에 의한 어기의 음운 변화는 본질적으로 반 충실(Anti-Faith) 제약의 성격을 보이며 RM은 이런 반 충실을 표현하는 제약이다(RM 제약이 독일어 연구개 비음 [ŋ]의 실현에서 가지는 역할은 유시택(2002c)을 참조하라). Kurisu(2001 : 39)는 RM 제약을 다음과 같이 형식화하고 있다.

(16)　α는 형태소를 β는 형태, 통사론적인 범주를 나타낸다.
　　　F(α)가 하나의 음운형태이고 이로부터 형태, 통사론적인 범주 β를 나타내는 F(α + β)가 도출된다고 할 때, RM은 F(α + β)가 음운적으로 F(α)와 다를 때에만 충족된다(주의 : β는 본질적으로 형태, 통사적인 범주를 나타내나 α는 그럴 필요가 없다).

전환과 관련해서 이 제약이 갖는 중요한 의미는 전환 관계에 있는 두 개의 단어 중에서 어떤 것을 어기로 보아도 올바른 결과를 가져오게 한다는 점이다. 이 점에서 여기서 제안된 분석은 자의적으로 어떤 한 개의 단어를 어기로 가정하는 종래의 이론과는 다르다. 종래의 이론에서는 예를 들어 전환관계에 있는 *Schicht - schichten*을 명사 어기로부터 동사를 도출하는 과정으로 설명한다. *Schicht* (N) → *schicht-en* (V). 이 경우 RM은 접미사 첨가로 인해 어기와 파생어의 음성 형태가 첨가된 접미사만큼 다르게 되기 때문에 보통의 접사화 과정에서처럼 평범하게 충족되며, 이때의 전환은 일반적인 연결형태론(예 : *Herz*(N)-*lich*(A) → *herzlich*(A))과 다를 바가 없다.

그러나 어기와 파생어의 도출 방향을 결정함에 있어 중요한 모든 의미, 화용적인 측면을 무시하고 오직 전환관계에 있는 두 단어의 음성형태만 고려한다면(이 책에서 그렇게 하고 있듯이), 한 방향으로 만의 도출이 아닌 양 방향으로의 도출이 가능할 것이다. 즉 위의 도출 방향과 반대로 *schichten* (V) → *Schicht* (N)처럼 동사 어기에서 명사가 도출된다고 가정하면, 이 때 RM은 앞의 보통의 접사화 과정과는 달리 어기 형태의 일부인 *-en*이 탈락됨으로써 충족되며, 이것은 전형적인 비연결형태론의 특징을 보이게 된다. 표 (17)은 RM 제약이 이처럼 양방향으로의 비교를 가능하게 하는 것을 예시하고 있다(표에서 *는 RM 제약의 위반을, √는 이 제약의 충족을 나타낸다).

(17) **명사에서 동사로 전환되는 경우**(*Schicht → schichten*)

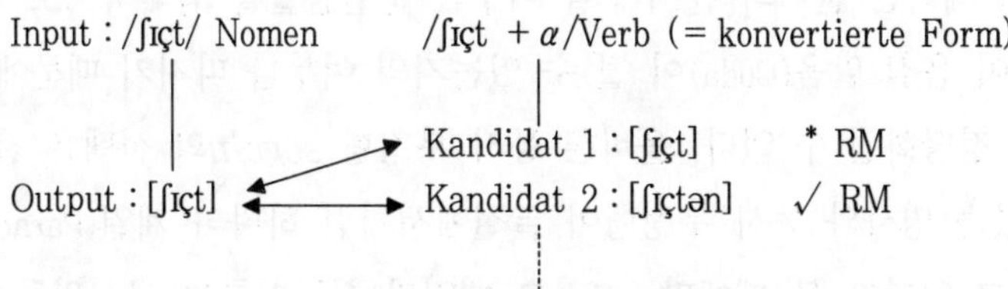

전환 관계에 있는 명사와 동사의 음성형태를 설명함에 있어 핵심은 두 단어가 동사의 부정형을 나타내는 접미사 [n]이나 [ən]을 제외한 나머지 부분은 음성적으로 동일하다는 사실에 있다. 따라서 전환을 올바르게 기술하는 모든 문법은 이 사실을 적확하게 표현할 수 있어야 하며, RM

제약은 전환관계에 있는 두 단어의 음성형태의 비교에 있어서 어떤 것을
어기로 삼고 어떤 것을 여기서 파생된 단어로 보아야 할 것인가 하는 문
제와 관계없이 근본적으로 양 방향의 비교를 가능케 함으로써 그러한 문
법에 가까이 갈 수 있게 해준다.

  전환을 음운변화가 없는 형태적 과정으로 보아 어간의 형태적인 범주
를 직접 변화(direkte Umkategorisierung)시키는 어휘음운론(vgl. Kiparsky
1982)의 분석과 전환을 보통의 접사화 과정과 동일하게 취급하여 어간과
영 형태소의 결합으로 보는 분석(vgl. Olsen 1990)은 모두 전환을 다른 일
반적인 파생처럼 연결 형태론의 일종으로 본다. 그러나 전환 관계에 있
는 단어의 음성형태의 동일성을 말하기 위해서는 전환의 양 방향성을 가
정하지 않을 수 없고, 이때 전환은 연결형태론의 속성뿐 아니라 비연결
형태론의 속성도 보여준다. 실제로 전환 관계에 있는 두 단어의 음성적
동일성은 굴절체계를 이루는 개별 굴절 형태들이 보이는 어간의 음성적
동일성과 유사하며, 이 점에서 전환은 파생의 성격뿐 아니라(최적 계열 제
약을 준수하는) 굴절의 특성을 보이는 특이한 조어형태라고 할 수 있다.

  최적 계열 제약이 전환에서 왜 중요하며, 어떤 역할을 하는지 *Segel -
segeln*의 경우를 통해 살펴보자. 앞 장에서 언급했듯이 Neef(1997)는
*segeln*의 Schwa 위치를 가능한 운모제약을 통해 설명하고 있다. 그러
나 이 제약은 단어의 한 부분을 이루는 분절음들을 임의적으로 선택해서
이것이 음절 말음(Coda)이 될 수 있는지의 여부를 따지기 때문에 음운적
으로 정당화될 수 없다. 올바른 동사 부정형 *segeln*의 선택은 전환 관계
에 있는 명사와 동사 부정형이 굴절에서처럼 하나의 계열(Paradigma)을
이루고 있다고 볼 때에만, 그리고 계열관계를 이루는 구성원들 간의 음
성형태를 양 방향으로 비교할 때에만 비로소 올바르게 설명될 수 있다.
이 점에서 여기서 제안된 전환에 관한 분석은 McCarthy(2001)의 최적
계열(Optimal Paradigm) 이론을 뒷받침해준다. McCarthy의 최적계열 이
론에 따르면, 굴절은 오직 한 방향으로의 도출만 허락하는 파생(여기→

파생어)과는 달리 모든 굴절 구성원이 어기가 될 수 있고, 모든 구성원들이 공유하는 어간(즉 공유하는 어휘소)은 서로 대응 관계에 있다. 대응 관계에 있는 구성원들은 출력부대 출력부의 충실제약(Output-Output-Faithfulness)을 통해 서로의 형태가 비슷할 것이 요구된다. 예를 들어 영어에서 현재분사형 *lightening*이 성절성 /n/ (= syllabic /n/)을 갖고 3음절로 실현되는 이유는 동사 *lighten*이 성절성 /n/을 갖고 있기 때문이다. 이에 반해 계열 관계의 구성원이 아닌 명사 *lightning*은 비성절성 /n/을 가지고 있으므로 2음절로 실현된다. 굴절계열은 이처럼 공동의 어기를 가진 굴절형태들의 집합체(예를 들어 〈*lighten, lightens, lightened, lightning*〉, 이하에서 계열은 〈 〉를 사용하여 나타냄)이며, 계열 구성요소들이 보이는 음운적 유사성은 최적계열을 위한 출력부대 출력부의 충실제약들로 표현된다. 이하에서는 이 제약들을 편의상 OP-Faith 제약이라고 부르겠다(이는 보통의 출력부대 출력부의 충실제약, 즉 OO-Max, OO-Dep, OO-Ident 등을 모두 포함한다).

Segel /zeːgl/ - *segeln* /zeːgl-n/ 전환에서 다음의 계열 후보들을 비교해 보라.

(18)　(a) 〈zeːgəl, zeːgəln〉
　　　(b) *〈zeːgəl, zeːglən〉
　　　(c) *〈zeːglə, zeːglən〉
　　　(d) *〈zeːgəl, zeːgələn〉

　흔히 전통 문법에서 독일어의 모든 동사 부정형은 *-en*으로 마치며, 이의 예외는 *tun*과 *sein* 두 개뿐이라고 기술되고 있다. 이에 따르면 *Segel*의 전환된 부정형도 **segelen*이 되어 올바른 계열은 부정형이 [ən]으로 마치는 (b), (c), 혹은 (d)가 될 것이 예상된다. 그러나 올바른 부정형은 [n]으로 마치는 (a)이다. 위의 후보들에서 밑줄 친 부분은 각각 OP-Faith에 비추어 서로 대응되는 어기 형태를 나타낸다. (b)와 (d)는 대응되는 어기의 음성형태가 서로 다르므로 다음에 있는 OP-Faith 제약들을 위반함에 반해 (a)와 (c)는 그렇지 않다.

(19) **OP-Linearity** : 대응 관계에 있는 어기의 분절음의 순서는 동일해야 한다.
(20) **OP-Dep** : 대응 관계에 있는 어기의 분절음외에 다른 분절음이 삽입되어서는 안 된다.
(21) **OP-Max** : 대응 관계에 있는 어기의 분절음이 탈락되어서는 안 된다.

후보 (b)는 어기의 두 개의 분절음 /əl/의 순서가 바뀌어 OP-Linearity를 어기고, 후보 (d)는 OP-Dep과 OP-Max를 어긴다. ⟨ze:gəl, ze:gələn⟩에서 어기를 ze:gəl로 보면 OP-Dep을 어기고, 어기를 ze:gələ로 보면 OP-Max를 어긴다. 편의상 이하에서는 위의 세 가지 제약 중 한 개 이상의 제약을 위반하는 것을 모두 OP-Faith 제약의 위반으로 간주하겠다. 표 (23)은 OP-Faith 제약이 유표제약(Markiertheitsconstraint)인 *Complex Coda 제약보다 상위에 있어야 함을 보여준다.

(22) ***Complex Coda**
　　음절말음(= Coda)의 자음은 한 개만 허락된다.
(23) **OP-Faith ⟩⟩ *Complex Coda**

/ze:gl/	OP-Faith	*Complex Coda
a. ☞ ⟨ze:gəl, ze:gəln⟩		*
b. 　⟨ze:gəl, ze:glən⟩	*!	
c. 　⟨ze:gəl, ze:gələn⟩	*!	

후보 (a)의 계열구성원인 /ze:gəln/은 *Complex Coda를 어긴다. 그러나 OP- Faith ⟩⟩ No-Coda의 랭킹 때문에 (a)가 최적계열이 된다. 이제 (18)의 후보 (a)와 (c)를 비교해 보자. 이 두 후보는 둘 다 OP-Faith를 충족시키므로 (a)가 최적형태가 되기 위해서는 (a)가 위반하는 유표제약인 No-Coda보다 상위에 있는 다른 유표제약을 (c)가 어긴다고 보아야 한다. 이 제약은 어간의 끝과 음운단어(Phonological Word

= PhW)의 끝이 일치해야 하는 다음의 Align-R (stem, PhW) 제약이다.

(24) Align-Right (stem, PhW)
　　어간의 오른쪽 끝과 음운단어의 오른쪽 끝은 일치해야 한다.

(25) Align-R 〉〉 *Complex Coda

/ze:gl/	Align-R	OP-Linearity	*Complex Coda
a. ☞ 〈ze:gəl, ze:gəln〉			*
b. 　〈ze:glə, ze:glən〉	*!		

　위의 표에서 계열 (b)는 *Complex Coda를 충족시키기 위해 동사 부정형이 [ze:glən]으로 되며, 이것이 OP-Faith를 충족시키기 위해서는 명사 어간의 형태가 [ze:glə]가 되어야 한다. 그러나 이 명사어간은 /l/로 마치는 데 음운단어의 끝은 Schwa이므로 Align-R 제약을 어기게 된다. 결국 후보 (b)는 OP-Faith의 충족을 위해 *Complex Coda보다 상위의 제약을 어기고, 이 제약의 위반은 음운적으로 정당화될 수 없는 명사 어간 형태를 만든다. 따라서 계열 (a)가 최적형태가 된다. OP-Faith와 다른 유표 제약들 간의 랭킹을 통한 이런 분석이 종래의 분석과 다른 점은 무엇보다 전환 관계에 있는 두 개의 형태를 하나의 계열 관계로 파악하는 데 있으며, 계열 구성원들 간의 양방향으로의 비교는 전환 관계에 있는 명사와 동사 부정형이 /n/을 제외하고는 음성형태가 동일하다는 사실을 바로 표현할 수 있게 해준다.

　위에서 제시된 *Segel - segeln*의 전환을 앞 장에서 소개된 Neef(1997)의 선언문법적 분석과 비교해 보자. Neef의 형태론의 기본 원칙(Main Principle of Morphology = MPM)에 의하면 어기의 음성 변화는 가능하면 끝부분에(즉 어간형태의 음성변화가 일어나야 한다면 어간의 끝부분에) 일어나야 하기 때문에, *Segel*의 동사 부정형 형태는 [ze:glən]이 될 것이 예측된다. 이를 막기 위해서 Neef는 앞 장에서 말했듯이 음운적으로 근거가 없는 가능한 운모(Potential Syllable Rhyme)라는 제약을 추가했다. MPM에 의하면 계열후보 〈zeːglə, zeːglən〉이 전환의 이상적인 후보가 되지 못할 이유가 없다. 동사 부정형은 *-n*으로 마쳤으며, 어기 /zeːgl/과 다른 부분인 [ən]은 어간 다음에 나왔으므로 MPM을 충족시키며, 또한 명사에서도 어기 /zeːgl/에서 *[zeːglə]가 도출되었다면 이것은 올바른 형태인 [zeːgəl]보다 MPM에서 보면 더 나은 형태라고 할 수 있다.

여기서 알 수 있듯이 MPM이 안고 있는 근본적인 결함은 전환을 일방적인 도출의 형태적 과정으로 파악하는 데 있다. 전환관계에 있는 두 단어가 부정형의 /n/만 제외하고 형태적인 면에서 동일하다면, 우리가 질문해야 할 것은 부정형이 왜 [zeːglən]이 아니라 [zeːgəln]이 되어야 하는가가 아니라(즉 올바른 동사 형태에 초점을 맞출 것이 아니라), 오히려 왜 명사가 [zeːglə]가 아니라 [zeːgəl]이 되어야 하는지를 물어보아야 한다(동사 [zeːglən]을 기준으로 해서 보면 여기서 [n]을 뺀 명사는 [zeːglə]가 기대되므로). 왜냐하면 *Geige - geigen. Ende - enden*과 같은 전환에서는 명사가 실지로 Schwa로 끝나기 때문이다. 여기서 제안된 최적계열에 기초한 분석은 바로 이 점에서, 즉 전환 관계에 있는 두 단어의 형태를 양 방향으로 비교할 수 있다는 점에서 선언문법과 근본적으로 다르다. 위에서 보았듯이 *Complex Coda 제약은 동사 부정형 /zeːgln/의 분절음 연속 /gln/에서 Schwa가 삽입되는 위치를 [zeːglən]으로 만들 것이 예상되고, 이것은 OP-Faith에 의해 명사의 형태를 [zeːglə]로 강요할 것이다. 그러나 Align-R이 명사에서 Schwa의 이 위치를 허락하지 않기 때문에 명사 [zeːgəl] 형태가 거꾸로 OP-Faith를 통해 동사 부정형의 형태를 결정짓게 된다(비록 동사 부정형의 Schwa의 위치가 *Complex Coda의 관점에서 볼 때 음운적인 근거가 없음에도 불구하고).

이상의 논의를 요약하면 다음과 같다. 기존의 전환에 관한 분석은 전환을 한 개의 어기로부터 다른 형태를 도출하는 일방적인 관계의 형태적인 과정으로 간주하여 보통의 파생에서처럼 한 방향으로 만의 도출을 인정하고 있다. 이때 전환을 이루는 어기를 무엇으로 보아야 할지는 의미,

화용론적인 기준과 형태론적인 생산성(Produktivität) 등에 의해 결정된다. 그러나 분석의 초점을 전환 관계에 있는 두 단어의 음운적인 형태의 비교에 두면, 굴절에서와 마찬가지로 전환에서도 어떤 한 개의 형태를 어기로 보아야 할 근거가 대부분의 경우 자의적임을 알 수 있다.16) 전환 관계에 있는 구성원들 간의 양 방향으로의 비교는 겉으로 보기에 음운적인 근거가 없는 계열 구성원들의 음성 형태를 설명해 줄 수 있다. Neef(1997)는 비록 제약에 기반을 둔 선언문법의 이론적인 바탕에서 전환을 설명하지만, MPM과 그 밖의 다른 제약들이 어기를 기준으로 한 일방적인 도출을 통해 동사 부정형을 설명하고 있다는 점에서, 그의 분석은 규칙 이론의 바탕에서 전환을 보통의 파생과 동일하게 분석(vgl. Olsen 1990)하는 데서 생기는 문제점을 극복하지 못하고 있다.

7.6. 강약약 음보(Daktylus-Fuß)

명사에서 동사로 전환될 때 일반적으로 두 개의 강세 없는 음절이 연속되는 동사 부정형은 허락되지 않는다. 따라서 *Schícht → schíchten* vs. *Kánu → *kánuen*에서 보이는 전환의 차이는 강약약 음보(Daktylus-Fuß)를 피하려는 일반적인 요구에 의해 설명될 수 있다. 그러나 *schön-er-es*와 같은 형용사 굴절형태가 보여주듯이 강약약 음보가 독일어에 허락되지 않는 것은 아니다. 이 장에서는 강약약 음보, 특히 *Schícht → schíchten* vs. *Kánu → *kánuen*에서 보이는 전환의 차이와 관련된 제약들을 살펴보겠다. 7.4장에서 말했듯이 Neef(1997 : 18)는 *kanuen*과 같은 동사 부정형이 비문법적인 이유를 음절핵 인접조건을 통해 설명하

---

16) 이 점에서 여기서 제안된 전환의 계열적 분석은 전환관계에 있는 단어들의 어기의 통사적인 범주가 정해져 있지 않다고(즉 모든 통사범주가 가능한 것으로) 보는 Bergenholz/Mugdan(1979)의 견해와 가깝다.

였는데 편의상 여기 반복하기로 한다.

(26) 음절핵 인접조건(Syllable Peak Adjacency Condition)
완전 음절의 음절핵이 불 완전 음절의 음절핵 왼쪽에 위치해서는 안 된
다. 단, 완전 음절이 음운단어의 주 강세를 가질 경우는 예외.

이하에서는 완전음절(full vowel syllable)을 fs로, 불완전음절(minor syllable)을 ms로 약칭하겠다. 앞에서 언급했듯이, 이 제약에 의해 독일어 명사복수 형태가 강세 없는 fs + ms로 마칠 수 없는 사실을 설명할 수 있다. 따라서 *Úhu-en*, *Máma-en*, *Áuto-en*, *Vílla-en*, *Dráma-en* 등은 독일어에서 가능한 복수형태가 아니다. 이에 반해 fs가 음운 단어의 주 강세를 가질 때 이 fs는 ms와 인접할 수 있다. 예 : *Schúh-e*, *Zéh-en*. 그러나 제약 (26)은 모든 제약은 위반될 수 없다는 선언문법의 이론적인 가정 때문에 보다 근원적인 제약들(elementäre Constraints)을 억지로 한 개의 제약으로 묶은 것이므로 원래의 음운 현상을 설명하기에는 부적합하다. 제약 (26)은 아래에서 보게 되듯이 보다 근원적인 두 개의 제약 OCP(nuc)와 No-Lapse로 대체되어야 한다. 또한 제약 (26)은 위반될 수 없기 때문에 형태적인 범주에 따라 일일이 열거되어야 하고, 그 결과 비슷한 성질의 제약이 다른 형태적인 범주에 또 다시 등장해야 하는 이중 표현 문제(Duplikationsproblem)를 안고 있다. 이때 각각의 제약은 본질적으로 동일한 음운규칙성을 표현함에도 불구하고 제약의 적용대상이 특정 형태 범주에만 국한되기 때문에, 결국 제약 상호간에 아무런 관련이 없고, 따라서 제약의 성질이 비슷한 것은 우연의 일치로밖에 되지 않는다.

강세 있는 fs를 fs(강), 강세 없는 fs를 fs(약)으로 할 때 ms(언제나 약)와 결합 가능한 경우의 수는 다음과 같다.

(27) *fs(강) + fs(강) → No-Clash 때문에 허락 안 됨

$\sqrt{}$ fs(강) + fs(약) → Trochäus-음보(*Kíno*)
$\sqrt{}$ fs(강) + ms(약) → Trochäus-음보(*Fráu-en*)

fs(약) + ms(약) → *Drama-en* vs. $\sqrt{}$ *Arbeit-er*

$\sqrt{}$ fs(약) + fs(강) → *Büró*
$\sqrt{}$ fs(약) + fs(약) → *Harmónika*
$\sqrt{}$ ms(약) + fs(강) → *ver-allgemeinern, be-ginnen, ge-gangen*
$\sqrt{}$ ms(약) + fs(약) → *Lehrer-in*

위에서 '$\sqrt{}$' 표시는 독일어에 허락되는 음절의 연속을, '*' 표시는 허락되지 않는 음절의 연속을 나타낸다. 독일어의 단어 강세는 기본적으로 강세 있는 음절다음에 강세 없는 음절이 오는 강약 2음절 음보 (Trochäus- Fuß)를 선호한다(vgl. Giegerich 1985, Wiese 1996). 또한 한 단어 내에서 강세 있는 음절이 서로 인접해서는 안 된다. 예를 들어 3개 이상의 음절로 이루어진 단어에서 주 강세(Hauptakzent)를 가진 음절과 부강세(Nebenakzent)를 가진 음절이 서로 인접하는 법은 없다. 따라서 *mùsikálisch, Bìológe*와 같은 형태는 올바른 형태이나, 두 개의 강세 있는 음절이 충돌하는 *musikálisch, Bìólóge*와 같은 형태는 허락되지 않는다. (27)에서 허락되지 않는 음절 연속의 경우는 이밖에도 *Drama -en*에서처럼 fs(약) + ms(약)이므로, 강세와 관련된 두 가지 유표제약 (Markiertheitsconstraint), 즉 No-Clash와 No-Lapse가 필요하다. 이 제약들은 일반적으로 모음충돌을 금지하는 유표제약인 OCP(nuc)와 일정한 랭킹관계를 보인다.

(28) **No-Clash** : 두 개의 강세 있는 음절이 인접해서는 안 된다.
(29) **No-Lapse** : 두 개의 강세 없는 음절이 인접해서는 안 된다.
(30) **OCP(nucleus)** : 두 개의 음절핵이 인접해서는 안 된다.

(27)에서 중요한 것은 네모 칸 속의 Daktylus 대조이다. 동사 *arbeiten*에서 파생된 명사 *Arbeit-er*가 허락되는 것은 이것이 비록

No-Lapse를 어기나 보다 상위 제약인 형태소 실현제약(= RM)을 지키기 때문이고, *Drama-en*이 허락되지 않는 것은 No-Lapse를 어기기 때문이다. 왜냐면 RM을 지키면서 동시에 No-Lapse도 지키는 *Dram-en*이 있기 때문이다. 이때 어기의 분절음이 탈락되므로 Max-IO 제약은 No-Lapse보다 하위에 있어야 한다. 표 (31)은 이런 제약들 간의 랭킹을 보여주고 있다.

(31) *Drama-en vs. Arbeit-er

a.

Drama- PL	RM	No-Lapse	Max-IO
☞ a. Dramen			*
b. Dramaen		*!	

b.

Arbeit-er	RM	No-Lapse	Max-IO
☞ a. Arbeiter		*	
b. Arbeit	*!		**

*Dramen*의 Input을 /drama-n/으로 본다면 위의 모든 제약들을 충족시키는 *Draman이 최적형태가 아닌가 생각할 수 있다. 이를 막기 위해서는 명사복수 형태가 언제나 ms로 끝나야 한다(-s 복수명사를 제외하고)는 제약이 최상위에 있어야 한다(이에 대해서 자세한 것은 6장을 참조하라).[17]

(32) Align-ms : (Plural Nomen, right ; ms, right)
복수 명사는 불완전 음절(minor syllable = ms)로 마쳐야 한다.

독일어의 동사 부정형에서도 위의 Align 제약은 위반될 수 없다. *arbeiten*과 같은 부정형에서 어기 /arbaɪtn/에서 Schwa가 삽입되는 것은 단어 끝의 두 개의 자음 /t/와 /n/이 음절화되기 위해서다. 그러나

---

17) 여기서 약음절(= ms)은 6장의 명사복수에서 말한 축소음절(Reduktionssilbe)과 동일한 개념이다.

*geh-en, seh-en*과 같이 이런 이유가 존재하지 않음에도(즉 [geːn]이나 [seːn]이 올바른 음절이 될 수 있음에도) Schwa가 삽입되는 것을 설명하기 위해서는 위의 Align 제약이 필요하다. 규칙에 입각한 이론의 바탕에서 Giegerich(1985)는 굴절 어간의 내부에 나타나는 Schwa(예 : *Atem* /atm/ → [aːtəm])는 운율적인 제약의 결과임에 반해, 어간의 외부에 나타나는 굴절 어미(예 : *schön-e*)는 운율적인 제약의 결과가 아니라고 주장한다. 이와는 반대로 Wiese(1996)는 어간의 내부나 외부에 나타나는 Schwa가 모두 운율적인 제약의 결과라고 주장한다. Wiese가 굴절 어미도 운율 제약의 결과라고 주장하는 근거는 많은 형태, 통사적 범주들(예 : 명사의 복수형, 형용사의 굴절 형태, 동사의 부정형, 동사의 접속법 현재형과 과거형)이 Schwa 음절로 마쳐야 할 것을 요구하기 때문이다. 그러나 (32)와 같이 특수한 형태적 범주에만 적용되는 제약은 순수한 음운적인 제약들과 구분되어야 하는 점에서, 두 가지 타입의 Schwa를 구분하는 Giegerich의 입장이 보다 타당하다고 할 수 있다.

Neef의 음절핵 인접조건은 두 개의 완절음절이 인접하는 것은 허락하므로 *Zò.o.ló.ge*(점은 음절경계 표시)와 같은 단어는 이 제약을 위반하지 않는다. 여기서 제안된 제약들에 의하면 이 단어는 다음과 같이 분석될 수 있다.

(33)

Zoologe	RM	No-Lapse	Max-IO	OCP(nuc)
☞ a. Zò.o.ló.ge				*
b. Zo.ló.ge			*!	

파생어가 아닌 단순어에서는 입력부의 형태적인 범주에 변화가 없으므로 위에서 두 개의 후보는 RM을 진부하게 충족시킨다. 이에 반해 *schön-er-es, Arbeit-er*에서처럼 파생어가 강약약 음보를 보이는 경우(즉 No-Lapse를 위반하는 경우)는 RM 때문이다.[18] RM을 충족시키기 위한

두 가지 방법(*Dramen*에서처럼 어간모음 탈락과 *Klima* → *Klimaten*에서처럼 자음 삽입)을 보면 RM이 IO-Faith제약들(Max-IO나 Dep-IO)보다 상위에 있어야 함을 알 수 있다. 후보 *Zò.o.ló.ge*에서 첫째 음절과 두 번째 음절은 No-Lapse를 위반하지 않는다. 후보 *Zo.ló.ge*는 두 개의 모음 /o/중 한 개를 탈락시킴으로써 No-Lapse를 충족시킨다. 따라서 두 개의 후보 중에서 최적 형태를 결정하는 것은 Max-IO와 OCP(nuc)간의 랭킹이다. *Zò.o.ló.ge*에서는 OCP(nuc)이, *Zo.ló.ge*에서는 Max-IO가 위반된다. *Zò.o.ló.ge*가 최적형태이므로 이 두 제약간의 랭킹은 Max-IO ≫ OCP(nuc)으로 되어야 한다.

*Zoologe*의 예에서 다음과 같은 사실을 확인할 수 있다. *Kanu* → **kanuen*과 같은 전환이 일어날 수 없는 이유는 일차적으로 음보에 관한 적형제약인 No-Lapse를 준수하기 위함이지, 모든 모음충돌을 금지하는 OCP(nuc) 때문이 아니다. 만약 전환된 동사 부정형에서 OCP(nuc)를 준수하는 것이 가장 중요하다면 이 제약을 충족시키기 위해 *Drama-en* → *Dramen*의 경우처럼 *Kanu*에서 어간 말 모음 /u/를 탈락시킨 **kanun*이 올바른 부정형이 될 수 있어야 할 것이다. 그러나 이 형태는 비록 OCP(nuc)을 충족시키지만 보다 상위 제약인 Max-IO를 위반하기 때문에 최적형태가 될 수 없다. **kanuen*의 비문법성을 음절핵 인접조건이라는 단 한 개의 제약만으로 설명하는 Neef의 분석은 No-Lapse와 Max-IO, OCP(nuc)간에 나타나는 이런 상호작용을 올바르게 설명할 수 없다.

---

18) *schön-er-es*에서 입력부가 /schön-r-s/라면, 비교급접미사 /r/앞에 Schwa가 삽입되는 것은 공명도 원칙 때문이나 접미사 /s/ 앞의 Schwa는 이 원칙으로 설명될 수 없다. 왜냐하면 *schön-er-s*도 올바른 음절이 될 수 있기 때문이다. 여기서 *-s*가 아니고 *-es*가 되어야 하는 이유는 7.5장에서 설명한 최적 계열 제약 때문이다. 즉 계열 <schönere, schöneres, schöneren, schönerem ...etc.>에서 접미사를 제외한 다른 부분은 모든 계열구성원에서 동일해야 하기 때문이다.

7.7. 결론

이 장은 전환을 보통의 파생과 같이 연결형태론으로 보아야 하는가 아니면 비 연결형태론으로 보아야 하는가에 대한 논쟁이 제약을 바탕으로 한 최적성이론의 틀 속에서 어떻게 설명될 수 있는지를 살펴보았다. 전환을 연결형태론으로 설명하는 종래의 이론에서는 어기와 파생어간의 도출 방향이 한 방향으로만 정해져 있다. 그러나 전환 관계에 있는 두 단어의 형태적 특성과 제약을 올바르게 설명하기 위해서는 두 단어 중 어떤 것도 어기가 될 수 있어야 한다. 양 방향으로의 형태적 비교는 계열관계가 반드시 굴절에만 한정된 것이 아니라 전환을 이루는 두 개의 단어 사이에도 적용될 수 있다는 것을 보여준다. 이 점에서 여기서 제안된 독일어의 전환에 관한 분석은 전환을 연결형태론의 일종으로 보는 종래의 이론과는 근본적으로 다르며, 제약들 간의 상호작용을 통해 전환이 파생과 굴절의 성격을 모두 소유하고 있음을 보여주고 있다.

제8장 ▌변모음

8.1. 변모음에 관한 일반적인 문제

파생과 굴절에서 어기의 모음이 변한 것을 일반적으로 변모음(Umlaut)
이라고 하며, 독일어에 나타나는 변모음의 종류는 다음과 같다.

(1) Umlaut
  a. [ʊ]   → [ʏ]   Mutter/Mütter
  b. [u:] → [y:]   Gut/Güter
  c. [ɔ]   → [œ]   Horn/Hörnchen
  d. [o:] → [ø:]   Hohn/hönisch
  e. [a]   → [ɛ]   Mann/Männer
  f. [a:] → [ɛ:]   Vater/Väterchen
  g. [aʊ] → [ɔʏ]   Baum/Bäume

(1)에서 알 수 있듯이 변모음은 음운적으로 볼 때 변모음화 현상
(Umlautung), 즉 후설모음이 전설모음으로 바뀌는 음운현상의 결과물을
의미한다. 그러나 아래에 자세히 기술되겠지만, 변모음화 현상을 단순히
'전설모음화'라는 음운규칙으로 부를 수 없는 이유가 있다. 왜냐하면 변모
음은 본질적으로 형태소 실현의 한 방식으로서 형태적 규칙에 의해 기술
되어야 할 대상이기 때문이다. 따라서 이 책에서는 '전설모음화'라는 용어

를 피하고 (1)에 나타나는 현상을 '변모음'으로 나타냄으로써, 파생어와 굴절어에 나타나는 어간모음의 변화를 지칭하고자 한다.19) 이렇게 하는 이유는 독일어의 변모음을 순수한 음운현상으로 보아야 할 것인지, 아니면 형태적 현상으로 보아야 할 것인지에 관해 기존의 연구들이 많은 논란을 보이기 때문이다(이 논란에 대한 요약은 Wiese 1994a를 참조하라).

 (1)의 음운 변화가 보이는 가장 큰 특징은 이 음운 변화가 파생이나 굴절과 같은 형태적 과정을 통해 형태, 통사적으로 다른 단어가 생겨날 때에만 일어난다는 데 있다. 형태적으로 도출된 단어에만 나타나는 이런 음운 변화는 형태적 구조(단순어 vs. 복합어)에 관계없이 일정한 음운환경만 충족되면 언제나 적용되는 순수한 음운규칙(예를 들어 *Tag/täglich*에서 유성음 /g/는 두 단어에서 모두 음절 끝에 있기 때문에 두 단어의 형태적 구조와 상관없이 말음경화규칙에 의해 무성음 [k]로 변한다)과는 구별되어야 한다. 또한 형태소가 단순히 어기에 첨가되는 것이 아니라는 점에서 변모음은 일반적인 접사화(Affigierung)와도 구별되어야 한다. 변모음을 순수한 음운규칙으로 볼 수도 없고, 순수한 형태규칙으로도 볼 수 없는 이유가 이 때문이다. 변모음의 기술을 어렵게 만드는 또 다른 중요한 이유는 변모음이 일어나는 거의 대부분의 파생과 굴절에서 어기와 결합하는 접미사가 동일함에도 불구하고, 어떤 때는 어간의 모음이 변하고 어떤 때는 그렇지 않기 때문이다. (2)를 보라(여기서 제시된 데이터는 Féry(1994)에서 나온 것임).

(2) **변모음을 보이는 파생과 굴절**
  a. 축소접미사 -chen, -lein에 의한 파생 : Horn/Hörnchen, Frau/Frauchen
  b. 다른 파생접사들
    -er : tanzen/Tänzer, fahren/Fahrer
    -in : Hund/Hündin, Kunde/Kundin
    -lich : Tag/täglich, rund/rundlich

---

19) Umlaut를 여기서 편의상 변모음이라고 번역하고 있으나, 이것은 형태적으로 파생된 단어에 나타나는 또 다른 변모음인 Ablaut(예 : *gehen - ging* 등에서 나타나는 동사 과 거시제에서 모음변화 [e:] → [ɪ])와 구분되어야 한다. Umlaut는 후설 모음이 전설모음으로 바뀌는 현상이라는 점에서 규칙적이나 Ablaut에서 모음의 변화는 불규칙적이다.

    -isch : Europa/europäisch, Symbol/symbolisch
    -ig : Bart/bärtig, Wolke/wolkig
    -Ge.....(e) : Darm/Gedärm, husten/Gehuste
  c. 복수 접미사들
    -e : Baum/Bäume, Tag/Tage
    영형태소 : Vogel/Vögel, Kabel/Kabel
  d. 비교급, 최상급
    hoch/höher/höchst, klar/klarer/klarst
  e. 동사굴절
    fahren/fährst, lachen/lachst
  f. 동사 부정형
    genug/genügen, Lob/loben

위에서 기술된 문제들은 독일어의 변모음이 가지고 있는 다음과 같은 두 가지 특징을 어떻게 합리적으로 설명할 것인가와 관련된다. 첫째, 변모음은 형태적인 단순어에서는 일어나지 않고 오직 형태적으로 파생된 단어에서만 일어난다. 둘째, 변모음을 유발하는 접미사가 어기와 결합할 때 언제나 변모음이 일어나는 것은 아니다. 변모음에 관한 모든 분석은 이 두 가지 특징을 합리적으로 설명할 수 있어야 한다. 8.2장과 8.3장에서는 규칙이론에 입각한 기존의 분석들이 이 요구를 얼마나 충족시키고 있는지를 살펴보겠다.

8.2. Lieber(1987)의 분석

Lieber는 변모음을 야기하는 것이 접미사라고 본다. 이것은 구체적으로 접미사의 기저형태가 변모음을 가능하게 하는 자질 [-hint]를 가지고 있는 것을 의미한다. 예를 들어 *-chen, -lein, -e*(-e는 형용사에서 추상명사를 파생하는 접미사를 의미)처럼 언제나 변모음을 유발하는 접미사는 기저형태에 [-hint] 자질이 자립분절음으로 독자적인 [hint] 층에 존재하고, *-lich*처럼 때때로 변모음을 유발하는 접미사는 기저형태에 [-hint] 자질이 있는 것과 없는 것으로, 즉 2개의 접미사 이형태소로 표시되고, -*tum*과 같이 결코 변모음을 야기하지 않는 접미사는 기저형태에 자립분절음 [-hint]가 없는 것으로 표시된다.

(3a)에서 볼 수 있듯이 모음을 나타내는 자질들 중에서 [hint] 자질은 다른 자질들과는 별도로 자기 자신의 고유한 층, 즉 자립분절음 층(autosegmentale Schicht)에 표기되고, 이때 변모음은 부유하는 자질(schwebendes Merkmal)인 [-hint]에 의해 유발된다. 부유하는 자질이란 분절음의 장단(Länge)을 나타내는 CV 층과의 연결선(Assoziationslinie)이 없는 자질을 말한다. 이 연결선이 없는 자질 [-hint]가 어간 모음인 V와 연결되는 것이 변모음 과정이다.[20]

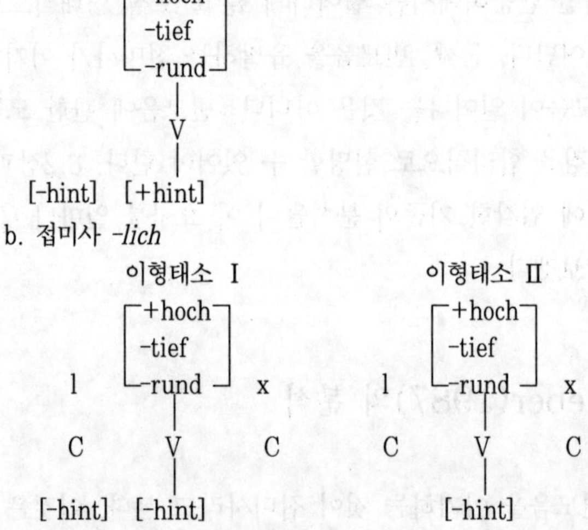

Lieber에 따르면 접미사는 (3)에서처럼 자립분절음 [-hint]의 존재여부에 따라 구분됨에 반해, 어간에는 이런 구분이 없다. 왜냐하면 어간의

---

20) 접미사의 자립분절음 [-hint]가 어간 모음 V와 연결되는 과정을 위해 Lieber(1987 : 104)는 독일어가 첫 번째 연결규칙(Initial Association Rule)을 가지고 있다고 가정한다. 이 규칙에 의해 부유하는 분절음인 [-hint]는 오른쪽에서 왼쪽으로 CV 층의 V와 연결된다.

모음이 전설모음인가 후설모음인가는 예측할 수 없기 때문이다. 따라서 어간 모음은 기저형태에 [hint] 자질의 값이 표시되어 있다. 이 [hint] 자질의 값을 없애고 변모음을 일으키는 접미사의 자립분절음 [-hint]를 어간 모음과 연결시키기 위해서는 다음과 같은 연결선 삭제규칙(Delinking rule)이 필요하다.

(4) 연결선 삭제규칙(반복해서 적용되지 않음)

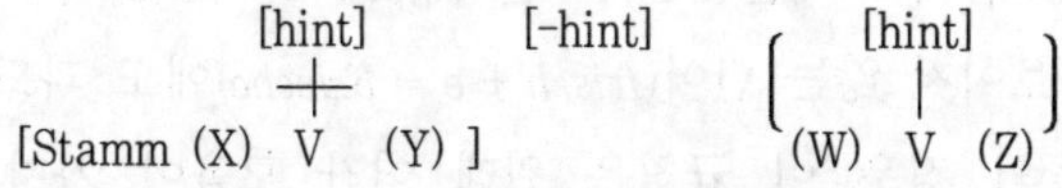

이 규칙은 어간 다음에 [-hint] 자립 분절음을 가진 접미사가 올 때 어간 모음의 [hint] 자질의 연결선이 삭제됨을 의미한다. 이 규칙에 의해 추상명사 *Güte*는 다음과 같이 도출된다(편의상 여기선 문제가 되는 자질 [hint]만 표기하고 다른 자질들은 생략한다. 또한 *gut*의 장모음 [u:]도 편의상 두 개의 V 대신 한 개의 V로 표기한다).

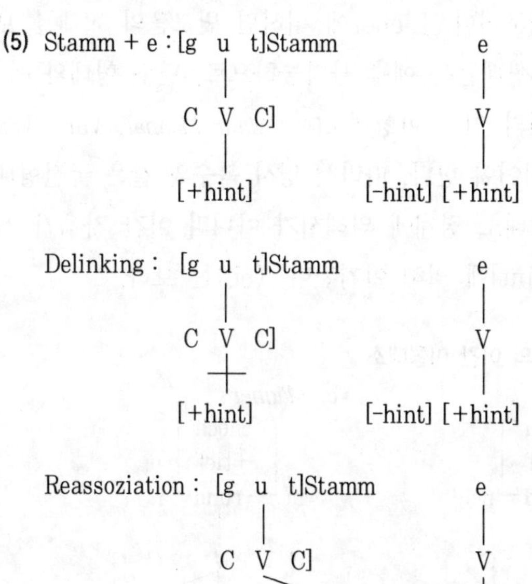

어간과 접미사가 결합하면 어간 모음이 가지고 있던 [hint] 자질의 원래의 연결선이 삭제되고 대신 접미사의 자립분절음 [-hint]가 어간 모음과 재연결된다. 연결선 삭제 후에 남게 된 원래 어간모음의 [hint] 자질은 자립분절 음운론이 일반적으로 가정하는 부유음 삭제규약(Stray Erasure Convention)에 의해 없어지므로 음성적으로 실현되지 않는다.

위와 같은 Lieber의 분석은 두 가지 문제점을 안고 있다. 첫째, 규칙 (4)는 실지로 변모음의 교체를 보이는 단어(*gut + e → Güte*)에 적용될 뿐 아니라, 교체를 보이지 않는 단어(*frisch + e → Frische*)에도 과도하게 적용된다. *Frische*의 경우 이 규칙은 원래 어간 모음이 가지고 있던 [-hint] 자질을 제거했다가 다시 원상회복시키는 잉여적인 기능을 가지고 있다. 둘째, 연결선 삭제 규칙 (4)는 변모음이 일어나기 위한 조건으로 어간과 접미사 사이에 형태소 경계가 있어야 함을 명시하고 있으나, 이 조건이 일관되게 적용되는 것은 아니다. 왜냐하면 Lieber는 파생어와 달리 명사 복수와 같은 굴절형태에서는 변모음이 접미사에 의해 야기되지 않다고 보기 때문이다. Lieber에 의하면 변모음의 교체를 보이는 대부분의 명사 복수 형태들은 예측 불가능하므로, 단수 형태와 복수 형태에 해당하는 두 개의 어간 이형태소(예: *Mann-Männer, Vater-Väter*)가 모두 어휘부에 기록되어야 한다. 따라서 명사 복수와 같은 굴절형태에서는 연결선 삭제가 형태소 경계에 의해서가 아니라 어간 자체가 지니고 있는 자립분절음 [-hint]에 의해 야기된다. (6b)를 보라.

(6) Mann의 두 개의 어간 이형태소

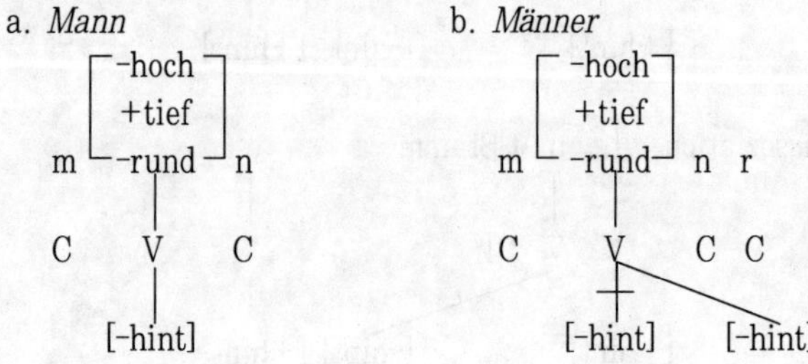

(6b)에서 복수형태의 어간모음이 [-hint]로 되기 위해서는 원래의 자질 [+hint]와의 연결선이 파생어 *Güte*에서처럼 삭제된 후, 오른쪽에 있는 [-hint]와 재결합되어야 한다. 그러나 연결선 삭제의 조건인 형태소 경계가 이 경우에는 없다. 결국 (6b)의 올바른 음성형태를 얻기 위해서는, 연결선 삭제규칙 (4) 이외에도, 어간 모음 다음에 부유하는 자립분절음 [-hint]가 있을 경우 어간 모음의 연결선이 삭제된다는 조건을 추가해야 함을 알 수 있다. 그러나 그렇게 되면 또 다른 문제가 생긴다. 어간 이형태소가 변모음을 보이는 복수형태이고, 그 다음에 변모음을 유발하는 파생접미사가 올 경우(예 : *väter-lich*), 어간의 변모음이 (6b)와 같은 어간 이형태소가 가지고 있는 [-hint] 때문인지, 아니면 접미사가 가지고 있는 [-hint] 때문인지를 알 수가 없다.

Lieber가 주장하듯이 명사 복수의 변모음이 어간 이형태소의 [-hint] 때문이라면, 접미사의 존재 여부에 관계없이 *Väter*는 (6b)에서처럼 원래의 어간모음의 자질 [+hint]가 삭제되고 [-hint]와 다시 연결될 것이다. 변모음이 있는 복수 이형태소 *Väter*는 다시 파생이나 합성의 입력부가 될 수 있으므로, 이 상태에서 다음에 파생 접미사 *-lich*가 오는 경우를 생각해보라. 이 접미사는 경우에 따라 변모음을 야기하므로 어간 *Väter*와 마찬가지로 두 개의 이형태소를 가진다. 그 중에서 [-hint]가 있는 접미사 이형태소, 즉 변모음을 야기하는 이형태소와 어간이 결합할 경우 이것은 다시 연결선 삭제규칙 (4)의 조건을 충족시키게 되어 어간 모음의 [-hint]는 또 한 번 삭제되고 접미사의 [-hint]와 재연결된다(위의 *Frische*의 경우와 마찬가지로). 그러나 만약 [-hint]가 없는 접미사 이형태소와 결합할 경우, *väterlich*의 변모음은 접미사가 아니라 어간에 의해 야기된 것으로 보아야 하므로 이는 파생어의 변모음은 접미사에 의해 야기된다는 Lieber자신의 가정에 반대된다.

Lieber의 원래 의도(명사 복수형태의 변모음은 어간형태에 의해 결정된다!)를 살리기 위해서는, 변모음이 있는 어간이형태소 *Väter*는 변모음을 야기하지 않는 *-lich*의 이형태소하고만 결합 가능하다고 말해야 할 것이다. 그러나 이것은 접미사 *-lich*의 기본적인 성격에 배치된다. *-lich*의 두 개의 이형태소를 인정해야 하는 근본적인 이유가 바로 어간 모음의 변모음을 유발할 수도 있고, 그렇지 않을 수도 있기 때문이다. 이 때문에 Lieber는 변모음을 야기할 수도 있고, 그렇지 않을 수도 있는 *-in*(*Hündin* vs. *Gattin*), *-er*(*Bäcker* vs. *Fahrer*), *-lich*(*ärztlich* vs. *amtlich*), *-ig*(*bärtig* vs. *wolkig*)와 같은 접미사들은 모두 2개의 이형태소들을 가지고 있고, 이 접미사들이 어간과 결합할 때는 과잉생산(*übergenerieren*)한다고 주장한다. 즉 이 접미사들이 있는 파생은 동일한 어간에 대해 변모음이 있는 형태(*Hündin*)와 없는 형태(**Hundin*)를 동시에 생성해 낸다. 이 중에서 한 개의 형태(*Hündin*)만 어휘회된다. 결국 *väterlich*에서 Lieber의 분석이 보이는 문제점은 명사 복수와 같은 굴절 형태에서는 변모음이 어간에 의해 야기된다는 가정과 파생어에서의 변모음은 접미사에 의해 야기된다는 가정 사이에 충돌을 일으킨다는 데에 있다고 볼 수 있다.

8.3. 어간 변이형태소 vs. 접미사 변이형태소

변모음을 전설모음화라는 음운규칙을 사용하여 설명한 대다수의 기존의 연구들(Kiparsky 1968, Vennemann 1968, Wurzel 1970, Janda 1987, Lieber 1987, Yu 1992)은 어간의 변모음이 접미사에 의해 유발된다는 입장을 취하고 있다. 이런 입장은 전설모음화가 어떤 접미사가 어기에 첨가되어도 일어나는 것이 아니라 일부의 접미사들에 의해 야기되는 사실을 설명할 수 있다. 이에 반해 Wiese(1987, 1994a)는 어기에 동일한 접미사가 첨가됨에도 불구하고, *Mal-er* vs. *Tänz-er*의 예에서 보듯이 어간에 따라 어떤 것은 전설모음화를 보이고 어떤 것은 그렇지 않으므로 접미사가 아니라 어간이 전설모음화를 유발시킨다고 주장한다. Wiese의 주장에 따르면 독일어 사용자는 전설모음화와 관련해서 주 어휘부류에 속하는 명사, 형용사, 동사의 모든 어간들을 전설모음화가 가능한 어간과 불가능한 어간으로 구분하여 기억해야 할 것이다. 또 후자는 후설모음자체가 어간에 없기 때문에 전설모음화가 일어날 수 없는 *Welt/ Weltchen*과 같은 어간과 원칙적으로는 전설모음화가 가능하나 실제로는 일어나지 않는 *rund/rundlich*와 같은 어간으로 구분되어야 할 것이다. 이에 반해 접미사는 그런 구분이 없다. 그러나 그렇다면 어떤 환경에서도 전설모음화를 야기하지 않는 *-haft*, *-ung*, *-bar*, *-tum* etc.과 같은 접미사들이 전설모음화가 가능한 어간들과 결합할 때 이 어간들이 결코 전설모음화를 보이는 경우가 없음을(*tragbar*, **trägbar*) Wiese는 어떻게 설명할 수 있을지 알 수가 없다.

위의 두 가지 입장은 변모음을 일정한 형태, 음운적인 요건이 충족될 때에만 일어나는 규칙적인 현상으로 파악하고 있음에 반해 Féry(1994)는 거의 대부분의 독일어 변모음은 어휘화되어 있다고 주장한다. 이것은 어간변모음에 관한 어떤 형태적/음운적 규칙도 존재하지 않음을 의미하며, 따라서 언어 사용자는 어간변모음이 나타나는 단어와 그렇지 않은 단어를 모두 하나하나 기억해야 함을 의미한다. 이 가설에 의하면 다음의 예들에서 보이는 변모음의 유무는 모두 불규칙적인 것이다. *fahren/ fährt/Fahrer*, *Tag/Tage/täglich*, *Kalb/Kälber/kalben*. 그러나 그동안의 연구 결과들은 다양한 유형의 형태적 과정들에서 나타나는 어간변모음이 규칙적임을 증명하고 있기 때문에 이 가설의 설득력은 별로 없다고 할 수 있다.

Wiese(1994)는 Lieber의 분석이 어간과 접미사에 모두 이형태소를 허락함으로써 어휘부가 지나치게 많은 이형태소들을 수록해야 하는 결함을 지적한 뒤, 이를 해결하기 위한 하나의 방안으로 어간 이형태소만 인정할 것을 제안한다. 이에 따르면 이제 변모음을 유발하는 것은 Lieber에서처럼 접미사가 아니라 어간이 된다. 규칙 (7)에서 보는 것처럼 변모음이 일어나는 파생어나 굴절어에서 어간은 기저형태에 [-hint]라는 부유하는 자립분절음, 즉 모음의 뿌리마디(root node)와 연결되지 않은 분절음을 가지고 있고, 이 분절음은 적당한 환경에서(즉 파생이나 굴절과 같은 형태적으로 도출된 환경에서) 어간의 오른쪽 끝 모음과 연결된다(규칙에서 ω 는 어간이 한 개의 음운단어를 이루고 있음을 의미).

(7) 변모음 규칙

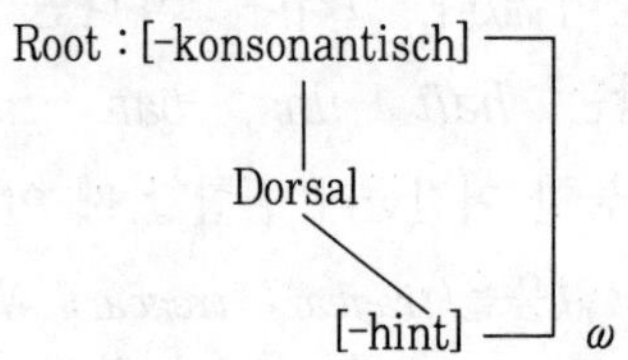

규칙에서 점선은 어간의 오른쪽 끝 모음의 [-hint] 자질이 처음에는 혀 뒷부분 마디(dorsal node)와 뿌리마디(root node)와 연결되어 있지 않으나 어간과 접미사가 결합하게 되면(규칙에서 형태소 경계 ']'가 의미하는 것) 연결되는 것을 의미한다. 예를 들어 변모음의 교체를 보이는 어간 *lang*(*lang* ~ *länglich*)은 기저형태에 자립분절음 [-hint]를 가지고 있고, 이 어간이 접미사 *-lich*와 결합하면 규칙 (7)의 조건이 충족되므로, [-hint]는 어간 모음 /a/와 결합하여 음성적으로 [ɛ]로 실현된다. 이에 반해 접미사에 의해 파생되지 않은 단순어 *lang*은 규칙 (7)이 요구하는 형태소 경계가 없으므로 어간이 가지고 있는 [-hint]와 연결되지 못하고 [-hint]는 부유음 삭제규약에 의해 없어지게 된다. 어간 모음 /a/의 [hint] 자질 값은 나중에 자동규칙(Default Rule)에 의해 [+hint]로 정해지고 음성적으로 [a]로 실현된다. 이것은 *lang*과 같은 어간은 [hint] 자질 값이 기저형태에 직접 명시될 필요가 없으며 그 자질 값은 부유자질인 [-hint]의 운명에 따라 결정됨을 의미한다. 따라서 [hint] 자질 값의 표기와 관련하여 독일어의 어간은 기저형태에서 다음과 같은 3개의 타입으로 구분된다.

(8) a. *für* /fʏʀ/   b. *lang* /lang/   c. *rund* /ʀʊnd/

           |

     [-hint]   [-hint]

어간은 변모음의 교체를 보이는 것(8b)과 보이지 않는 것으로 나뉘며, 후자는 다시 전설모음을 가지고 있는 어간(8a)과 후설모음을 가진 어간 (8c)으로 나뉜다. (8)의 표기를 통해, Wiese는 변모음이 접미사가 아니라 어간에 의해 야기되는 사실을 직접 표현할 수 있다고 본다. 즉 교체를 보이는 어간 *lang*(*lang* ~ *länglich*)은 [-hint]라는 부유하는 자립분절음을 가지고 있기 때문에 변모음이 일어나고, 교체를 보이지 않는 어간 *für*와 *rund*(*rund* ~ *rundlich*)는 [-hint] 자립분절음이 없기 때문에 변모음이 일어날 수 없다는 것이다.

그러나 어간 중심의 이 구분 자체가 Lieber(1987)의 분석의 결함을 해결한다고 보기는 어렵다. 왜냐하면 동일한 어간이라 하더라도 *Tag/Tag-e/täg-lich*에서 볼 수 있듯이 어떤 때는 변모음의 교체를 보이고 (*täg-lich*) 어떤 때는 그렇지 않기 때문이다(*Tag-e*). 올바른 형태를 얻기 위해선 *Tag*의 어간 기저형태가 파생어에서는 (8b)와 같은 형태를 취하고 굴절어에서는 (8c)의 형태를 취한다는 임의적인 가정을 해야 할 것이다. 그렇게 되면 Lieber의 분석이 지나치게 많은 접미사 이형태소를 어휘부에 허락해야 하기 때문에 좋지 않다는 Wiese의 비평은 별로 설득력이 없다. 왜냐하면 이제 접미사 이형태소 대신에 그 만큼 많은 어간 이형태소를 허락해야 하기 때문이다. Wiese(1994) 분석의 또 다른 문제는 분석의 도구로 사용되고 있는 이론인 어휘음운론(vgl. Kiparsky 1982) 자체의 가정에 기인한다. 이 이론에 따르면 각각의 형태적 과정들은 일정한 순서에 따라 일어난다. 예를 들어 *Nationalitätsfrage*와 같은 형태적으로 복잡한 단어는 다음과 같은 형태적 과정들이 순서적으로 적용된 결과이다. *Nation*에 접미사 *-al*이 먼저 결합하고, 여기에 다시 접미사 *-ität*가 결합하여 생긴 단어인 *Nationalität*은 또 하나의 단어인 *Frage*

와 합성하여 전체 단어가 된다. 어휘음운론은 이런 개별 형태규칙들이 어휘부 내에서 어떤 특정 단계(Level, Stratum)에서 적용되며 각 단계는 도출상의 순서를 나타낸다고 가정한다(어휘음운론의 일반적인 성격에 관해서는 1.2장을 참조하라). Wiese(1996 : 128)에 의하면 독일어의 어휘부는 다음과 같은 3개의 단계로 구성되어 있다.

(9) 독일어의 어휘부

Input	형태적 과정	음운적 과정
Level 1	불규칙 굴절, 파생 : (1종 접미사)	변모음 (예 : Verständ-nis, Sträf-ling)
Level 2	파생 : (2종 접미사) 합성	변모음 (예 : verständ-lich)
Level 3	규칙굴절	

이에 따르면 변모음 규칙 (7)은 Level 1과 2에 적용된다.[21] 규칙굴절이 일어나는 Level 3에서는 변모음 규칙이 적용되지 않는다. 따라서 *lang*과 같은 어간이 Level 2에서 접미사 *-lich*와 결합하면 변모음 규칙이 적용되어 *läng-lich*가 되지만, Level 3에서는 변모음 규칙이 적용되지 않는다(예 : *lange Strecke*에서 형용사 어미 변화한 *lange*). 그러나 형태적 과정에 따른 변모음의 적용여부가 이처럼 언제나 올바른 결과를 얻는 것은 아니다. 예를 들어 동사어간에서 명사를 파생하는 접미사 *-er*도 Wiese(1996 : 120)에 의하면 1종 접미사이므로 Level 1에서 어간과 결합하게 된다. 만약 *-er* 파생어가 변모음을 보이면(예 : *Bäcker*) 어간은 위에서 말한 것처럼 기저형태에 부유하는 자립분절음 [-hint]를 가질 것이다. 만약 파생어가 변모음을 보이지 않는다면(예 : *Fahrer*) 어간에 이 자립분절음은 없을 것이다. 이제 *fahren* 동사가 현재시제에서 인칭 변화하는

---

21) 각 Level에 적용된 변모음의 예들을 통해 알 수 있듯이, 파생 접미사는 1종 접미사와 2종 접미사로 구분되며 이들은 각각 Level 1과 Level 2에서 차례대로 어간과 결합하게 된다(1종접미사와 2종 접미사로 구분하는 근거에 대해 자세한 것은 Wiese 1996를 참조하라).

경우를 살펴보자. 이것이 규칙굴절이라면 Level 3에서 적용되고 여기서는 변모음 규칙이 적용되지 않는다. 그리고 동사어간 *fahr-*는 *Fahrer*에서 보듯이 기저형태에 [-hint]가 없어야 한다. 그렇지 않다면 Level 1에서 *-er*와 결합할 때 **Führer*가 될 것이다. [-hint]가 없는 어간 *fahr-*는 Level 3에서 인칭어미와 결합하여 *fahr-e*, **fahr-st*, **fahr-t*, *fahr-en*, *fahr-t*와 같은 형태들을 만들어 낸다. 이중에서 단수 2인칭과 3인칭은 변모음이 없는 틀린 형태이다. 이런 결과를 막기 위해 변모음이 일어나는 단수 2인칭 어미 *-st*와 3인칭 어미 *-t*만 Level 1에서 어간과 결합하고(즉 불규칙 굴절이고), 나머지 인칭 어미들은 모두 Level 3에서 결합한다고(즉 규칙 굴절이라고) 가정해 보라. 그렇다면 올바른 굴절형태인 *führ-st*와 *führ-t*를 얻기 위해선 어간 *fahr-*가 Level 1에서 [-hint]를 가져야 할 것이다. 그러나 동일한 Level에서 *-er* 파생어가 생기므로 [-hint]를 가진 어간 *fahr-*는 **Führer*라는 잘못된 결과를 낳는다. 결국 *fahren*의 현재 인칭 어미 변화를 규칙적인 굴절로 보든 불규칙적인 굴절로 보든 관계없이 (9)의 어휘부의 구조를 가정한 분석은 *fahren* 동사 형태들 중의 일부, 혹은 *Fahrer* 파생어를 틀린 형태로 도출하고 있음을 알 수 있다.

8.4. 최적성이론적 분석

이 장에서는 변모음을 최적성이론의 관점에서 분석하면, 앞에서 말한 규칙이론에 기반한 분석들이 가지고 있는 결함들이 제거될 수 있음을 보이고자 한다. Féry(1994)도 최적성이론의 틀 속에서 변모음을 분석하고 있지만 여기서 제안된 분석은 두 가지 점에서 Féry의 분석과 다르다. 첫째, Féry는 *Autochen*에서처럼 어기가 2음절일 때 변모음이 일어나지 않는 경우를 음보구조에 관한 제약이 아닌 다른 제약들에 의해 설명한다. 그러나 여기서 제안된 분석은 *Autochen*의 최적형태를 결정하는 데 있어 일차적으로 중요한 것은 음보구조에 관한 제약들이라는 것을 보여준다. 둘째, Féry는 첫음절에 강세가 있는 *Áutöchen*과 같은 형태가 생겨날 수 없는 이유를 변모음이 일어난 모음은 유표모음이고, 이 유표모음이 강세를 받아야 하는데(= 유표모음 강세제약) 그렇지 않기 때문이라고 설명한다. 그러나 유표모음 강세제약은 언어 보편적인 제약으로 보기 어렵다. 여기서 제안된 분석에 따르면 *Autöchen*과 같은 형태가 생겨날 수 없는 이유는 음보구조에 관한 보편적인 제약들과 다른 제약들과의 상호작용으로부터 도출되므로, 유표모음 강세제약과 같은 개별언어적인 성격을 가진 제약을 가정할 필요가 없다.

　이하에서는 Féry와 마찬가지로 변모음을 야기하는 대부분의 접미사가 어휘화되어 있고, 생산적인(즉 순수하게 형태적 과정에 의한 음운현상으로서의) 변모음은 두 개의 접미사 *-chen, -lein*에 한정되어 있다고 가정한다. 따라서 변모음의 분석은 이 두 개의 접미사에 의한 파생어에만 국한된다. 또한 Féry와 마찬가지로(그리고 Wiese에 반하여) 변모음은 어간이 아니라, 접미사가 가지고 있는 자립분절음 [vorn]에 의해 야기된다고 가정한다. 이렇게 볼 때 변모음은 (10)에서처럼 어간 모음과 [hint] 자질간의 연결선이 사라지고, 접미사의 [vorn]과 연결되는 과정을 의미한다.

(10) *Rädchen*

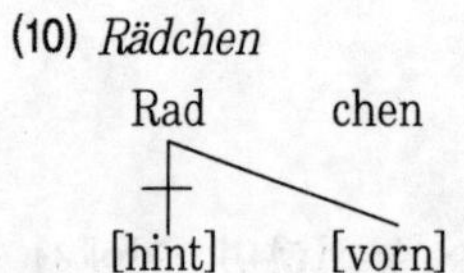

　(10)의 과정을 설명하기 위해서 다음과 같은 입력부와 출력부간의 충실성제약(Faithfulnessconstraint)이 필요하다.

(11) **Parse-[F]**　(F = Feature) : 입력부의　자질은　상위단위(뿌리마디 = Root Node, 혹은 CV 층의 C 혹은 V)와 연결되어야 한다.

(12) IDENT-[F] : 입력부와 출력부의 자질은 서로 동일해야 한다.
(13) Fill-Link : 모든 연결선은 입력부의 일부이다.

제약 (11)은 (10)에서 부유하는 자립분절음 [vorn]과 모음이 연결되어야 할 것을 요구하고, 제약 (13)은 이와 반대로 연결선의 도입을 금지한다. 이 제약들의 상호작용을 보면 다음과 같다.

(14) *Rädchen*

	Parse-[F]	Fill-Link	IDENT-[F]
a. Radchen	*!		
☞ b. Rädchen		*	*

입력부의 모음 자질을 동일하게 유지하는 것(후보 a)보다 입력부의 자질을 상위 단위와 연결시키는 것(후보 b)이 더 중요하기 때문에 제약간의 랭킹은 다음과 같이 된다(Fill-Link와 IDENT-[F]간의 랭킹은 정할 수 없다. 표 (14)에서 점선으로 표시). Parse-[F] 》 Fill-Link, IDENT-[F]. 1음절 어기에 -*chen*이 결합하면 변모음이 언제나 일어나며, 이것은 *Rädchen*에서처럼 독일어의 전형적인 강약 2음절 음보(Trochäus)를 만든다. 이때 [vorn]은 음보의 첫째 음절에서 실현된다. (15)를 보라.

(15)

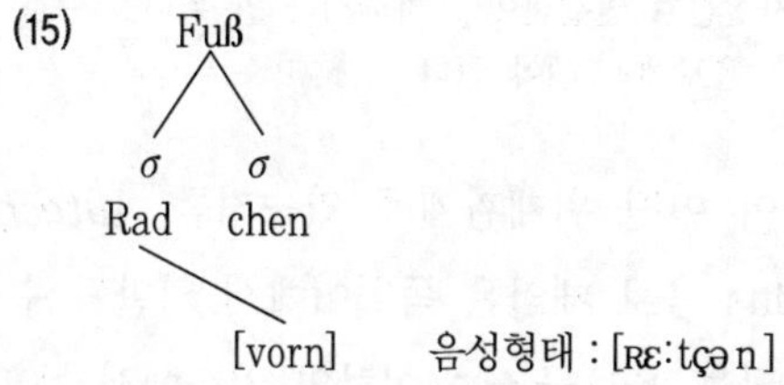

제약 (16)은 변모음이 이처럼 음보처음(fußinitial)에 실현되어야 할 것을 요구한다.

(16) Align-[vorn] ([vorn], Left : Fuß, Left)
자립 분절음 [vorn]은 음보의 첫 음절에 위치해야 한다.

이제 어기가 2음절 어간인 경우를 살펴보자. 이때는 변모음이 일어날 수도 있고(예 : *Skandälchen*) 그렇지 않을 수도 있다(예 : *Autochen*). 아래에서 보게 되듯이 이 두 가지 경우 모두 제약 랭킹에 의해 예측 가능하다. 어기가 2음절 어간일 때 1음절 접미사 *-chen*이 결합하면 3음절이 된다. 독일어는 강약약 3음절 음보(Daktylus)를 회피하므로 강약 2음절 음보(두 개의 음절 중 첫째 음절에 강세가 옴) 조건을 충족시키기 위해서 3음절 단어($\sigma1$ $\sigma2$ $\sigma3$)는 첫 두 개의 음절이 음보를 만들거나 끝 두 개의 음절이 음보를 만들어야 한다. 이 때 남은 한 개의 음절은 음보에 속하지 못하고 보다 더 큰 상위단위인 음운단어에 직접 연결된다. 이것은 *Áutochen*의 경우 3개의 음절($\sigma1$ $\sigma2$ $\sigma3$)은 [$\sigma1$ $\sigma2$]F $\sigma3$로 음보구조를 만들고(기호 [ ]은 음보의 경계를 나타냄), *Skandälchen*의 경우 $\sigma1$ [$\sigma2$ $\sigma3$] F로 음보구조를 만드는 것을 의미한다. 이와 같은 음보의 구조를 설명하기 위해서는 다음과 같은 제약들이 필요하다.

(17) **Trochäus 음보** : 음보는 가벼운 2개의 음절로 구성되거나 무거운 1개의 음절로 구성된다.

(18) **Weight to Stress(= WTS)**[22] : 무거운 음절(heavy syllable)은 강세를 받아야 한다.

(19) **No-Clash** : 강세 있는 음절이 인접해서는 안 된다.

(20) **No-Cross** : 분절음과 자질간의 연결선이 교차해서는 안 된다.

(21) **Parse-Syllable** : 음절은 음보에 속해야 한다.

이제 위에 열거한 제약들이 어떤 위계관계에 있는지를 *Autochen*의 예를 통해 살펴보자. Trochäus 음보 제약은 독일어에서 위반될 수 없는 제약이므로, 이 제약을 위반하는 음보구조는 이하의 기술에서 제외하기로 한다. 그렇다면 3음절 *Autochen*의 음보구조로 다음과 같은 후보들이 가능할 것이다.

---

22) 무거운 음절이라 함은 운모(Reim)가 장모음이나 이중모음, 혹은 단자음 + 두 개의 자음으로 구성된 경우를 말한다.

(22) a. Au [tóchen]
    b. [Áu] [tóchen]
    c. [Áuto] chen

Trochäus 음보에서는 언제나 첫째 음절이 강세를 가진다. (22b)는 2 개의 음보가 인접함으로써 No-Clash 제약을 위반한다. 이에 반해 (22a)와 (22c)는 각각 첫음절과 끝음절을 음보 구조에 편입시키지 않음으로써 이 제약을 위반하지 않는다. 그 대신 음보에 속하지 않은 음절은 Parse-Syll 제약을 위반한다. No-Clash가 Parse-Syll보다 상위의 제약이므로, (22a)와 (22c)는 (22b)보다 나은 형태라고 할 수 있다. 제약 Parse-Syll은 변모음의 논의에서 중요치 않으므로 이하의 표에서는 생략하겠다. 두 개의 후보 (22a)와 (22c) 중에 어떤 후보가 나은지는 WTS에 의해 결정된다. (22a)는 무거운 음절인 첫째 음절 [au]가 강세를 받지 못하므로 이 제약을 위반함에 반해, (22c)는 이 제약을 지킨다. 한편 (22b)는 WTS를 충족시키지만 No-Clash를 위반한다. No-Clash가 WTS보다 상위제약이므로 음보 구조상으로만 볼 때 (22c)가 위의 3 가지 후보 중 최적형태임을 알 수 있다. (22c)는 [vorn] 자립 분절음과 연결되지 않을 수도 있고, 연결될 수도 있다. 전자의 경우 올바른 형태인 *Autochen*이 생겨남에 반해 후자의 경우 틀린 형태 *Autöchen*이 생긴다. (23a)와 (23b)를 보라(F는 Fuß를 나타냄).

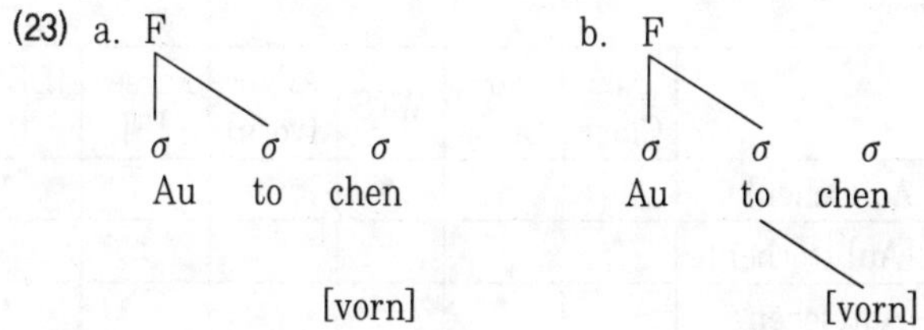

(23a)는 [vorn]이 어간 모음과 연결되지 않음으로써 Parse-[F]를 위반한다. 이에 반해 (23b)는 Parse-[F]는 지키나, 변모음이 음보의 첫째

음절에 오지 않으므로 Align-[vorn]을 위반한다. (23a)는 [vorn]이 표층형태에 없기 때문에 이 제약을 충족시기게 된다. Align-[vorn]이 Parse-[F]보다 상위에 있으므로 (23a)가 최적형태가 된다. 앞에서 Parse-[F]가 IDENT-[F]보다 상위 제약이라고 했으므로 전체적으로 제약랭킹은 Align-[vorn] 》 Parse-[F] 》 IDENT-[F]가 된다. 끝으로 (23a)와 동일한 음보구조를 가지며 Align-[vorn]도 충족시키는 (24)의 경우 (*Äutochen)를 보라.

(24)
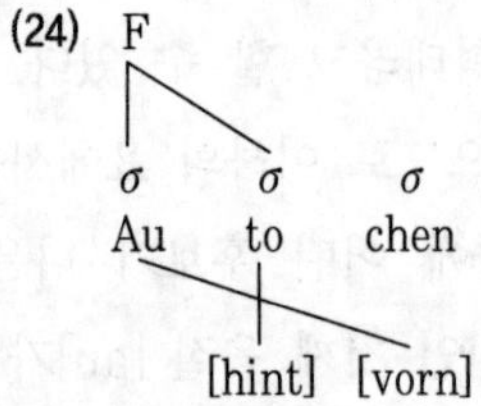

여기서는 [vorn]이 어간 마지막 모음 /o/를 건너뛰어 이중모음과 결합함으로써 연결선의 교차를 금지하는 No-Cross 제약을 위반하고 있다. No-Cross 제약은 Trochäus 음보 제약과 마찬가지로 독일어에서 위반될 수 없는 제약이기 때문에 *Äutochen과 같은 형태는 독일어에서 허락되지 않는다. 이상의 논의를 정리하면 표 (25)와 같이 나타낼 수 있다.

(25)　*Autochen*

	No-Clash	No-Cross	WTS	Align-[vorn]	Parse-[F]	IDENT-[F]
a. Au[töchen]			*			*
b. [Au] [tochen]	*				*	
c. [Äuto]chen		*				*
d. [Autö]chen				*		*
☞ e. [Auto]chen					*	

*Autochen*의 경우는 변모음이 생기지 않음에 반해 동일한 2음절 어간이라도 *Skandälchen*에서는 변모음을 보인다. 그 이유는 두 개의 어간의 강세 차이에서 찾을 수 있다. *Auto*의 경우 첫째 음절에 강세가 옴에 반해 *Skandal*의 경우는 둘째 음절에 강세가 온다. 따라서 두 개의 어간이 접미사 *-chen*과 결합하면 전체 음보구조도 서로 다른 패턴을 보인다. 만약에 *Autochen*이 *Skandälchen*처럼 끝에서 두 번째 음절에 강세가 있고 변모음을 보인다면 (25a)와 같은 형태가 될 것이다. 그러나 위에서 말했듯이 이것은 올바른 음보구조가 될 수 없다. 왜냐하면 첫째 음절이 무거운 음절이기 때문에 강세를 받아야 하고(WTS 제약), 강세를 받기 위해서는 독자적인 한 개의 음보를 만들어야 하는데 그렇지 않기 때문이다. 한편 WTS를 지키기 위해 음보구조를 (25d)로 만들면, 변모음이 음보의 첫째 음절이 아닌 두 번째 음절에 일어나므로 Align-[vorn]을 위반하게 된다. 이에 반해 Skan [dälchen]F은 음보의 구조에 관한 제약뿐 아니라 Align-[vorn] 제약도 지키고 있다. 여기서는 첫 음절이 무거운 음절이 아니므로(단모음 다음에는 두 개 이상의 자음이 올 경우에만 무거운 음절), (25a)처럼 WTS 제약을 위반하지 않는다. 첫음절이 음보를 이루어야 할 이유가 없으므로 No-Clash 제약을 위반하지도 않는다. 만약 *Skandälchen*의 음보구조가 (23a)의 *Autochen*의 경우와 같다고 가정하면, 즉 [Skandäl]F chen이라면, 둘째 음절([dɛ:l])이 무거운 음절인데도 강세를 받지 못하므로 WTS를 위반하고, [vorn]이 첫째 음절이 아닌 둘째 음절과 연결되어 있으므로 Align-[vorn]도 위반한다. 또 동일한 음보구조에서 *Skändalchen과 같은 형태가 생겨날 수 없는 이유는 위에서 본바와 같이 이것이 No-Cross 제약을 위반하기 때문이다. 끝으로 *Skändälchen*이 될 수 없는 이유는 첫음절의 변모음이 Align-[vorn]을 위반하기 때문이다. 표 (26)은 이것을 예시하고 있다.

(26) *Skandälchen*

	No-Clash	No-Cross	WTS	Align-[vorn]	Parse-[F]	IDENT-[F]	Fill-Link
a. [Skandäl]chen			*	*		*	*
b. [Skändal]chen		*	*			*	*
c. [Skan] [dälchen]	*					*	*
☞d. Skan [dälchen]						*	*
e. Skän [dälchen]				*		**	**

위에서 알 수 있듯이, 2음절 어간과 결합한 *-chen* 파생어에서 변모음은 접미사와 바로 인접한 어간 모음에서만 일어날 수 있고 그 이전의 모음에서는 일어날 수 없다. 변모음에 관한 기존의 연구들에서 잘 알려진 이 인접조건(locality condition)이 여기서 제시된 분석에 의하면 음보의 적형성 제약과, No-Cross, Align-[vorn]의 3가지 제약들의 상호작용에서 도출되며, 이 점에서 인접조건을 변모음 규칙에 직접 명시하는 Wiese 의 분석과 다르다.23)

8.5. 중간 요약

규칙이론에서 변모음에 관한 기존의 분석들은 어간 혹은 접미사의 기저형태가 자립분절음 [vorn](혹은 [-hint])을 가지고 있고, 이 자립분절음이 도출과정에서 변모음 규칙에 의해 어간의 모음과 결합한다고 설명하고 있다. 그러나 도출과정에서 규칙의 적용 순서가 중요한 역할을 하는 이런 분석은 형태적 과정에 따라 입력부의 기저 형태를 임의적으로 제한

---

23) *Brüderchen, Mütterchen*과 같은 단어들의 변모음은 인접조건의 예외로 보이는 듯하다. 이들이 *Autochen, Skandälchen*과 다른 점은 두 번째 음절의 음절핵이 Schwa 모음이라는 점이다. 일반적으로 Schwa 모음은 삽입모음으로 알려져 있다. 따라서 기저형태에 Schwa 모음이 없다면 여기서 나타나는 변모음은 인접조건을 위반하는 경우가 아니라고 할 수 있다.

해야 하거나(예 : 파생은 접미사의 이형태소에 의해, 굴절은 어간의 이형태소에 의해 야기된다는 Lieber(1987)의 분석), 동일한 어간이 파생과 굴절에서 변모음에 대해 서로 다른 태도를 보이는 것을 설명할 수 없다(예 : Wiese(1994a)의 분석). 규칙이론에 입각한 분석들이 갖는 이런 문제는 음운현상을 임의적인 기저형태가 아닌 출력부 중심으로 설명하는 최적성이론의 관점에서 보면 해결될 수 있다. 출력부 중심으로 볼 때 변모음은 음보구조에 관한 제약들과 변모음이 음보 처음에 실현되어야 하는 요구간의 충돌의 결과로 요약될 수 있다. 3음절 *-chen* 파생어의 경우 음보구조의 적형성이 Parse-[F]보다 중요하기 때문에 올바른 음보구조가 제공되어 있지 않는 한 변모음은 일어나지 않는다(*Autochen*의 경우). 올바른 음보구조가 제공된 전제하에 변모음은 음보의 첫음절에 실현되어야 한다. 동일한 3음절 단어라도 *Autochen*에서는 변모음이 일어나지 않고 *Skandälchen, europäisch*에서는 변모음이 일어나는 이유가 이 때문이다.

8.6. 형태소의 이중실현

독일어에서 변모음은 거의 모든 형태적 과정에 관여하고 있으며, 변모음의 유무를 통해 많은 형태, 통사적인 부류들이 구분된다. 이 장의 목적은 파생과 굴절을 포함하는 독일어의 형태론에서 변모음이 가지는 문법적인 기능이 무엇인지를 규명하고, 이를 토대로 독일어에서 어간 모음의 변화를 포함하는 비연결적 형태적 과정의 실현 방식이 어간 모음의 변화 없이 어기에 단순히 접사만 추가하는 일반적인 연결 형태론(concatenative morphology)과 어떤 차이를 보이는 가를 기술하는 데 있다.

규칙이론에 토대를 둔 기존의 연구들은 변모음을 순수한 형태적인 과

정으로 보아야 할 것인지, 혹은 순수한 음운적인 과정으로 보아야 할 것
인지, 아니면 형태적인과정과 음운적인 과정인 혼합된 소위 형태음운적
인 과정(morpho-phonological operation)으로 보아야 할 것인지에 대한 많
은 논란을 보였다. 그러나 이런 논란은 변모음을 일반적인 연결형태론의
한 종류로 보는 데 기인한다. 이에 반해 제약에 기반을 둔 이론에서 변
모음을 분석하면, 변모음은 형태적인 요구와 음운적인 요구가 동시에 상
호 작용한 결과임을 알 수 있다. 제약들 간의 상호작용을 통해 변모음을
설명하면 규칙이론에서의 음운적인 과정 vs. 형태적인 과정의 논란은 더
이상 의미가 없다. 뿐만 아니라, 제약에 기반한 변모음의 설명은 독일어
의 변모음이 언어 보편적인 비연결형태론의 한 종류임을 보여준다. 일반
적인 연결형태론에서는 접미사의 첨가만으로 어기와 형태, 통사적으로
다른 단어가 생기지만, 비연결형태론에서는 접미사의 첨가뿐 아니라 어
기의 음성형태의 변화가 요구된다. 따라서 변모음을 수반하는 독일어의
형태적 과정에서 설명되어야 할 것은 무엇보다 형태소의 이중 실현
(Double Morphemic Exponence) 문제이다. 아래에서 설명되겠지만 접미사
가 음운단어에 속하는지의 여부에 따라 변모음을 수반하지 않는 단순한
접사화과정이 일어나든지, 아니면 변모음을 수반하는 비연결적 형태과
정이 일어난다. 이렇게 볼 때 형태소의 이중실현 문제는 음운단어에 기
반한 형태소 실현제약과 밀접한 관련이 있음을 알 수 있다.

8.6.1. 어간 변모음의 유/무에 따른 세 가지 형태적 과정

독일어의 파생과 굴절에서 변모음이 관여하는지의 여부에 따라 형태
적 과정을 구분하면 다음과 같은 세 가지 부류를 확인할 수 있다.

(27) 어간 변모음의 유/무에 따른 세 가지 형태적 과정
    a. 변모음이 나타나지 않는 연결형태론

⟨파생⟩
축소접미사
-chen : Frauchen
-er : malen/Maler, fahren/Fahrer
-in : Kunde/Kundin, Gatte/Gattin
-lich : rund/rundlich
-isch : Symbol/symbolisch
-ig : Wolle/wollig, Wolke/wolkig
Ge.....(e) : husten/Gehuste
⟨굴절⟩
-e (명사복수) : Schuh/Schuhe, Tag/Tage
-∅ (명사복수) : Araber/Araber, Kabel/Kabel
동사굴절 : lachen/lachst
부정형 : Lob/loben

b. 변모음이 나타나는 비연결형태론 Ⅰ : 변모음이 접사의 추가와 함께
나타나는 혼합형태론
⟨파생⟩
축소 접미사
-chen : Horn/Hörnchen
-er : tanzen/Tänzer, saufen/Säufer
-in : Hund/Hündin, Arzt/Ärztin
-lich : tag/täglich, zart/zärtlich
-isch : Europa/europäisch, Hohn/hönisch
-ig : Bart/bärtig, Korn/körnig
Ge.....(e) : Darm/Gedärm
⟨굴절⟩
-e (명사복수) : Baum/Bäume, Stuhl/Stühle
-er (명사복수) : Mann/Männer, Gut/Güter
동사굴절 : fahren/fährst
부정형 : genug/genügen

c. 변모음이 나타나는 비연결형태론 Ⅱ : 변모음만이 문법적인 범주를 변
화시키는 비연결형태론
-∅ (명사복수) : Vogel/Vögel, Mutter/Mütter

(27a)와 (27b)를 비교해 보면 거의 대부분의 파생과 굴절과정에서 동

일한 형태적 과정이 어간의 변모음을 수반하는 것과 그렇지 않은 것과의 대립을 보이고 있음을 알 수 있다(예 : *-in* 파생어 : *Kundin* vs. *Hündin*). 이에 반해 접사 첨가 없이 변모음만이 형태적 범주를 변화시키는 수단으로 쓰이는 순수한 비연결형태론을 보이는 것은 명사의 복수 형태에 한정된다(27c). 이런 상황은 기존의 연구에서 독일어의 변모음을 형태적 과정으로 보아야 할 것인가 아니면 음운적 과정으로 보아야 할 것인가에 대한 논란을 불러일으켰다. 형태적 과정의 결과로 생겨난 변모음 자체는 후설모음에서 전설모음으로 바뀐 것이므로 분명히 음운현상이다. 그러나 중요한 것은 이런 음운현상이 형태적 과정을 전제할 때에만 일어난다는 것이다(형태적으로 단순어인 *Hund*와 여기서 파생된 *Hündin*을 비교해 보라). 따라서 변모음은 형태적인 과정이 전제된 음운적 현상이라고 할 수 있다. 뿐만 아니라 (27c)에서 명사복수 형태를 만드는 형태적인 과정은 오직 변모음에 의해서만 인식될 수 있다. 따라서 이때에는 변모음 자체를 형태적인 과정으로 볼 수 있다.

　기존의 연구들에서 변모음을 음운 규칙으로 볼 것인가 형태 규칙으로 볼 것인가가 논란이 되었던 이유는 어간 변모음을 입력부 중심의 규칙이론의 틀 속에서 분석하였기 때문이다. 그러나 형태적으로 복잡한 단어의 적형성을 형태적 과정이 완료된 최종형태(= 단어)만으로 판단하는 출력부 중심의 제약이론의 관점에서 볼 때, 전설모음화를 유발하는 것이 어간인지 아니면 접미사인지를 결정하는 것이 중요한 문제가 아니라, 왜 특정 형태적 과정들은 접사의 첨가와 함께 어기의 음성형태의 변화를 요구하는지를 설명하는 것이 중요하다. 왜냐하면 출력부 중심으로 볼 때 연결형태론에서 적용되는 단어의 적형성에 관한 제약들은 어간 변모음과 같은 비연결형태론에도 동일하게 적용되어야 하기 때문이다. 이하에서는 비연결형태론에서 보이는 어간 변모음이 어떤 환경에서 접사 첨가와 동시에 일어나는지(위의 비연결 형태론 I), 어떤 환경에서 유일한 수단(위의 비연결 형태론 II)으로 사용되는지를 살펴보겠다.

8.6.2. 형태소의 실현

연결형태론에서 일반적으로 형태적으로 복잡한 단어는 어기의 형태, 통사적인 성질을 변화시키는 형태소가 어기와 결합하여 생긴다. 예를 들어 명사 *Blume*의 복수 형태는 단수 어기인 *Blume*에 복수 형태소인 *-n*이 첨가되어 생긴다. 이와 같은 예는 어기에 형태소가 첨가되어 형태적으로 복잡한 단어가 생겨난다고 보는 전통적인 항목배열(Item and Arrangement)의 입장을 뒷받침해 준다. 그러나 형태적으로 복잡한 단어가 모두 이런 식으로 생기는 것은 아니다. 특히 어간의 형태 변화를 통해 새로운 단어가 생기는 경우, 형태소를 단순히 어기에 첨가된 항목으로 볼 수 없으며 이때는 형태소가 형태적 과정 자체에 의해 구현되었다고 볼 수 있다. 그렇다면 이것은 형태소를 하나의 과정(Item and Process)으로 이해해야 한다는 입장을 뒷받침해 준다.

이 두 개의 대립된 입장은 독일어의 변모음을 음운적 과정으로 보아야 할 것인지 혹은 형태적 과정으로 보아야 할 것인지의 문제와 밀접한 관련이 있다. 변모음을 순수한 음운적 과정이라고 가정할 경우, *Hände*, *Wälder*와 같은 명사 복수형태에서 변모음이라는 음운과정은 형태적인 과정, 즉 복수 접미사 *-e*와 *-er*를 어기와 연결시키는 과정에 의해 유발되었다고 볼 수 있다. 그러나 *Gärten*, *Brüder*와 같은 복수형태에서처럼 명시적인 복수 접미사가 없는 경우, 복수 접미사로 음성적인 실체가 없는 *-∅* 형태소를 인정하지 않는 한 형태적인 과정이 음운적인 과정을 유발시켰다고 보기는 어렵다. 오히려 이 경우 형태적인 과정이 어간의 변모음을 통해 확인되므로 변모음 자체를 형태적 과정으로 볼 수 있다. 왜냐하면 복수라는 형태적 기능을 담당하고 있는 유일한 음성적 실체가 어간의 변모음뿐이므로 변모음을 복수 형태소(Pluralmarker)의 실현으로 보아야 하기 때문이다. 그러나 이럴 경우, 왜 복수라는 형태적 기능이 *Hände*, *Wälder*와 같은 복수형태에서는 이중으로(어간의 변모음 및 접미사)

실현되는지가 설명되어야 한다(이와 유사하게 *fährst, fährt*와 같은 불규칙변화
동사에서도 왜 2인칭, 3인칭, 단수, 현재를 나타내는 형태적 기능이 어간의 변모음과
동시에 접미사 *-st, -t*에 의해 이중으로 실현되는지 설명되어야 한다).

이와 같은 형태소의 이중실현(Double Morphemic Exponence, 이하에서
DME)은 변모음이 관여된 모든 독일어의 형태적 과정에서 설명되어야 할
핵심적인 부분이다. DME에 관한 설명이 중요한 이유는 이것이 언어 보
편적으로 나타날 뿐 아니라 독일어에서도 변모음을 비롯하여 변모음과
무관한 여러 가지 다양한 형태적인 과정에서 나타나기 때문이다. (28)은
DME가 나타나는 여러 가지 형태적 과정을 예시하고 있다.

(28) **독일어에 나타나는 DME의 예**
    a. 명사 복수(접미사 첨가 + Umlaut) : Hand → Händ-e
    b. 명사 복수(접미사 첨가 + 어기의 일부분탈락) : Drama → Dram-en
    c. 파생어(접미사 첨가 + 어기의 강세이동) : Jápan → japán-isch
    d. 파생어(접미사 첨가 + 어기의 일부분 탈락) : Gorbatschow → Gorb-i

위의 예들은 굴절과 파생에서 접미사가 첨가될 때 동시에 어기의 음성
형태가 변하는 것을 보여준다. 이때 굴절이나 파생을 일으키는 형태소와
이 형태소의 음성적 실현을 정확히 1 : 1 대응시키는 것은 불가능하다.
특히 어기의 일부분이 탈락되는 (28b)와 (28d)의 형태적 과정에서는 탈
락되는 부분이 어기에 따라 다르므로 굴절과 파생을 일으키는 형태소의
음성형태를 예측할 수 없다.

이하에서는 최적성이론의 틀 속에서 DME를 설명하기 위한 Kurisu
(2001)의 제안을 살펴보고, 이것이 독일어의 변모음이 가지는 형태적 기
능을 설명하는데 어떤 의미를 갖는지를 논하겠다. 이를 위해 다음과 같은
보편적인 제약들이 독일어의 변모음을 설명하기 위해 필요하다고 가정한
다(이하에서 I = Input, O = Output, Dep = Dependence, Max = Maximality,
Ident = Identity, F = Feature를 의미함).

(29) a. Dep-IO : 출력부의 모든 분절음은 입력부에 상응하는 분절음이 있어
야 한다.(삽입금지)

b. Max-IO : 입력부의 모든 분절음은 출력부에 상응하는 분절음이 있어
야 한다.(삭제금지)

c. Ident-IO[F] : 입력부와 출력부의 서로 대응하는 분절음은 동일한 자
질을 가져야 한다.

d. OCP(= Obligatory Contour Principle) : 동일 분절음이 연속해서
나타날 수 없다.

e. Realisiere Morphem(= RM) : 어기와 어기로부터 파생된 단어의 음
성 형태는 서로 달라야 한다.

Kurisu(2001)는 (28)에 나타나는 어기의 변화를 제약 RM을 통해 설
명한다. 예를 들어 *Vater ~ Väter, Mutter ~ Mütter, Bruder ~
Brüder*에서처럼 명사복수 형태를 나타내는 접미사의 음성적인 실체가
없고, 복수 형태를 나타내기 위한 유일한 수단이 어간의 음성적 변화일
때 RM이 IDENT-IO-[+back]보다 랭킹이 높다고 함으로써 어간의 변
모음이 설명될 수 있다. 이것은 일반적으로 비연결형태론의 형태소 실현
방식이 RM ≫ 입력부와 출력부간의 충실 제약(= IO-Faith)의 제약랭킹
에 의해 설명될 수 있음을 의미한다. 그러나 이런 설명은 바로 다음과
같은 의문을 생기게 한다. 어간모음이 변해야 하는 제약이 충실제약보다
언제나 상위에 있는 제약이라면 왜 단수형태인 *Vater*에서는 어간 모음
이 변하지 않고, 복수에서만 변모음이 일어나는가?, 즉 독일어에서 왜
모든 형태적과정은 비연결형태적 과정이 아닌가? 이것을 설명하기 위해
Kurisu(2001 : 58ff)는 다음과 같은 두 가지 가정을 한다.

(i) 어간의 음성형태는 모든 형태, 통사적인 범주로부터 독립적이다.
Kurisu는 이것을 원어간(bare stem)이라고 부른다. 즉 원어간인
/Vater/는 어떤 형태, 통사적인 정보도 없는 순수 음성형태를
말한다. 이 가정 하에서 RM은 2개의 출력부를 비교하게 된다.
단수에서 원어간인 /Vater/는 [Vater]singular와 비교되며 복수
에서 원어간은 [Väter]plural과 비교된다.

（ii） 충실제약은 형태, 통사적인 범주에 따라 나누어진다. 예를 들어 동일한 충실제약이 단수(= α)에 적용되는 충실제약과 복수(= β) 에 적용되는 충실제약으로 나누어진다.

원어간이 두 개의 형태, 통사적인 범주인 α와 β의 입력부를 이루며, 오직 β에서만 어간 변형(즉, 비연결형태론)이 일어나는 것은 다음과 같은 비연결형태론의 일반적인 제약랭킹 도식으로부터 설명된다. Faith α 〉〉 RM 〉〉 Faith β. 즉 α(= 단수)에서는 원어간의 음성형태를 보존하는 것이 RM보다 중요하고, β(= 복수)에서는 원어간의 음성형태를 보존하는 것보다 RM이 중요하다. 충실제약(Faith)을 이처럼 양분하는 목적은 충실제약을 형태, 통사적인 범주에 따라 다르게 적용하기 위해서이다. 아래 (30)과 (31)에서 단수형태에서는 IDENT- IO-[+back]Pl.이 적용되지 않음을, 복수 형태에서는 IDENT-IO-[+back]Sg.이 적용되지 않음을 보라.

이제 *Vater ~ Väter*에서 왜 비연결형태론이 단수에서는 일어나지 않고 복수에서만 일어나는지를 살펴보자. 단수에서는 IDENT-IO-[+back]Sg이 RM보다 상위제약이기 때문에 비연결형태론이 허락되지 않는다. 이에 반해 복수에서는 RM이 IDENT-IO-[+back]Pl.보다 상위제약이기 때문에 어간모음이 변해야 한다(표에서 N/A는 nicht anwendbar를 의미).

(30) 원어간 [Vater]와 /Vater/singular의 비교

/Vater/singular	IDENT-IO-[+back]Sg.	RM	IDENT-IO-[+back]Pl.
☞ a. Vater		*	N/A
b. Väter	*!		N/A

(31) 원어간 [Vater]와 /Vater/plural의 비교

/Vater/plural	IDENT-IO-[+back]Sg.	RM	IDENT-IO-[+back]Pl.
a. Vater	N/A	*!	
☞ b. Väter	N/A		*

위의 예는 동일한 한 개의 충실제약, 즉 IDENT-IO-[+back]이 형태, 통사적인 범주에 따라 상대적으로 달리 적용됨을 보인다. 같은 방식으로 동사의 현재시제, 3인칭, 단수에서 보이는 규칙적인 형태(예 : *er badet*)와 불규칙적인 형태(예 : *er brät*)의 차이를 설명할 수 있다. *baden*과 *braten* 두 개의 동사에서 원어간은 인칭, 수, 시제에 대해 정해지지 않은 /baːd/와 /braːt/이다.

(32) 원어간 /baːd/와 3. Ps. Sg. Präsens[baːdət]의 비교

/baːd-t/	IDENT-IO-[+back] 규칙, 3인칭, 단수	RM	OCP	Dep-IO	IDENT-IO-[+back] 불규칙, 3인칭, 단수
a. baːd		*!			N/A
b. baːdt			*!		N/A
☞ c. baːdət				*	N/A
d. bɛːt	*!				N/A

(33) 원어간 /braːt/와 3. Ps. Sg. Präsens[brɛːt]의 비교

/braːt-t/	IDENT-IO-[+back] 규칙, 3인칭, 단수	RM	OCP	Dep-IO	IDENT-IO-[+back] 불규칙, 3인칭, 단수
a. braːt	N/A	*!			
b. braːtt	N/A		*!		
c. braːtət	N/A			*!	
☞ d. brɛːt	N/A				*

규칙 동사에서는 불규칙 동사의 [back] 자질에 관한 충실제약이 아무런 역할을 하지 않고, 불규칙 동사에서는 규칙 동사의 [back] 자질에 관한 충실제약이 아무런 역할을 하지 않는다. 규칙 동사에서는 Schwa 삽입이 일어나고, 불규칙 동사에서는 어간모음의 변화가 일어나는 이유는 규칙 동사의 IDENT-IO-[+back] 제약이 불규칙 동사의 IDENT-IO-[+back] 제약보다 상위에 있기 때문이다. 또 Schwa 삽입을 금지하는 제약인 Dep-IO가 형태소 실현제약이나 OCP 제약보다 하위에 있으므로 규칙 동사에서는 Schwa가 삽입된 형태가 최적형태가 된다. 8.6.2.2장에서 보겠지만

(33)은 아직 모든 제약들 간의 관계를 고려하지 않고 있는 점에서 불완전하다. 왜냐하면 (33)에서 제외된 후보 *brät-et*는 최적형태인 (d)와 비교할 때, 전자는 Dep-IO를 어김에 반해, 후자는 Max-IO를 어기고 있으므로 이 두 개의 제약들 간의 랭킹이 설정되어야 하기 때문이다. 이와 함께 왜 규칙 동사에서는 *bad-et*에서처럼, Schwa 삽입이 일어나고, 불규칙 동사에서는 이것이 허락되지 않고(*brat-et*), 그 대신 어간 모음이 변하는지가 설명되어야 한다.

8.6.2.1. 위반될 수 없는 제약

제약에 기반한 이론이라도 선언문법(Deklarative Grammatik)은 최적성 이론과 달리 모든 제약은 언어 개별적이며, 제약은 위반될 수 없다고 가정한다. 이런 가정 하에서 위에서 본 동사의 현재, 3인칭, 단수의 규칙적인 형태(예 : *er badet*)와 불규칙적인 형태(예 : *er brät*)의 차이가 어떻게 설명될 수 있는지 살펴보자. Neef(1996 : 123ff)는 선언문법의 틀에서 현재시제 단수 3인칭 동사 형태를 설명하기 위해 몇 가지 디자인 조건(Design Bedingung, 이하에서 DB)을 가정한다. Neef에 따르면 동사 부정형에서 (선택적인) Schwa + n 앞에 오는 모든 분절음 연쇄가 동사어간이며, 이것이 동사의 굴절형태를 설명함에 있어 중심적인 역할을 한다. 개별적인 굴절형태는 어간이 형태적인 적형조건을 충족시킨 결과이다. 이 점에서 Neef의 분석은 동사의 굴절형태가 어간과 접미사라는 두 개의 형태소가 결합된 것이라고 보는 전통적인 견해와 다르다. 예를 들어 부정형은 어간 + 부정형을 나타내는 형태소 *-n*이 아니라 어간이 특정 분절음으로 끝난 형태이다. 즉 부정형의 마지막 분절음 /n/은 형태소가 아니라 소리(Phon)이다.

(34) 부정형을 설명하기 위한 DB1(= 말음조건)
특정 형태 범주는 특정 말음으로 끝난다.(부정형일 때는 /n/)

이 조건은 동사어간이 어떤 특정 형태적 범주(= 부정형)가 되기 위해서
는 말음(/n/)조건을 충족시켜야 함을 의미한다. 마찬가지로 현재, 단수,
3인칭 동사 형태는 -*t*로 끝나므로 다음과 같은 디자인조건이 필요하다.

(35) DB1 : 말음조건(Variante : 3인칭, 단수, 현재)
　　　특정 형태 범주는 특정 말음으로 끝난다.(Variante : /t/)

그러나 어간이 이미 -*t*로 끝나는 동사인 경우에는 문제가 생긴다.
DB1에 의하면 (36)의 가운데 칸의 형태가 가능해야 하나 실지 형태는
오른쪽 칸의 형태가 되기 때문이다. #는 Neef의 분석에서 형태적 요인
에 의한(즉 디자인 조건의 위반으로 인한) 비문법적인 형태를 나타낸다.

(36) retten　　#er rett　　rettet
　　 baden　　 #er bad　　 badet
　　 bieten　　#er biet　　 er bietet
　　 spenden　 #er spend　 er spendet

(36)의 비문법적인 형태를 보면 3인칭 단수의 형태를 일반적인 연결
형태론으로 설명하는 전통적인 문법이 설득력을 얻을지 모른다. 전통적
인 문법에 의하면 3인칭, 단수, 현재 형태는 현재시제의 동사어간에 접
미사 -*t*를 첨가함으로써 생긴다. 이 방식으로 설명하면 (36)의 비문법적
인 형태는 이미 -*t*로 끝나 있는 동사 어간에 접미사 -*t*가 첨가되지 않았
기 때문에 비문법적인 것이다. -*t*가 첨가되면 두 개의 -*t*가 인접하게 될
테고(예 : *biett*), 독일어에서는 겹자음(Geminaten)이 허용되지 않으므로,
이를 피하기 위해 Schwa가 삽입된다고 설명하면 된다(예 : *bietet*). 하지
만 이런 설명은 다음의 불규칙 동사에는 적용될 수 없다.

(37) braten　　er brät　　#er brätet
　　 laden　　 er lädt　　 #er lädet
　　 raten　　 er rät　　　#er rätet

      treten   er tritt   #er trittet
      gelten   er gilt   #er giltet

이 동사들이 (36)과 다른 점은 어간 모음이 불규칙적으로 Umlaut 혹은 Ablaut를 통해 변했다는 점이다. 이 불규칙 동사들을 전통적인 문법이 (36)에서 했던 것처럼 설명하자면, 변모음을 통해 바뀐 어간에 접미사 *-t*가 붙고(*brät → brätt*) 이것은 다시 겹자음회피 때문에 Schwa가 삽입된 형태로(*brätt → brätet*) 변할 것이다. 하지만 (37)의 오른쪽 칸의 형태들이 보여주듯이 그렇게 생겨난 형태는 비문법적이다. 중요한 것은 어간과 3인칭 단수 현재형태가 서로 다른 것이 Schwa 삽입을 통해 이루어지든지 아니면 어간모음의 변화를 통해서 이루어지든지 이 두 가지 중의 한 가지만 허락된다는 사실이다.

　Schwa 삽입이 일어나면 변모음은 있을 수 없으며, 변모음이 있으면 Schwa 삽입은 일어날 수 없다. Schwa 삽입과 변모음간의 이 배척적인 관계는 3인칭, 단수, 현재형태에서 예외 없이 지켜지고 있다. 이 때문에 Neef(1994 : 105)는 이 관계를 설명하지 못하는 모든 분석은 부적합하다고 판단한다. 예를 들어 Hall(1992 : 232ff)은 (36)에서 적용되는 Schwa 삽입규칙과 (37)에 적용되는 Umlaut 혹은 Ablaut 규칙이 서로 이접적인 순서(disjunktive Ordnung)에 있기 때문에 Schwa가 삽입되면 Umlaut 혹은 Ablaut 규칙이 적용될 수 없으며, 거꾸로 Umlaut 혹은 Ablaut 규칙이 적용되면 Schwa 삽입규칙이 적용될 수 없다고 설명한다. 그러나 Neef가 지적하듯이, 이런 설명은 두 개의 규칙간의 이접적인 순서가 일반적인 원리인 "여타조건"(Elsewhere Condition)에 기반한 것이 아니라, 순수한 가정에 기인한 것이므로 언어사용자가 이런 규칙순서를 습득할 수 없는 문제점을 보인다. 이런 결함을 제거하기 위해 Neef는 위의 DB1 외에도 3인칭, 단수, 현재 형태는 어간형태와 달라야 한다는 조건을 제안한다.

(38) DB2 어기와의 차이
  3인칭, 단수, 현재형태는 음성적으로 어기(= 동사 어간)와 달라야 한다.

　동사 어간이 -t로 끝나지 않는 규칙적인 형태에서(예 : *malen - er malt*) DB2는 어기에 -t가 첨가됨으로써 충족된다. 이로써 3인칭, 단수, 현재가 -t로 끝나야 한다는 DB1도 동시에 충족된다. 그러나 동사 어간이 이미 -t로 끝난 규칙 동사의 경우에는 어기와 다르기 위해서 -e가 첨가된다. 어간 *biet*와 *biete*를 비교해 보라. 이로써 DB2가 충족된다. 또 이것이 DB1을 충족하기 위해서는 -t가 첨가되어야 한다. 이 결과는 다른 방식으로도 해석될 수 있다. 즉 위의 전통적인 기술에서처럼 먼저 -t가 첨가되면(biett) 이것은 DB2를 충족시킨다. 그리고 나서 겹자음을 회피하기 위해 두 개의 *t* 사이에 Schwa가 삽입된다. 어떤 방식으로 해석되든 DB1과 DB2를 모두 충족시키는 결과를 얻는다.

　동사 어간이 이미 -t로 끝난 불규칙 동사의 경우 Neef(1996 : 172)는 어휘부에 동사현재 어간 형태(예 : *raten*의 *rat*) 이외에도 3인칭, 단수, 현재를 위한 변모음이 있는 어간형태(예 : *rät*)가 별도로 등재되어 있다고 가정한다. 따라서 이때는 3인칭, 단수, 현재의 어간형태가 이미 별도로 존재하고, 그 형태가 동사현재 어간 형태와 다르기 때문에 DB2가 충족되고, 또 -t로 끝났기 때문에 DB1도 충족된다. Neef는 이 경우 어기와의 차이가 이미 다른 어간형태(즉 어간 모음의 변화)를 통해 실현되었기 때문에 어떤 다른 분절음도 추가되어서는 안 된다고 결론짓는다. 그러나 이런 결론은 순수한 가정에 불과할 뿐 Neef의 이론적인 모델에서 도출된 것이 아님에 유의하라. 왜냐하면 비문법적인 형태인 **er rätet*가 올바른 형태인 *er rät*보다(Neef의 주장처럼) 불필요한 Schwa 삽입이 추가되었긴 하지만 그의 디자인 조건에 의하면 올바른 형태가 안 될 이유가 없다. 왜냐면 **er rätet*도 3인칭, 단수, 현재가 지켜야 할 위의 두 가지 디자인 조건을 모두 충족시키고 있기 때문이다. 따라서 문법적인 형태인

*er rät*과 비문법적인 형태인 **er rätet*은 모두 두 개의 디자인 조건을 충족시키고 있는 점에서 아무런 차이가 없다. 이렇게 된 근본적인 이유는 Neef의 디자인 조건이 문법적인 형태가 되기 위해서는 어떤 조건을 충족시켜야 한다는 것만 말하지 어떤 조건일 때는 그 형태에 벌점을 주어야 한다는 것을 말하지 않기 때문이다. 그리고 이 점에서 모든 제약은 근본적으로 위반될 수 있고, 비문법적인 형태는 문법적인 형태보다 제약의 위반 정도가 더 심하기 때문에(즉 더 많은 벌점을 받았기 때문에) 비문법적이라고 설명하는 최적성이론의 분석과 성질을 달리 하고 있다. 또한 불규칙 변화 동사의 경우 *rät*에서처럼 3인칭 단수 현재 어간형태를 별도로 어휘부에 기재하는 것은 DME가 왜 일어나는가에 대한 근본적인 설명을 제공하지 못한다. 다음 장에서 보게 되겠지만 DME가 일어나는 일차적인 이유는 형태적인 과정에 관여하는 접미사가 마치 없는 것처럼 행동하기 때문이며, 따라서 RM 제약을 충족시키기 위해서는 어간의 음성형태가 변하는 것이 유일한 방법이기 때문이다. 변모음이 나타나는 어간형태를 불규칙적인 것으로 보아 일일이 어휘부에 기재하는 것은 DME가 일어나는 이유에 대한 설명을 제공하지 못한다.

8.6.2.2. 변모음을 야기하는 접미사 vs. 변모음을 야기하지 않는 접미사

앞에서 보았듯이 독일어의 접미사는 근본적으로 변모음을 야기하지 않는 접미사와 변모음을 야기할 수 있는 접미사로 양분된다. 후자는 어간에 따라 변모음이 일어날 수도 있고 그렇지 않을 수도 있는 접미사를 의미한다(예 : *Tag ~ Tag-e* vs. *Stuhl ~ Stühl-e*). 따라서 변모음에 관한 어떤 이론이라도 이 두 개의 접미사의 성격을 어휘부에 구분하여 표시해야 한다. 이하에서는 변모음을 야기할 수 있는 접미사를 [+U](=[+Umlaut]) 자질을 가지고 있는 접미사로, 변모음을 야기할 수 없는 접미사를 [-U] 자질을 가지고 있는 접미사로 나타낸다. 또한 모든 음운이론은 단어의 운율구조를 생성해내기 위한 규칙을 가지고 있어야 한다. 예를 들어 여러 개의 분절음들을 하나의 음절로 묶기 위해서는 공명도의 원칙이 필요하다. 마찬가지로 한 개의 음운단어(Phonologisches Wort, 이하에서 PW)를 만들기 위해서는 어간과 접미사가 어떤 방식으로 음운단어에 편입되는지를 설명하는 규칙이 필요하다. 변모음을 야기하는 접미사와 야기하지 않는 접미사는 음운단어를 생성함에 있어 다음과 같은 차이를 가진다고 가정한다.

(39) [+U] 접미사는 음운단어에 속하지 않으나 [-U] 접미사는 음운단어에 속한다.

(39)는 어간 + [-U] 접미사는 동일한 한 개의 PW 내에 존재함에 반해, 어간 + [+U] 접미사의 경우 어간만이 한 개의 PW를 형성하고 [+U] 접미사는 PW에 편입되지 않음을 의미한다.

Kurisu(2001 : 195ff)의 분석에 따르면 독일어의 변모음에 나타나는 DME는 변모음을 일으키는 접미사가 RM 제약의 준수 여부를 따질 때 마치 없는 것처럼 행동하기 때문에(morphological opacity) 일어나는 현상이다. 예를 들어 명사 복수 형태 *Stühl-e*에서 복수 형태를 나타내는 접미사 *-e*가 없다면, RM 제약을 지키기 위해서는 어간 모음이 변해야 할 것이다. RM 제약은 음운단어에 적용되는 제약이기 때문에 접미사를 제외한 어간 *Stuhl*만 음운단어라고 가정하면 RM 제약을 지키는 유일한 수단은 변모음밖에 없다. (39)는 Kurisu의 이와 같은 제안을 받아들여 독일어의 접미사를 두 종류로 구분한 것이다. *-haft, -ung, -tum, -bar, -los*처럼 근본적으로 변모음을 야기하지 않는 접미사는 음운단어에 속하므로 이때 RM 제약은 이미 이 접미사들을 통해 충족된다. 따라서 이 경우에는 보통의 연결형태과정으로서 변모음이 없는 접사화가 일어난다. 이에 반해 변모음이 나타나는 비연결형태과정은 음운단어를 만들 때 어간만 음운단어를 이룸으로써 접미화와 함께 변모음이 나타나는 것이다.

이와 함께 언급되어야 할 문제는 동일한 접미사가 변모음을 야기할 때와 그렇지 않을 때를 어떻게 구분하는가이다. *Tag ~ Tag-e vs. Stuhl ~ Stühl-e*에서처럼 접미사 *-e*는 변모음을 만들어낼 수도 있고 그렇지 않을 수도 있다. 이 경우 이 책은 Lieber(1987 : 101ff)와 마찬가지로 동일한 접미사가 두 개의 이형태소를 가지고 있다고 가정한다. 따라서 *Tag-e*에서 접미사 *-e*는 [-U] 접미사로 음운단어에 속하며, *Stühl-e*에서 접미사 *-e*는 [+U] 접미사로 음운단어에 속하지 않는다. (40)은 이 두 개의 접미사가 어간과 결합할 때 보이는 상이한 운율구조를 나타내고 있다.

(40) -e 접미사의 두 개의 이형태소

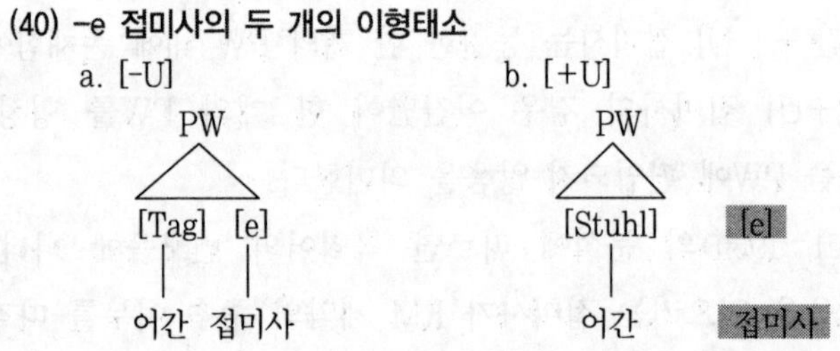

이에 반해 변모음의 가능성을 어간에 직접 표시하는 Wiese(1996 : 185ff)의 분석은 왜 DME의 효과가 특정 접미사에 의해 나타나는지를 설명할 수 없다. 여기서 제안한 분석에 의하면 접미사가 음운단어에 속하는 지의 여부에 따라 RM이 달리 실현된다. 그러나 어간 자체에 변모음을 표시하는 Wiese의 분석은 어떤 접미사가 어간과 결합하더라도 변모음 자질을 기저형태에 가지고 있는 어간은 원칙적으로 DME의 효과가 나타날 수 있다는 예측을 하고 있다. 예를 들어 *Tag*에서 파생된 *täg-lich*의 변모음은 DME가 실현된 것으로 보아야 하고, 이때 *Tag*은 기저형태에 변모음이 가능한 것으로 표시되어야 할 것이다. 그렇다면 복수 형태인 *Tag-e*에서는 왜 DME가 나타나지 않는지가 설명될 수 없다. 이 점에서 어간에 변모음의 가능성을 직접 표시하는 분석은 결정적인 결

함을 가지고 있다. 독일어 변모음에서 일차적으로 설명되어야 할 것은
왜 DME가 일어나는가이다. 변모음이 생길 수 있는 가능성을 접미사의
이형태소 때문이라고 보면 DME는 접미사가 음운단어에 속할 수 없을
때 일어난다고 설명된다. 그러나 변모음을 어간의 기저형태의 표시의
차이로 돌리는 Wiese의 분석은 DME의 이런 제한된 실현을 설명할 수
없다.

  이제 (40)의 상이한 운율구조가 어간 변모음에 미치는 영향을 구체적
으로 살펴보자. 여기서 제안된 분석은 본질적으로 Kurisu(2001 : 196)와
같다. 그러나 Kurisu가 *Stühl-e*를 DME가 실현된 예로 보지만, 독일어
의 접미사가 변모음과 관련하여 (39)처럼 구분되어야 한다는 가정은 하
지 않고 있다. *Tag-e*에서처럼 DME가 나타나지 않는 보통의 접사화 과
정을 설명하기 위해서는 [-U] 접미사가 반드시 음운단어에 속해야 한다
는 가정이 필요하다. 이 점에서 이 책에서 제안된 분석과 Kurisu의 분
석은 다르다.

(41) a. *Stühl-e*

/Stuhl-e/Pl.	Max	RM	Ident-❀O [back]	Ident-IO [back]	❀ Stem≡PW
a. Stuhl	*!	*	*		
b. Stuhle			*!		*
c. ❀ Stühl	*!			*	
d. ☞ Stühle				*	*

  b. *Tag-e*

/Tag-e/Pl.	Max	RM	Ident-IO [+back]	❀ Stem≡PW
a. Tag	*!	*		*
b. ☞ Tage				*
c. Täg	*!		*	*
d. Täge			*!	*

Kurisu(2001 : 192ff)는 DME를 보이는 형태적 과정이 McCarthy(1998) 의 호감이론(sympathy theory)에 의해 가장 잘 표현될 수 있다고 주장한 다(호감이론에 대해 자세한 것은 4.2장을 참조하라). 이 이론에서 중요한 역할 을 하는 것은 선택제약(selector constraint, 표에서 선택제약은 제약 앞에 있는 '✿' 표시를 통해 다른 제약과 구분된)으로서 이 제약을 통해 우선 호감이 가 는 후보가 선택된다. 이 후보는 표에서 '✿'로 표시된다. 호감이 가는 후 보를 먼저 선택하는 이유는 최적형태는 이 후보에 가장 충실한 후보가 되기 때문이다.

이제 변모음을 보이는 *Stühl-e*의 경우를 보자. 여기서는 어간과 음운 단어가 동일할 것을 요구하는 Stem≡PW 제약이 선택제약으로서 결정 적인 역할을 한다. 후보(b)와 (d)는 이 제약을 위반하기 때문에 호감이 가는 후보를 결정할 때 가장 먼저 탈락한다. 후보 (a)와 (c) 중에서 (c) 가 호감이 가는 후보로 선택되는 이유는 제약 RM이 Ident-IO[back] 제 약보다 상위에 있기 때문이다. 이제 남은 일은 호감이 가는 후보 (c)의 어간 모음의 자질을 다른 후보들이 얼마나 충실하게 지키는가를 살피는 것이다. 후보(a)와 (b)는 Ident-✿O[back] 제약을 위반하나, 후보 (c)와 (d)는 이 제약을 지키고 있다. Ident-✿O[back] 제약이 Ident-IO[back] 제약보다 상위에 있기 때문에 (a)와 (b)는 최적형태가 될 수 없다. 남은 두 개의 후보 (c)와 (d)를 비교하면 (c)는 IO-Max를 어김에 반해 (d)는 Stem≡PW를 어긴다. IO-Max가 Stem≡PW보다 상위제약이므로 후보 (d)가 최적형태가 된다.

다음으로 변모음을 보이지 않는 *Tag-e*의 경우를 보자. 여기서는 *Stühl-e*에서와는 달리 선택제약인 Stem≡PW이 아무런 역할을 하지 않 는다. 왜냐하면 검토할 가치가 있는 모든 후보들이 표 (41b)에서 보듯이 이 제약을 위반하기 때문이다. 여기서 모든 후보들이 Stem≡PW을 어기 고 있다는 사실은 약간의 부연 설명이 필요하다. (39)에서 나는 음운단 어를 생성할 때 어간 + [-U] 접미사는 언제나 동일한 한 개의 음운단어를 이룬다고 가정하였다. (41b)에서 후보 *Tag*와 *Täg*가 모두 Stem≡PW 제약을 어기는 것은 이 가정 때문이다. 왜냐하면 이 후보들은 비록 [-U]접미사의 음성적인 실체가 없으나(즉, *-e*가 없으나) 그 구조는 어간과 접미사가 모두 한 개의 음운단어 속에 있는 (40a)의 구조와 같기 때문이다. 따라서 이 때 음운단어는 어간뿐 아니라 음성적인 실체가 없는 [-U]접미사도 포함하고 있기 때문에 Stem≡PW 제약을 어기게 된다. 이를 (41a)의 후보 *Stuhl*, *Stühl*과 비교해보라. 여기서는 접미사가 [+U]접미사이기 때문에 음운단어에서 이 접미사는 제외되고, 어간만 한 개의 음운단어를 이룬다. 따라서 이 두 개의 후보는 Stem≡PW 제약을 지킨다. 선택제약인 Stem≡PW가 (41b)에서는 아무런 역할을 하지 않으므로, 호감이가는 후보가 있을 수 없으며, 그 결과 호감이 가는 후보에 충실할 것을 요구하는 Ident-✿O [back] 제약이 아무런 역할을 하지 않는다. 따라서 여기서는 접미사 첨가가 바로 RM제약을 충족시키고, 어기의 어떤 변화도 요구하지 않는 일반적인 연결형태론의 결과물인 *Tag-e*가 최적 형태가 된다.

선택제약은 변모음을 보이는 불규칙변화 동사에서도 중요한 역할을 한다. 위에서 규칙 동사의 3인칭, 단수, 현재(예 : *bad-et*)와 불규칙 동사의 3인칭, 단수, 현재(예 : *brät*)의 차이가 전자에서는 오직 Schwa 삽입만을 허락하고, 후자에서는 오직 변모음만을 허락한다고 말한 것을 상기하라. 그 이유는 Max-IO(규칙 동사)는 RM과 같은 랭킹의 상위제약이기 때문에 *bad-et*에서 접미사 *-t*는 탈락될 수 없지만, Max-IO(불규칙 동사)는 RM이나 Dep-IO보다 하위 제약이기 때문에 접미사 *-t*가 탈락된다. 표 (42)는 (41)에서와 마찬가지로 선택제약인 Stem≡PW이 중요한 역할을 하고 있음을 보여주고 있다.

272 독일어 단어의 소리와 구조

(42) *braten*의 현재, 3인칭, 단수 : *brät*

/brat-t/	RM	Ident-✿O [back]	OCP	Dep-IO	Max (불규칙)	✿ Stem≡PrW
a. brat	*	*			*	
b. brätt			*			*
☞ c. ✿ brät					*	
d. brätet				*		*
e. bratet		*				*

선택제약을 충족시키는 두 개의 후보 (a)와 (c) 중에서 전자는 RM 제약을 위반하므로 (c)가 호감이 가는 후보로 선택된다. 후보 (a)와 (e)는 호감이 가는 후보와 [back] 자질이 다르므로 Ident-✿O [back]을 위반한다. 후보 (d)는 Schwa가 삽입되어 Dep-IO를 위반함에 반해, 후보 (c)는 두 개의 /t/ 중 한 개가 탈락되어 Max(불규칙)을 위반한다. Dep-IO가 Max(불규칙)보다 상위 제약이므로 후보 (c)가 최적형태가 된다.

8.6.3. 결론

변모음이 나타나는 형태적 과정을 일반적인 연결형태론과 동일하게 다루는 규칙에 기반한 분석들은 무엇보다 왜 어떤 형태적 과정에서는 형태소의 이중 실현이 나타나는지를 설명할 수가 없다. 이 장은 변모음이라는 형태소의 이중 실현 여부가 형태적 과정에 참여하는 파생접미사와 굴절접미사가 어간과 결합할 때 생겨나는 운율구조에 의존함을 보였다. 변모음을 야기하는 형태적 과정에서는 음운단어를 만들 때 접미사가 형태적인 불투명성을 보임으로써, 형태소를 실현하기 위한 수단으로 어간의 모음이 변할 수밖에 없으나, 변모음을 야기하지 않는 형태적 과정에서는 접미사가 투명하므로 어간의 모음이 변할 필요가 없게 된다.

참고문헌

*이하에서 ROA는 Rutgers Optimality Archive의 약자

Anderson, Stephen R.(1982) Where's morphology? In ; Linguistic Inquiry 13, 571-612.

Aronoff, M.(1976) *Word Formation in Generative Grammar*. Cambridge, Mass. : MIT Press.

Benua, L.(1995) Identity effects in morphological truncation. In : Jill Beckman, Laura Walsh-Dickey, and Suzanne Urbanczyk (eds.). University of Massachusetts Occasional Papers in Linguistics 18 : *Papers in Optimality Theory*. 77-136.

Bergenholz, H./Mugdan, J.(1979) Ist Liebe primär? -Über Ableitung und Wortarten. In : Braun, P.(Hrsg.) *Deutsche Gegenwartssprache*. München : Fink, 339-354.

Chomsky, N. and M. Halle.(1968). *The Sound Pattern of English*. New York : Harper and Row.

Duden(1995) : *Grammatik der deutschen Gegenwartssprache*. Mannheim/Wien/Zürich : Bibliographisches Institut (=Duden 4).

Eisenberg, P./K. H. Ramers/H. Vater (eds.)(1992) *Silbenphonologie des Deutschen*, Tübingen : Narr.

Eisenberg, P.(1994) : *Grundriss der deutschen Grammatik*. Stuttgart : Metzler.

Eisenberg, P.(1998) *Grundriß der deutschen Grammatik*. Band 1 : Das Wort. Stuttgart, Weimar : J.B. Metzler.

Elgersma, D. & P. Houseman(1999). Optimality theory and natural morphology : An analysis of German plural formation. In : Folia Linguistica 33, 334-353.

Féry, C.(1994) Umlaut and Inflection in German. ROA 34-1094.

Féry, C.(1995) *Alignment, Syllable and Metrical Structure in German*.

Habilitation. Tübingen.

Féry, C.(1997) Uni und Studis : die Besten Wörter des Deutschen. In ; Linguistische Berichte 172, 461-490.

Féry, C.(1998) On the best optimality-theoretic account of German Final Devoicing. Ms.

Féry, C.(1999) Final Devoicing and the stratification of the lexicon in German. In : HILP 4, Leiden (Proceedings). 1-18.

Féry, C.(2001) German Word Stress in Optimality Theory. ROA. 301-0399.

Féry, C.(2003), Onsets and Nonmoraic Syllables in German. In : Féry, C.& Van de Vijver (eds.), *The Syllable in Optimality Theory*. Cambridge : Cambridge University Press, 213-237.

Féry, C./G. Fanselow(2002) Ineffability in OT. In : *Resolving Conflicts in Grammar : Optimality Theory in Syntax, Morphology, and Phonology*. 2002. In : Sonderheft 11. Linguistische Berichte. 265-307.

Fleischer, W.(1982) *Wortbildung der deutschen Gegenwartssprache*. Tübingen : Niemeyer.

Fukazawa, H.(1999) Theroetical Implications of OCP Effects on Features in Optimality Theory. ROA 307-0399.

Gamon, M.(1996) German Word Stress in a Restricted Metrical Phonology. In ; Linguistische Berichte 112 : 449-69.

Giegerich, H.J.(1985) *Metrical Phonology and Phonological Structure : German and English*. Cambridge : Cambridge University Press.

Giegerich, H.J.(1987) Zur Schwa-Epenthese im Standarddeutschen. In : Linguistische Berichte, 112 : 449-69.

Goldsmith, J.(1976) *Autosegmental phonology*. PhD dissertation, MIT. [Published 1979, New York : Garland.]

Golston, Ch./R. Wiese(1996) Zero Morphology and Constraint Interaction : Subtraction and Epenthesis in German Dialects. In : Geet Booij and Jaap van Marle (Hrsg.), Yearbook of Morphology 1995, 143-59.

Hall, T.A.(1989) German Syllabification, The Velar Nasal, and the Representation of Schwa. In : Linguistics 27 : 807-42.

Hall, T. A.(1992), *Syllable Structure and Syllable-related Processes in*

German. Tübingen.

Hall, T.A.(1999a) A Note on Secondary Stress in German Prosodic Morphology. In : Linguistische Berichte 178 : 414-424.

Hall, T.A.(1999b) German Function Words. In : *Studies on the phonological word*. ed. by T.Alan Hall & Ursula Kleinhenz, 99-131. Amsterdam/Philadelphia : John Benjamins.

Halle, M.(1973) Prolegomena to a Theory of Word Formation. In : Linguistic Inquiry 4 : 3-16.

Hayes, B.(1989) Compensatory lengthening in moraic phonology. In : Linguistic Inquiry 20. 253-306.

Hock, H.H.(1986) Compensatory lengthening : in defense of the concept 'mora'. In : Folia Linguistica 20. 431-60.

Hooper, J.B.(1976) *An Introduction to Natural Generative Phonology*. New York, San Francisco, London : Academic Press.

Hyman, L.(1985) *A theory of phonological weight*. Dordrecht : Foris.

Inkelas, Sh, C./O. Orgun(1995) Level ordering and economy in the lexical phonology of Turkish. In ; Language 71, 763-93.

Ito, Junko, & Armin Mester(1995). The Core-Periphery Structure of the Lexicon and Constraints on Reranking. In : Jill Beckman, Laura Walsh-Dickey, and Suzanne Urbanczyk (eds.). University of Massachusetts Occasional Papers in Linguistics 18 : *Papers in Optimality Theory*. 181-209.

Ito, Junko, & Armin Mester(1997) Sympathy Theory and German Truncation. In : Miglio, Viola, & Bruce Morén (eds.) *Proceedings of the Hopkins Optimality Workshop/Maryland Mayfest 1997*. University of Maryland Working Papers in Linguistics. 5.

Ito, Junko, & Armin Mester(2001). Structure Preservation and Stratal Opacity in German. In : Linda Lombardi (ed.) *Segmental Phonology in Optimality Theory*. Cambridge : Cambridge University Press, 261-295.

Janda, Richard D.(1987) *On the motivation for an evolutionary typology of sound-structural rules*. PhD dissertation, UCLA.

Kager, R.(1999) *Optimality Theory*. Cambridge : Cambridge University

Press.

Kiparsky, P.(1968) How abstract is phonology? Distributed by Indiana University Linguistics Club. Reprinted in Kiparsky, P. 1982, 119-164.

Kiparsky, P.(1973) Elsewhere in Phonology. In : Stepehen R. Anderson and Paul Kiparsky (eds.), *A Festschrift for Morris Halle* (New York : Holt, Rinehart, Winston), 93-106.

Kiparsky, P.(1982) Lexical Morphology and Phonology. In : The Linguistic Society of Korea (ed.), *Linguistics in the Morning Calm : Selected Papers from SICOL-1981* (Seoul Hanshin), 3-91.

Kiparsky, P.(1983) Word Formation and the Lexicon. In : Frances Ingemann (ed.), Proceedings of the 1982 Mid-America Linguistics Conference (Lawrence, Kan. : University of Kansas), 3-29.

Kiparsky, P.(1985) Some Consequences of Lexical Phonology. In : Phonology Yearbook, 2 : 83-138.

Kloeke, Wus van Lessen(1982) *Deutsche Phonologie und Morphologie. Merkmale und Markiertheit.* Tbingen : Niemeyer.

Kurisu, K.(2001) : *The Phonology of Morpheme Realization.* PhD. Diss. University of California. Santa Cruz.

Kühnold, I/Wellmann, H.(1973) *Deutsche Wortbildung : Typen und Tendenzen in der Gegenwartssprache* 1. Das Verb. Düsseldorf : Schwann (=Sprache der Gegenwart 29).

Lieber, R.(1981) Morphological Conversion within a Restrictive Theory of the Lexicon. In : Moortgat, M., H.v.d. Hulst & T. Hoekstra (Hrsg.), *The Scope of Lexical Rules.* Dordrecht : Foris, 161-200.

Lieber, R.(1987) *An integrated theory of autosegmental processes.* Albany : State University of New York Press.

Lieber, R.(1992) *De-constructing Morphology. Word formation in syntactic theory.* Chicago : The University of Chicago Press.

Marantz, A.(1982) Re Reduplication. In : Linguistic Inquiry 13 : 3, 435-482.

Marchand, H.(1969) *The Categories and Types of Present-Day English Word Formation.* München : C.H. Beck

McCarthy, J.J.(1981) A prosodic Theory of Nonconcatenative Morphology.

In : Linguistic Inquiry 12 : 3, 373-418.

McCarthy, J. J.(1998) Sympathy and phonological opacity. ROA 252-0398.

McCarthy, J.J.(2001) Optimal Paradigms. ROA 485.

McCarthy, J./A. Prince(1986), *Prosodic morphology*. Ms., University of Massachusetts, Amherst and Brandeis University. Rutgers Center for Cognitive Science (RuCCs) technical report 32.

McCarthy, J. J./A. S. Prince(1993), *Prosodic Morphology : Constraint Interaction and Satisfaction*. Ms., University fo Massachusetts, Amherst, and Rutgers Univerity, New Brundwick, N.J.

McCarthy, J. J./A. S. Prince(1995), Faithfulness and reduplicative identity. In : Beckman, J., L. Walsh Dickey, and S. Urbanczyk (eds.) *Papers in Optimality Theory*. University of Massachusetts Occasional Papers in Linguistics 18. Amherst, Mass. : Graduate Linguistic Student Association, 249-384.

Mugdan, J.(1977) : *Flexionsmorphologie und Psycholinguistik*. Tübingen.

Müller, G.(2001). Free word order, morphological case, and sympathy theory. Unpublished manuscript, IDS Mannheim. (To appear) in : *Resolving Conflicts in Grammar : More Papers on OT*, Gisbert Fanselow & Caroline Fry (eds.). (Special Issue of Linguistischen Berichte).

Neef, M.(1996) *Wortdesign. Eine deklarative Analyse der deutschen Verbflexion*. Tübingen : Stauffenburg.

Neef, M.(1997) Conversion into verbs : A declarative analysis of German infinitive. Universität Düsseldorf (=Theorie des Lexikons Nr. 95).

Neef, M.(1998a) : A declarative path through the jungle of German noun inflexion. Universität Düsseldorf (=Theorie des Lexikons Nr. 102).

Neef, M.(1998b) A Case Study in Declarative Morphology : German Case Inflection. In : Wolfgang Kehrein & Richard Wiese (eds.) *Phonology and Morphology of the Germanic Languages*. Tübingen : Niemeyer, 219-240.

Nespor, M/Vogel, I.(1986) *Prosodic Phonology*. Dordrecht : Foris.

Olsen, S.(1986) *Wortbildung im Deutschen*. Stuttgart : Alfred Kröner.

Olsen, S.(1990) Konversion als ein kombinatorischer Wortbildungsprozess. In : Linguistische Berichte 127, 185-216.

Plag, I.(1998) Morphological haplology in a constraintbased morphophonology. In : Wolfgang Kehrein and Richard Wiese (eds.) *Phonology and Morphology of the Germanic Languages*. Tübingen : Niemeyer, 199-215.

Prince, A. & P. Smolensky(1993) : Optimality Theory : *Constraint Interaction in Generative Grammar*, ms., Rutgers University, New Brunswick, and University of Colorado, Boulder.

Raffelsiefen, R.(1995) Conditions for stability : The Case of Schwa in German. In : Theorie des Lexikons : Arbeiten des SFB 282 (Düsseldorf : Heinrich-Heine-Universität), 69.

Rubach, J. & G. Booij(1990) Edge of Constituent Effects in Polish. In : Natural Language and Linguistic Theory 8 : 427-63.

Selkirk, E. O.(1984) *Phonology and syntax : the relation between sound and structure*. Cambridge, Mass. : MIT Press.

Siegel, Dorothy(1974) *Topics in English Morphology*. PhD dissertation, MIT.

Sievers, E.(1893) *Grundzüge der Phonetik*. Leipzig : Breitkopf und Härtel.

Strauss, S.L.(1979) *Some principles of word structure of English and German*. Diss. C.U.N.Y. [unveröffentl.]

Vennemann, Theo(1968) *German Phonology*. University of California, Los Angeles : PhD dissertation.

Wegener, H.(1995) *Die Nominalflexion des Deutschen, verstanden als Lerngegenstand*. Tübingen (=Reihe Germanistische Linguistik 151).

Wegener, H.(1999) Die Pluralbildung im Deutschen – ein Versuch im Rahmen der Optimalitätstheorie. In : Linguistik online 4, 3-99.

Wiese, R.(1987) Phonologie und Morphologie des Umlauts im Deutschen. In : Zeitschrift für Sprachwissenschaft 6.2, 227-248.

Wiese, R.(1988) *Silbische und lexikalische Phonologie. Studien zum Chinesischen und Deutschen*. Tübingen : Niemeyer.

Wiese, R.(1994) Phonological vs. morphological rules : On German Umlaut and Ablaut. In : Wiese, R. (ed.) *Recent Developments in*

Lexical Phonology. Dsseldorf : Arbeiten des Sonderforschungsreichs 282, Nr. 56, 91-114.

Wiese, R.(1996) *The Phonology of German.* Oxford : Clarendon.

Wiese, R.(2001a) How prosody shapes German words and morphemes. In : Interdisciplinary Journal for Germanic Linguistics and Semiotic Analysis 6, 155-184.

Wiese, R.(2001b) Regular morphology vs. prosodic morphology? - The case of truncations in German. In : Journal of Germanic Linguistics 13/2, 131-177.

Wiese, Richard(2001c) The structure of the German vocabulary : edge marking of categories and functional considerations. In : Linguistics 39/1, 95-115.

Wiese, R.(2002) A model of conversion in German. In : Ingrid Kaufmann & Barbara Stiebels (Hrsg.) : *More than Words : A Festschrift for Dieter Wunderlich.* Berlin : Akademie Verlag, 47-67. (Studia Grammatica 53).

Wurzel, W.U.(1970) *Studien zur deutschen Lautstruktur.* Berlin : Akademie-Verlag (= studia grammatica 8).

Wurzel, W.U.(1980) Der deutsche Wortakzent : Fakten-Regeln-Prinzipien. Ein Beitrag zu einer natürlichen Akzenttheorie. In : Zeitschrift für Germanistik 3, 299-318.

Yu, Si-taek(1992) *Unterspezifikation in der Phonologie des Deutschen.* Tübingen : Niemeyer (= Linguistische Arbeiten 274).

Yu, Si-Taek(2001a) Multi-Strata Lexikon vs. Constraintranking : Degemination im Deutschen. In : Linguistische Berichte 186 : 129-155.

Yu, Si-Taek(2001b) Der velare Nasal im Deutschen : Eine optimalitäts-theoretische Analyse, 독어학 3, 151-83.

유시택(2002a) 독일어 운율구조에서 최소단어의 역할. 독어학 5, 67-89.

유시택(2002b) 영형태론에 반대하여 : 독일어에서 명사에서 동사로의 전환. 독일언어문학 18, 1-27.

유시택(2002c) 독일어에서 형태소 실현 제약. 독어교육 23, 225-247.

유시택(2003a) 독일어에서 음운단어. 독어학 8, 1-23.

Yu, Si-Taek(2003b) Eine optimalitätstheoretische Analyse der Konversion in Verb. 독일언어문학 21, 1-22.

유시택(2004a) 독일어 굴절체계를 통해 살펴본 단어의 운율적 형상. 독어교육 29, 299-324.

유시택(2004b) 독일어 명사 복수형태를 지배하는 제약들. 외국어로서의 독일어 14, 293-316.

유시택(2004c) 독일어 변모음화의 새로운 분석. 독일문학 45권 4호, 344-364.

유시택(2005a) 어간 변이형태소와 운율적 무표구조. 독어교육 34, 139-167.

유시택(2005b) 토착어와 비토착어의 구분에 관하여. 독어학 12, 87-106.

유시택(2005c) 변모음이 독일어 형태론에서 가지는 문법적 기능. 독일언어문학, 29, 29-52.

유시택(2005d) 초중량 음절이 필요한가? - 독일어의 경우. 외국어로서의 독일어 16, 151-172.

저자 **유시택**(柳時澤)

- 부산대학교 독어독문학과 학사
- 동 대학원 독어독문학과 석사
- 독일 Köln 대학교 독어독문학과 박사(독어학)
- 독일 Düsseldorf 대학교 언어학과 연구원
- 독일 Dortmund 대학교 독어독문학과 초빙교수
- 현재 충남대학교 독어독문학과 교수

저서

- Unterspezifikation in der Phonologie des Deutschen. Tübingen: Niemeyer, 1992(=Linguistische Arbeiten 274)

논문

- Partizip Perfekt-Formen und Constraintrankings im Deutschen. 독일문학 66, 1998
- Multi-Strata Lexikon vs. Constraintranking: Degemination im Deutschen. Linguistische Berichte 186, 2001
- Eine optimalitätstheoretische Analyse der Konversion in Verb. 독일언어문학 21, 2003 외 다수

독일어 단어의 소리와 구조 ▨ ▨ ■
−음운론과 형태론의 상호작용

인 쇄 2006년 3월 2일
발 행 2006년 3월 9일
저 자 유 시 택
펴낸이 이 대 현
편 집 권 분 옥
펴낸곳 도서출판 역락
　　　　서울 성동구 성수2가 3동 301-80 (주)지시코 별관 3층
　　　　전화 • 3409-2058, 3409-2060 / FAX • 3409-2059
　　　　홈페이지 • http://www.youkrack.com
　　　　이메일 • youkrack@hanmail.net
　　　　등록 • 1999년 4월 19일 제303-2002-000014호

정 가 14,000원
ISBN 89-5556-460-0-93750

■ 잘못된 책은 교환해 드립니다.